reinhardt

Anja Mannhard, Wolfgang G. Braun

Sprache erleben – Sprache fördern

Praxisbuch für ErzieherInnen

Mit einem Geleitwort von Armin Krenz und einem Beitrag von Silvia Hüsler

Mit 53 Abbildungen und 13 Tabellen

Ernst Reinhardt Verlag München Basel

Anja Mannhard, staatl. anerkannte Erzieherin und Logopädin, Lehrlogopädin, Autorin. Weiterbildung in Personzentrierter Gesprächsführung nach C. Rogers. Tätig in eigener Praxis in Lörrach sowie als Seminarleiterin für pädagogische Fachkräfte. Lebt in Freiburg i. Br.

Wolfgang G. Braun, MAS, Dozierender an der Hochschule für Heilpädagogik Zürich, Forschungstätigkeit im Bereich Prävention, integrierte Sprachförderung, seit über 10 Jahren in der Aus- und Weiterbildung für ErzieherInnen tätig.

Cover unter Verwendung eines Fotos von Wolfgang G. Braun

Fotos im Innenteil: Abb. 28: © GeniusXXL / Pixelio; Abb. 30: © Paul-Georg Meister / Pixelio; alle anderen: Wolfgang G. Braun

Abdruck der Zitate von Astrid Lindgren (Kap. 14) mit freundlicher Genehmigung der Verlagsgruppe Oetinger, Hamburg.

Bibliografische Information der Deutschen Nationalbibliothek

Die Deutsche Nationalbibliothek verzeichnet diese Publikation in der Deutschen Nationalbibliografie; detaillierte bibliografische Daten sind im Internet über <http: / / dnb.d-nb.de> abrufbar.
ISBN 978-3-497-02029-4

Printed in Germany
Reihenkonzeption Umschlag: Oliver Linke, Augsburg
Satz: Arnold & Domnick, Leipzig
Druck und Bindung: Friedrich Pustet, Regensburg

Ernst Reinhardt Verlag, Kemnatenstr. 46, D-80639 München
Net: www.reinhardt-verlag.de E-Mail: info@reinhardt-verlag.de

Inhalt

Mit diesem Zeichen markierte Abbildungen und Lieder können Sie auf der Homepage des Ernst Reinhardt Verlages – www.reinhardt-verlag.de – herunterladen.

Dieses Zeichen kennzeichnet Übungen zur Sprachförderung, die direkt in die Praxis umgesetzt werden können.

Für all die Menschen, die sich in beruflichen und privaten Beziehungen wahrhaftig, mutig, lebendig und aufeinander bezogen engagieren.

„Das Ich wird am Du zum Ich“

(Martin Buber)

Für Dr. Rainer Paul – für 1995–2005

Für Hilde Schneider

Für Michael Hügel – einen echten Freund

Für Dr. Frank Maile – für Idee und Namensgebung anjalingua.de und so manche Inspiration

Für Thomas Stadelmann, Udo Lange, Peter Rist und Gerlinde Schuster – für gute Zusammenarbeit bei BAGAGE e. V.

Geleitwort

Sprache ist Erlebnis – und kann Menschen in Erstaunen versetzen. Sprache ist Genuss – und lässt immer wieder manche kleinen und großen ZuhörerInnen mit offenem Mund besonders spannenden Erzählungen folgen. Sprache verbindet – und lässt im ersten Augenblick unüberbrückbar erscheinende Grenzen zusammenbrechen. Sprache erfreut – und bringt Sonne in die Herzen trauriger Menschen. Sprache beglückt – und eröffnet in einem Gespräch gedankliche Perspektiven, die bis dahin kaum zugelassen werden konnten. Sprache berührt – und lässt die Menschen in nachsinnende Gedankenwelten kommen, so dass die Gegenwart teilweise in völlige Vergessenheit gerät. Sprache ist wie die Feder eines Vogels – leicht, beschwingt und wundervoll zu betrachten. Sprache ist wie ein heller Sonnenstrahl – wegweisend, zielgebend und richtungsorientierend. Gleichzeitig kann Sprache aber auch wie ein Schwert sein: scharf wie eine frisch geschliffene Klinge, zerstörend und vernichtend. Sie kann sich wie ein Feuer in die Herzen mancher Menschen brennen und eine nachhaltige Wirkung auf den Gesprächspartner haben. Sprache kann damit Selbstbildungswelten im Menschen öffnen oder verschließen und wirkt (unbemerkt) permanent entwicklungsförderlich oder -hinderlich auf Kinder, Jugendliche und Erwachsene. Doch allzu sehr wird derzeitig in der deutschen (Elementar-)Pädagogik die Sprache als ein *„funktionalisiertes Methodenkompendium“* betrachtet – dies belegen die ungezählten „Sprachtrainingsprogramme“, die isoliert von Kinderwelten und abgetrennt von vernetzten Entwicklungsbereichen als belehrende „Sprachprogramme“ auf Kinder übertragen und an ihnen angewandt werden.

Auf der Grundlage von so genannten „Sprachstandserhebungen“ wurde bzw. wird in allen 16 Bundesländern in der Elementarpädagogik versucht, den „Sprachförderbedarf“ bei Kindern festzustellen. Dazu kamen bzw. kommen sehr unterschiedliche Diagnoseverfahren und Sprachtests zum Einsatz, deren Aussagekraft und Bedeutungswert aufgrund ihrer entsprechenden Konzipierung und ihrer angewandten Erhebungsbedingungen fachlich, inhaltlich und konzeptionell teilweise völlig in Frage gestellt werden müssen. Doch unabhängig von den in der Fachöffentlichkeit immer lauter werdenden Zweifeln lautet die Antwort bei einem entsprechend festgestellten „Sprachförderbedarf“ immer häufiger: „Das Kind bedarf eines speziellen Programms zur Sprachförderung.“

Wer heute einen qualitätsorientierten Blick in die Praxis der Kindergärten wirft, muss erschreckt zur Kenntnis nehmen, dass nahezu die gesamte Pädagogik „didaktisiert" wird. Dabei wird – aus entwicklungspsychologischer und -pädagogischer Sicht betrachtet – allzu oft vergessen, dass sich eine „gute Sprachförderung" niemals als ein „verschultes Belehrungsprogramm / Sprachkurs mit Schulcharakter" anbieten und durchführen lässt. Vielmehr stellt sich eine nachhaltige Sprachförderung als fester, integrierter Bestandteil der gesamten pädagogischen Tätigkeit im gesamten Tagesablauf einer Kindertageseinrichtung dar, zumal der Spracherwerb stets in einem beziehungsorientierten, sozialen Kontext geschieht. Sprache baut sich dann auf, wenn Kinder einer Sprachsituation eine persönliche Bedeutung beimessen, dem Sprechanlass ein individuell vorhandenes Interesse zuweisen und in dem Sprachgegenstand einen Sinn für eine Lernauseinandersetzung mit sich selbst erkennen können. Nur wenn Sprachsituationen in lebendigen Handlungszusammenhängen einbezogen und darüber hinaus gleichzeitig mit gegenwartsorientierten Lebenswirklichkeiten der Kinder verbunden sind, in denen sie selbst Sprechfreude erleben und eigene Deutungen vornehmen können, wird Sprache von Kindern als ein Zielmedium und ein spannendes Ausdrucksmittel angenommen und gerne genutzt.

Was Kinder dringender denn je brauchen ist ein Lebens- und Lernumfeld, das vor allem durch folgende Merkmale gekennzeichnet ist:

- Sie brauchen ungeteilte Zeiten, in denen sie mit Ausdauer und nach eigenen Zeitempfindungen Dinge in Ruhe zu Ende führen können, und sie brauchen vor allem Erwachsene, die ihre Ausdrucksformen wirklich verstehen, die Symbole ihres Handelns und Erzählens begreifen, und sie brauchen den Kindergarten als einen Ort, an dem sie ein aktives Mitspracherecht haben: von der Gestaltung des Tagesablaufes bis hin zur Kinderkonferenz.
- Kinder brauchen offene Ohren, die hören, was Kinder zur Zeit beschäftigt und sie suchen vielfältige Möglichkeiten, das wirkliche Leben – und keine künstlich gestaltete und strukturierte Welt – kennen zu lernen.
- Kinder brauchen eine Umgebung, in der sie sich in ihrer Individualität entwickeln können, bevor eine so genannte Sozialentwicklung auf sie einströmt, und sie brauchen Menschen, die ihnen einen Raum zugestehen, in dem sie mit Versuch und Irrtum das Weltgeschehen um sie herum begreifen können.
- Sie brauchen Erwachsene (und ein entsprechendes Umfeld), mit denen der Prozesshaftigkeit eine höhere Beachtung geschenkt wird als dem

Herstellen von irgendwelchen „ästhetischen Produkten", und sie brauchen diese Erwachsenen als Bündnispartner zur Umsetzung ihrer ureigenen Interessen.
- Sie brauchen und suchen einen Ort, an dem ihr magisches Denken ausreichend Platz findet, erlebt und ausgedrückt zu werden.
- Sie brauchen Mitspieler und keine Dirigenten, die wirklich auf der Ebene von Kindern – im wahrsten Sinne des Wortes – sind, und sie brauchen Erwachsene, die mit ihnen sprechen, anstatt auf sie einzureden.
- Sie brauchen Menschen, die ihre Stärken sehen und nicht gegen ihre vermeintlichen Schwächen kämpfen, und sie suchen Erwachsene, die statt eines Pessimismusses einen hohen Optimismus ausstrahlen, die ihre Stärken sehen und nicht ihre „Schwächen" minimieren wollen.
- Sie suchen Mitmenschen, die sich auf Erfahrungen einlassen und keine Lehrsätze (Dogmen) verbreiten, und sie brauchen Erwachsene, die statt „moralisierender Ratschläge für andere Werte" selbst ihr eigenes Leben auf der Grundlage einer verinnerlichten Wertemoral gestalten.
- Kinder brauchen Menschen, die Selbsterfahrung auf sich nehmen, statt eigene Gedanken, Gefühle und Muster zu projizieren, und sie suchen Erwachsene, die mit ihnen auf die Suche nach Wahrheiten gehen, statt im Sinne von Recht oder Unrecht zu debattieren und eigene Standpunkte auf Kinder übertragen.

Damit wird der Kindergarten zu einem Ort, an dem mit Kindern zusammen gekocht und gelacht wird, Freude regiert und Regeln gemeinsam ausgehandelt werden, Kinder noch Kinder sein können und nicht als „unfertige Erwachsene" betrachtet werden. Dort, wo der Kindergarten zu einem *alltagstauglichen*, „bildungsorientierten und lernprovozierendem Lebensraum" geworden ist, fühlen sich Kinder angenommen und verstanden. Dies schafft die notwendige Sicherheit für Kinder, sich auf neue Erfahrungen einzulassen, alte Muster zu verändern und mit neuen Verhaltensweisen zu experimentieren.

Der Kindergarten ist in Gefahr, sich allzu schnell auf wieder neue Programme und Richtungen einzulassen – ein Beweis für eine oftmals zu beobachtende Orientierungslosigkeit der Gegenwart der Elementarpädagogik. Wenn Kinder diesen „lernprovozierenden Bullerbü-Effekt" nicht mehr im Kindergarten erleben können, dann müssen sie auch hier resignieren und entwickeln bzw. verfestigen auffällige Verhaltensweisen, die sich folgenotwendig weiter in die Schulzeit verlagern bzw. Kinder ihre Erfahrungen „auf der Straße" suchen. Das ist – auf die Gegenwart bezogen – dramatisch und wäre im Hinblick auf die Zukunft fatal. Kinder brauchen nötiger denn je einen beziehungsorientierten und lernintensiven Alltags-Lebensraum – der Kindergarten kann ihn bieten und Kindern nutzbar machen.

Wenn ErzieherInnen Wert darauf legen, dass sich Sprache entwickeln, auf- und ausbauen soll, sind zunächst die Faktoren zu identifizieren und zu verändern, die die Sprach- und Sprechentwicklung eines Kindes massiv hemmen: unübersichtliche Beziehungsverhältnisse durch zu große Gruppen oder pädagogische „Ansätze", die so genannte „feste Gruppen" ablehnen; wenig oder sehr eingeschränkte Bewegungsangebote, die zumeist darauf ausgerichtet sind, den Kindern „gezielte" Bewegungsmöglichkeiten anzubieten; ein wahrnehmungsstörender Lärmpegel, der es Kindern nahezu unmöglich macht, aufeinander zu hören, miteinander in Ruhe zu reden, gemeinsam die Sprache zu erleben; ein gereiztes Sprach- bzw. Sprechklima – ausgelöst durch zunehmend „genervte" Erwachsene, die voller lernzielorientierter Fördervorgaben oftmals nur noch „Lernergebnisse bei Kindern" feststellen und dokumentieren wollen; Sprachkorrekturen, die die Sprechfreude der Kinder hemmen, ein monologisierendes Einreden auf Kinder, das nicht selten als sprachabschreckend von Kindern empfunden wird, etc.

Es besteht heute überhaupt kein Zweifel daran, was die Sprache nachhaltig fördert: Eine *„integrierte Sprachförderung"* geschieht vor allem durch die Merkmale, die Sprache außergewöhnlich stark aktivieren, provozieren, lebendig werden lassen: ein alltägliches Miteinander Sprechen; Miteinander Singen; Miteinander Dichten und Reimen, Dialoge lebendig pflegen und gemeinsam auf die Suche nach Antworten gehen; Miteinander Philosophieren; Kinderaktivitäten sprachlich Begleiten; gemeinsames Genießen einer lebendigen Bewegungskultur; Geschichten vorlesen und nacherzählen; Märchen vorlesen und nachspielen; Geschichten erfinden und aufschreiben; miteinander spielen; sorgsam aufeinander hören; Hörspiele erfinden und aufzeichnen; Kindergartenzeitungen erstellen und drucken; Kinderkonferenzen gemeinsam gestalten.

Entsprechend der Aussage von Pestalozzi, dass „Erziehung Liebe und Vorbild ist – sonst Nichts!", muss es in einer sprachförderlichen Erziehungs- und Bildungsatmosphäre vor allem um die eigene „Sprach- und Sprechkultur" der elementarpädagogischen MitarbeiterInnen und die der Elementarpädagogik zugeordneten Fachkräfte gehen.

Sprache ist ein alltägliches, lebendiges, entwicklungsförderliches Kommunikationserlebnis mit Kindern, und Sprachbildung von Kindern versteht sich in erster Linie als eine Herausforderung an die hohe Sprachkompetenz von bindungsorientierten Erwachsenen!

„Gute Sprachförderung" ist alltäglich hörbar. Test- und Sprachförderverfahren mögen Erwachsene beruhigen – Kinder werden durch sie nicht selten massiv beunruhigt. Die „Methodengläubigkeit" und „didaktisierte Vielfalt" in der Elementarpädagogik setzt den „eigenen Entwicklungszeitraum Kindheit" mit ihren besonderen Erfordernissen zunehmend aufs Spiel. Insofern ist aus entwicklungspsychologischer, sprachwissenschaftlicher und entwicklungspädagogischer Sicht ein *Perspektivwechsel* dringender denn je notwendig! Anja Mannhard (Praxis für Logopädie und Personzentrierte Beratung in Lörrach) und Wolfgang G. Braun (Interkantonale Hochschule für Heilpädagogik in Zürich – Studiengang Logopädie) verfolgen diesen Perspektivwechsel in ihrer Arbeit und in diesem Buch konsequent und schaffen damit eine *neue Kultur der Sprachentwicklung und Sprachbegleitung* bei Kindern, die auf der Suche sind, aus ihrer Sprachlosigkeit herauszufinden bzw. ihre Sprache noch reichhaltiger zu gestalten.

Armin Krenz — Kiel, im Juli 2008

Vorwort

Lehnen Sie sich doch einen Moment zurück und gehen Sie in Gedanken zu Ihrer frühen Zeit des Kindergartens und der ersten Schuljahre. Welche Erinnerungen kommen Ihnen? Der Nikolausbesuch im Kindergarten? Das kleine Theaterspiel vor den Eltern und die damit verbundene Aufregung vor dem Auftritt? Ein besonderes Lob der Erzieherin für ein schönes Bild? Das Kochen in der Kindertagesstätte? Der Streit im Sandkasten wegen einer eingestürzten Sandburg? Der Stolz über die ersten geschriebenen Wörter?

Es sind die Erlebnisse, die uns nachhaltig in Erinnerung bleiben und uns auf dem weiteren Weg prägen. Wir merken uns das Einzelne, das uns berührt. Manfred Spitzer, ein führender Vertreter der Neurobiologie, drückt es in seinem Bestseller „Lernen“ (2007, 3) treffend aus: „Aus Erlebnissen der Seele werden Spuren im Gehirn“. Kinder erfahren ihre Umwelt als Forscher, Entdecker, Akteure und entwickeln sich zu Erkenntniswesen. Es liegt auf der Hand, dass der daraus gewonnene Erkenntnisreichtum Sprachkreativität und Kommunikationsvermögen produziert.

Donata Elschenbroich formuliert in ihrem Buch „Weltwissen der Siebenjährigen“ (2001) eine Wunschliste von Weltwissen und plädiert für „Bildungsgelegenheiten“. „Die Kindheit nicht verschulen“, „Kindern Erfahrungsspielräume und Handlungsgelegenheiten bieten“, „Lernen mit Freude“ sind die Gebote der Stunde! Das Kind erfährt Lernen als ein auf Freude ausgerichtetes Tun. Die Aktivität und das Erleben geben ihm das Bewusstsein, die Grenzen seiner Fähigkeiten zu erkunden und zu erweitern. „Das eigenaktive, das seine Erkenntnis selbst konstruierende Kind ist das neue Leitbild für Lernprozesse in frühen Jahren“ (Elschenbroich 2001, 36).

Mit „Sprache erleben – Sprache fördern“ wollen wir diesem Verständnis Rechnung tragen. Erzieherinnen und pädagogische Fachkräfte finden hier eine Fülle von handlungs- und erlebnisorientierten Sprachförderimpulsen für die gesamte Kindergruppe im Alter von ca. 4–10 Jahren. „Wahrnehmungen aus erster Hand“ sind die Quellen von Erfahrungen und damit verbundenem Mitteilungsbedürfnis. Kindbezogene Handlungsangebote bieten unzählige Möglichkeiten von Entdeckungen und Kommunikationsanlässen.

Das Buch bietet Ihnen praxisnah und alltagsorientiert Sprachfördergelegenheiten, die durch ihren Erlebnischarakter von den Kindern nachhaltig verarbeitet werden und Erinnerungsspuren hinterlassen. Sprachförderung für alle Kinder heißt nicht, viel zu üben und zu besprechen, sondern sich aktiv mit der Welt auseinanderzusetzen, etwas tun zu können, zu handeln.

Dosentelefon, Waldtag mit Sprachförderimpulsen, Gummibärmassage, Feuer für Sprache, Sprach-Werkstatt, Megafon-Dialog, Sprachportfolios, Sprachstrukturierung beim Basteln, Kochen und Bauen, Zaubern mit Sprache – es ist uns ein Anliegen, Ihnen eine lust- und erlebnisvolle Sprachförder-Schatzkiste zu präsentieren!

Wir sind glücklich, mit Frau Silvia Hüsler eine Fachfrau für interkulturelle Pädagogik für das Kapitel 6, „Fremde Muttersprachen spielen beim Deutschlernen eine wichtige Rolle“ gewonnen zu haben – viel Erfahrung und Achtung vor Menschen prägt ihre fachliche Arbeit. Herzlichen Dank für die fachliche, menschliche und anregende Unterstützung und Begleitung an die Ergotherapeuten Birgit Charlotte Maier und Boris Östringer, die in Kapitel 9 mit ihrem Rat zur Verfügung standen; an die Facherzieherinnen für Sprachförderung Leonore Simang, Doris Schaum und Andrea Mack für ihre Beiträge in Kapitel 2 und 14; an die Facherzieherin für Sprachförderung Astrid Rombach für ihre Idee des Lesekoffers in Kapitel 14; an die Zeichnerin einer Illustration Katja Maile in Kapitel 13 sowie an die Herren Dr. Harald Braun und Prof. Dr. Wolfgang Wendlandt für zwischenmenschliche Begleitung. Einen großen Dank an Prof. Dr. Jürgen Steiner für das konstruktiv-kritische Feedback in der Entstehungsphase des Buches. Zuletzt ein großes Dankeschön an die Kinder und ihre Eltern des Kindergarten Mühlacker (Balgach, CH) für das Einverständnis zur Fotodokumentation. Jannis und Noa ein „mega-großes“ Danke für die schönen Fotos.

Anja Mannhard, Freiburg / Lörrach und
Wolfgang G. Braun, Balgach / Zürich — Im Juli 2008

1 Sprachliche Bildung und Sprachförderung in Kindertageseinrichtungen

Gezielte Sprachförderung im Kindergarten- und Grundschulalter kann eine geeignete Möglichkeit sein, um den Spracherwerb und die Bildungschancen von Kindern zu begleiten und zu fördern. Sprache hat einen großen Stellenwert und ist Grundlage für gelingende persönliche Entwicklung und erfolgreiche Teilhabe an der Gesellschaft. „Das Geheimnis der Menschwerdung und Sprachwerdung ist eins", sagt Martin Buber. Sprachförderung umfasst die Gesamtheit sprachlicher Anregungen, die ein Kind in den ersten Lebensjahren in seiner sozialen Umgebung erfährt, die in Familien stattfindet und sich fortsetzt in sprachfördernden erlebnis- und erfahrensorientierten Angeboten in Kindertageseinrichtungen und später in der Schule (Mannhard 2006). In diesem Kapitel gehen wir der Frage nach, was Kindertageseinrichtungen zur Sprachförderung beitragen können. Hierbei ist die Wahrnehmung der eigenen Kompetenzen, aber auch der Grenzen der pädagogischen Profession von Bedeutung, wo Schnittstellen der interdisziplinären Kooperation deutlich werden.

„Sprache ist der Schlüssel zur Welt, zu unserer äußeren ebenso wie zu der Welt in uns. Mit ihr können wir uns anderen Menschen mitteilen, uns mit ihnen austauschen und unserem grundlegend menschlichen Bedürfnis nach Gemeinsamkeit und Zugehörigkeit Ausdruck verleihen. Sprache beflügelt unser Denken und unsere Fantasie. Sie gibt uns Begriffe, um unsere Eindrücke und Wahrnehmungen in Worte zu fassen, sie in gedankliche Bahnen zu lenken, um Ideen zu planen, Wunschträume zu leben und um unser Wissen, unsere Erfahrungen und unser Wollen in die Welt zu tragen. Sprache hilft, uns selbst und andere zu verstehen und das, was unsere Wirklichkeit ausmacht, zu benennen, zu ergründen und zu gestalten. Als ein komplexes System von Zeichen, Symbolen, Regeln und Bedeutungen äußert sie sich nicht nur verbal: Ein Blick sagt mehr als tausend Worte, der Ton macht die Musik, offene und versteckte Botschaften sendet der Körper. Und seit Menschengedenken ist die Aneignung von Sprache und der Umgang mit ihr ein lebendiger und schöpferischer Prozess" (Jampert et al. 2007a, 6).

Sprachliche Fähigkeiten von Kindern spielen bereits in vorschulischen Bildungsprozessen eine zentrale Rolle, was nicht nur durch die PISA-

und IGLU-Studien verdeutlicht wurde. Jedoch gab es bereits zu früheren Zeiten Bildungsdiskussionen, die in diese Richtung abzielten, beispielsweise in den 90er-Jahren. Seit den genannten Studien richten sich die bildungspolitischen Erwartungen verstärkt auf die Sprachförderung im pädagogischen Kontext mit Vorschulkindern. Hierbei wird ein Fokus auf Kinder mit Migrationshintergrund gesetzt, wobei es sicherlich sinnvoll wäre, diesen für alle Kinder einer pädagogischen Einrichtungen zu erweitern. Einerseits verhindern mangelhafte Deutschkenntnisse die Chancengleichheit von Kindern in Deutschland, andererseits sollten gezielte Sprachförderangebote auch einsprachig Deutsch aufwachsenden Kindern zugute kommen. Sprachförderung war schon immer Gegenstand frühkindlicher Bildungs- und Entwicklungsprozesse und ist es nicht erst seit den PISA- und IGLU-Studien. Des Weiteren kann Sprachförderung alltagsorientiert geschehen, sodass nicht zwingend gezielte Angebote initiiert werden müssen, sondern dass Sprachförderung erlebnisorientiert in den Alltag der Kindertagesstätte eingebaut werden kann. Teilweise benötigt es hierfür eine räumliche Umgestaltung, die erst einmal aufwändig sein mag, in der Folge jedoch eine Vielzahl an Erleichterungen und Vorteilen mit sich bringt (siehe Kap. 5).

Ein weiterer diskussionsbedürftiger Punkt ist der, dass bei einigen Sprachförderprogrammen, die teilweise auch finanziell bezuschusst werden, der Fokus auf sprachauffälligen Kindern liegt. Hier lohnt es sich, darüber nachzudenken, welche Hindernisse es haben kann, wenn der Fokus von pädagogischen Fachkräften zunehmend auf die Defizite der Kinder gelenkt wird. Der Blick für die Besonderheiten der Sprache und die Ressourcen von Kindern geht verloren und auch die kreative Gestaltungsfähigkeit im Umgang mit Sprache. Zudem gibt es hier oft mangelnde Klarheit darüber, dass die sprachauffälligen Kinder in jedem Falle zusätzlich der sprachtherapeutischen Abklärung und ggf. Therapie zugeführt werden müssten. Sprachförderung kann Sprachtherapie nicht ersetzen, Kinder mit festgestellter Spracherwerbsstörung können von Sprachförderung allein nicht ausreichend profitieren. Hier besteht die Gefahr, dass sie in Entwicklungsprozessen stagnieren, da sie die entsprechenden, auf ihre Störung zugeschnittenen, therapeutischen Interventionen nicht erhalten. Diese stehen ihnen aufgrund des Indikations-Katalogs der Heilmittelrichtlinien nach festgestellter Spracherwerbsstörung zu. Nur, bis es zur Feststellung von Störungen durch die entsprechenden medizinischen und therapeutischen Fachkräfte kommt, bedarf es manchmal eines langen Weges. Es kann nicht angehen, dass es hier zu einem „Verschiebebahnhof" kommt, wo künftig Spracherwerbsstörungen mit Sprachförderung durch pädagogische Fachkräfte, sei es auch mit Zusatzausbildung, behandelt werden sollen. Hier ist auf eine genaue Differenzierung zu achten, damit die entsprechenden Berufsgruppen innerhalb ihrer Profession und Kompetenzen, für die sie ausgebildet sind, tätig werden und sind. Fachliche Kompetenz und Qualität bedeutet immer auch Kompetenzgrenzen und – übergabe entsprechend wahrzunehmen.

In diesem Sinne sind auch die teilweise geforderten Sprachtests, durchgeführt durch pädagogisches Fachpersonal, anzusehen. Eine differenzierte Sprachdiagnostik kann nur durch entsprechend ausgebildetes Fachpersonal erfolgen, um zum einen die auf dem Markt befindlichen Tests adäquat durchführen, zum anderen die Ergebnisse entsprechend interpretieren zu können. Erzieherinnen können anhand von Screening-Verfahren eine erste Einschätzung treffen, ob die Kinder sprachauffällig sind oder nicht. Die weitergeleitete, entsprechend fachinterdisziplinäre Abklärung gehört in die Hände der entsprechenden medizinischen und therapeutischen Fachdisziplinen. Doch auch die eingesetzten Screening-Verfahren sind qualitativ zu prüfen: Erfüllen sie den Anspruch, eine orientierende Einschätzung der sprachlichen Fähigkeiten eines Kindes anzubieten? Leisten sie eine Aussage über das weitere erforderliche Vorgehen? Weiter können Screenings von Erzieherinnen insofern sinnvoll eingesetzt werden, wenn sie Ansatzpunkte für geeignete Sprachförderbereiche oder -ziele für das jeweilige Kind anbieten. Jedoch sind auch hierbei sprachauffällige Kinder gut zu beobachten und der sprachtherapeutischen Diagnostik zuzuführen, damit dort geklärt werden kann, ob ggf. eine Spracherwerbsstörung beim jeweiligen Kind vorliegt. Somit wäre zusätzlich zur Sprachförderung eine sprachtherapeutische Intervention erforderlich.

Eine Mitteilung des Deutschen Bundesverbandes der akademischen Sprachtherapeuten (dbs) ist hierbei sicherlich interessant: Demnach sieht der Verband in Maßnahmen zu Sprachstandserhebungen in NRW eine Verschwendung von öffentlichen Geldern und kritisiert die mangelnde Zusammenarbeit zwischen Bildungs- und Gesundheitswesen. Die bei den in 2007 durchgeführten flächendeckenden Sprachstandserhebungen verwendeten Verfahren „Delfin 4“ und „Pfiffikus“ für Vierjährige seien abgespeckte Kopien von bereits vorhandenen spezifischen Testverfahren. Die Durchführung, Auswertung und Interpretation wurde nun per Gesetz in Laienhände gelegt, was laut dbs ein lapidarer und verantwortungsloser Umgang mit medizinisch-therapeutischen Methoden sei. Die Entwicklung und personelle Ausstattung des Projektes verschlang zudem zwischen 17 und 23 Millionen Euro.

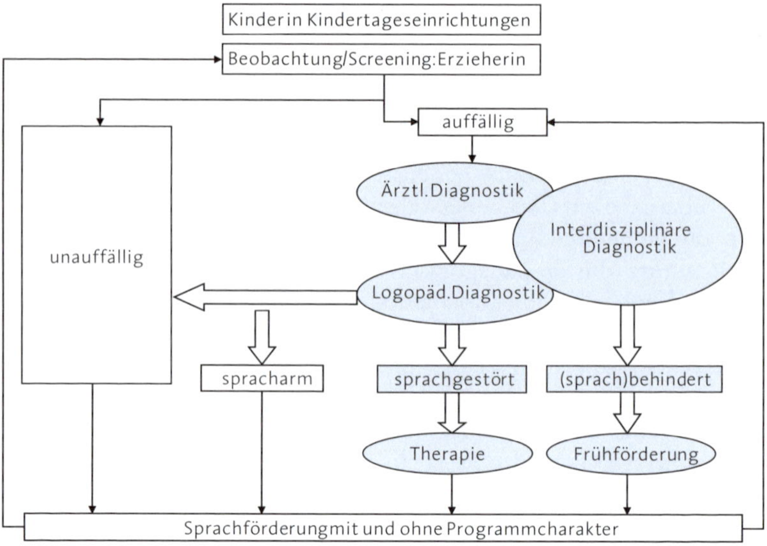

Abb. 1: Verzahnung der Aktivitäten des Bildungs- und Gesundheitswesens (Deutscher Berufsverband Logopädie e.V. 2007)

Dies entspricht mindestens 500 Euro für jedes zu fördernde Kind. Eine aussagefähige Diagnostik und professionelle Elternberatung bei ausgebildeten Sprachtherapeutinnen kostet zwischen 100 und 150 Euro pro Kind – ohne Unterrichtsausfall an Grundschulen, ohne Überforderung von in Crashkursen fortgebildeten Erzieherinnen, ohne fehleingeschätzte Kinder aufgrund von mangelnden Fachkenntnissen und Erfahrungen (LOGOS interdisziplinär 2007, 292).

Es ist also von großer Bedeutung, dass die Schnittstelle zwischen Bildungs- und Gesundheitswesen klar wird. Hierbei wird vom Berufsverband der Logopäden eine Vernetzung vorgeschlagen (siehe Abb. 1).

Mit der Sprachförderung hat sich ein neues Gebiet in seiner Schwerpunktsetzung für Erzieherinnen eröffnet. Hierbei ist die Kooperation mit den Eltern von Bedeutung (siehe Kap. 15) als auch die mit der Grundschule und weiteren Bildungseinrichtungen bzw. mit Kräften, die zudem in die Förderangebote integriert werden und von außen in die Einrichtungen kommen. Die gemeinsame Planung und der kontinuierliche Austausch mit Lehrkräften und externen sowie therapeutischen Fachkräften sind entscheidend für die Wirksamkeit der Förderangebote (siehe Kap. 4).

Was können Kindertageseinrichtungen zur Sprachförderung beitragen?

Kinder im Kindergartenalter eignen sich Sprache intensiv und handlungsorientiert an (siehe Kap. 9). Sprache wird zum Träger ihres Handelns, Verstehens und Verarbeitens von Erfahrungen und bei der Gestaltung von sozialen Beziehungen. Durch Handeln gehen Kinder mit Problemstellungen und Aufgaben um und finden kreative Lösungen. Aus diesen Erfahrungsmöglichkeiten leitet sich der Sprachförderauftrag für Kindertageseinrichtungen ab, dass alle Kinder in ihrer sprachlichen Entwicklung zu fördern und zu unterstützen sind. Somit ist Sprachförderung eine grundständige und alltägliche Aufgabe. Pädagogische Fachkräfte benötigen differenzierte Kenntnisse über den Spracherwerb der Kinder, sie sollten die Entwicklungsphasen kennen und einstufen sowie dokumentieren können und auch Abweichungen bzw. Auffälligkeiten wahrnehmen. Bei den Angeboten sollten spezifische Lern- und Erfahrensmöglichkeiten, die den physiologischen Spracherwerb unterstützen, bereit gestellt bzw. methodisch integriert werden. Die Beobachtung und Dokumentation ist somit Bestandteil der sprachlichen Förderung.

Sprachförderung ist eine Querschnittsaufgabe, sie erfolgt im Freispiel ebenso wie bei Bewegungsangeboten im Turnraum oder rhythmisch- musikalischen Angeboten. Die sprachliche Bildung als grundständige Aufgabe von Kindertageseinrichtungen ist herauszuheben: Neben der entwicklungsbegleitenden Sprachförderung liegt hier die weitere Aufgabe, sodass Kindern Lust, Interesse, Erfolg und Freude am Kulturgut Sprache vermittelt wird. Somit eröffnet sich auch der Zugang zur Buch- und Schriftkultur (siehe Kap. 14).

Ein Teil der Kinder mit Migrationshintergrund benötigt über den Kindergartenalltag hinausgehende Förderung zur Verbesserung der sprachlichen Leistungen in der deutschen Sprache. Das betrifft beispielsweise gezielten deutschsprachigen Input im ersten Kindergartenjahr, also bei den zwei- bis dreijährigen Kindern, die sich auf die aktive Verwendung der deutschen Sprache umstellen müssen. Jedoch benötigen auch ältere mehrsprachige Kinder in Kindertageseinrichtungen häufig noch eine gezielte Unterstützung zum Aufbau und zur Erweiterung ihres Wortschatzes (Semantik und Lexikon) und grammatischer Strukturen der deutschen Sprache (siehe Kap. 6).

Bei Kindern mit Sprachentwicklungsstörungen kann es um eine günstige Vernetzung der spezifischen Sprachförderung in Kindertageseinrichtungen und der Zielsetzungen und Inhalte einer logopädischen oder sprachtherapeutischen Intervention gehen. Hierbei können nach Jampert 2007 sowohl Therapeuten von alltäglichen Beobachtungen der pädagogischen Fachkräfte als auch diese von den fachlichen Kompetenzen der Logopäden und Sprachtherapeuten profitieren (siehe Kap. 4).

Empfehlenswerte Literatur

Fröhlich-Gildhoff et al. (2007): Neue Wege gehen – Entwicklungsfelder der Frühpädagogik.

Jampert et al. (2007a): Schlüsselkompetenz Sprache. Sprachliche Bildung und Förderung im Kindergarten. Konzepte – Projekte – Maßnahmen.

Mannhard / Scheib (2007): Was Erzieherinnen über Sprachstörungen wissen müssen.

Prekop / Hüther (2006): Auf Schatzsuche bei unseren Kindern. Ein Entdeckungsbuch für neugierige Eltern und Erzieher.

2 Sprachförderung im Kontext des Orientierungs- und Bildungsplans

Der Orientierungs- und Bildungsplan lädt ein, die Welt mit den Augen der Kinder zu sehen. Pädagogen können sich hierbei die Fragen stellen: Was kann das Kind? Was braucht das Kind? Wie erfährt ein Kind die Welt? Wie entwickelt sich ein Kind zu einem individuellen Wesen, das aktiv an der Gemeinschaft und am Leben teilnimmt? Wie wird man in Erziehungs- und Bildungsprozessen den Bedürfnissen der Kinder gerecht? Kindertageseinrichtungen haben neben den Aufgaben der Erziehung und Betreuung auch einen Bildungsauftrag. Gerade die ersten Lebensjahre sind die lernintensivste Zeit. Bildung ist mehr als Wissenserweiterung, Kinder eignen sich erlebnis- und erfahrungsorientiert in selbsttätigen Prozessen, also durch ihr Handeln ihre Fähigkeiten und Fertigkeiten an. Neben vielfältigen Bildungsaufgaben kommt der Sprachförderung eine zentrale Rolle zu.

An einem exemplarischen Sprachförderangebot durch eine „Facherzieherin für Sprachförderung“ (Informationen zu dieser Zertifizierungsmaßnahme unter www.bagage.de / www.anjalingua.de) wird der strukturierte Aufbau in mehreren Einheiten ausgeführt und dargestellt.

„Die Grenzen meiner Sprache bedeuten die Grenzen meiner Welt“
L. Wittgenstein

Im Orientierungsplan für Bildung und Erziehung für Kindertageseinrichtungen wird der Bildungsauftrag konkretisiert. Dabei werden Grundlagen pädagogischer Arbeit wie Wertschätzung und Akzeptanz des Kindes ebenso angeführt wie die ganzheitliche und entwicklungsangemessene Begleitung der Kinder und die verschiedenen verzahnten Bildungs- und Entwicklungsfelder Körper, Sinne, Sprache, Denken, Gefühl und Mitgefühl sowie Sinn, Werte und Religion. Eine besondere Bedeutung kommt der Sprachförderung zu (Mannhard 2006).

Im Orientierungsplan wird die Beherrschung der Sprache, zuerst in verbaler Form, später in Schrift, für Lernprozesse im Vorschulalter als bedeutsame Fähigkeit herausgestellt. Auch für spätere Lernprozesse in der Schule wird die Sprache in ihrer herausragenden Rolle thematisiert, denn hier wirken sich Defizite in der Sprachentwicklung als Hemmnisse für die meisten anderen schulischen Lernerfahrungen aus. Wer

Sprachprobleme hat, wird in der Schule dem mündlichen Unterricht nur unzureichend folgen können und Fremdsprachen werden in der Regel ein Problem darstellen. Auch das Verstehen und somit Lösen von mathematischen Textaufgaben oder die Verarbeitung eines Textes im Geschichtsbuch kann nicht so erfolgreich absolviert werden, wie dieses mit guten Sprachfähigkeiten möglich ist. Auch im Berufsleben warten weitere Aufgaben wie das Verfassen von Bewerbungen, Verstehen von Verträgen oder sonstige mündliche oder schriftsprachliche Abläufe. Sprachdefizite im Vorschulalter können also Behinderungen in allen weiteren Lebens- und Lernprozessen darstellen.

Ziele für das Bildungs- und Entwicklungsfeld Sprache sind:

- Kinder erweitern und verbessern ihre nonverbalen und verbalen Ausdrucksfähigkeiten.
- Kinder erweitern in Verbindung mit rhythmisch- musikalischen Elementen und Bewegung ihre Sprachkompetenzen.
- Kinder nutzen Sprache, um mit anderen zu kommunizieren, ihre Ziele zu erreichen und ihre Bedürfnisse zu formulieren.
- Kinder mit einer anderen Herkunftssprache erwerben Deutsch als Zielsprache in einem Umfeld der Wertschätzung ihrer Herkunftssprache und erfahren unterschiedliche Sprachen als Reichtum.
- Kinder lernen Schrift als alltäglichen Bereich ihrer Lebensumwelt kennen und setzen sie ein.

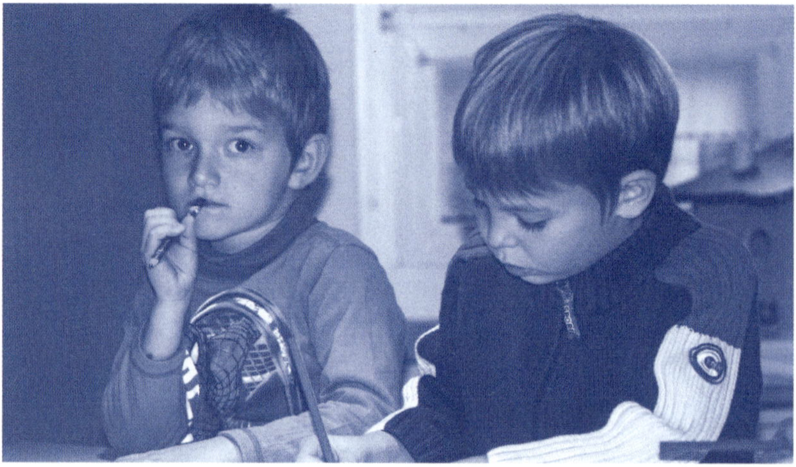

Abb. 2: Kinder lernen Schrift als alltäglichen Bereich in ihrer Umwelt kennen

2.1 Allgemeine Prinzipien der sprachlichen Förderung in Kindertageseinrichtungen

Als pädagogische Fachkräfte in Kindertageseinrichtungen oder in der Grundschule können Sie sich für die verschiedenen Aspekte, die als allgemeine Prinzipien der sprachlichen Förderung gelten, die nachfolgenden Fragen stellen.

2.1.1 Sprache, die hilft, die Welt zu verstehen und zu entdecken

- Wie erfährt das Kind, dass Dinge einen Namen haben und dass seine Fragen danach und nach den Funktionen sowie zum „Verständnis der Welt" ernst genommen werden?
- Wie wird sichergestellt, dass die Kinder Gesprächsinhalte verstanden haben (auch im Gruppengespräch)?
- Wie wird den Kindern die Orientierung im Alltag erleichtert (Rituale, die den Tagesablauf strukturieren, Symbole, Schrift) (siehe Kap. 13)?
- Wo finden die Kinder Schrift als alltägliche Anregung und Förderung (Pinnwand mit Notizen, frei zugängliches Bücherangebot, Anregungen, etwas zu dokumentieren) (siehe Kap. 13)?
- Wie wird sichergestellt, dass die Kinder Geschichten sprachlich verarbeiten und vertiefen (Rollenspiele, Malen, Musikelemente, Bewegungsspiele) (siehe Kap. 2, 9, 10)?
- Wie werden Werke des nonverbalen Ausdrucks (Bilder, Musik) als Sprechanlass genutzt?

2.1.2 Sprache als Instrument, um Anerkennung, Wohlbefinden und Wertschätzung zu erfahren

- Wie werden die Kinder begrüßt?
- Wann bekommen die Kinder Gelegenheit, von sich zu erzählen? Wie wird kommunikativ auf die Erzählungen der Kinder eingegangen?
- Wie werden andere Sprachen und Dialekte wertgeschätzt und wann kommen sie konkret zum Einsatz (Bücher, Lieder) (siehe Kap. 6)?
- Welche Möglichkeiten haben die Kinder, sich etwas vorlesen oder Geschichten erzählen zu lassen? Wie werden die Räume hierfür ansprechend und anregend gestaltet (siehe Kap. 5)?

- Wie werden die Kinder angeregt, spielerisch mit Sprache umzugehen (Reime, Fingerspiele, Lieder, Bewegungsspiele) (siehe Kap. 9)?
- Wie wird festgestellt, dass beim Kind entwicklungsgemäß die grundlegenden Fähigkeiten der Sprache ausgebildet sind?

2.1.3 Sprachen entfalten, um mit anderen zu leben

- Wie werden Kinder angeregt, Konflikte mit Hilfe von Sprache zu lösen?
- Wodurch erfahren Kinder, dass sich Sprache den unterschiedlichen Situationen und Gesprächspartnern anpasst (siehe Kap. 7)?
- Wie erfahren Kinder, dass Sprache verletzend sein kann?
- Wodurch gelingt es, gemeinsame Regeln einzuhalten?
- In welcher Form wird mehrsprachigen Kindern Gelegenheit gegeben, etwas aus ihrer Herkunftssprache und –kultur vorzustellen?

2.1.4 Sprache nutzen, um sich auszudrücken

- Wie wird der tägliche Erfahrungsaustausch zwischen den Kindern gefördert?
- Wie werden Situationen geschaffen, in denen neue Begriffe gemeinsam erschlossen werden (siehe Kap. 10)?
- Wie erweitern die Kinder ihren Wortschatz und wie gewinnen sie grammatische Sicherheit (siehe Kap. 10)?

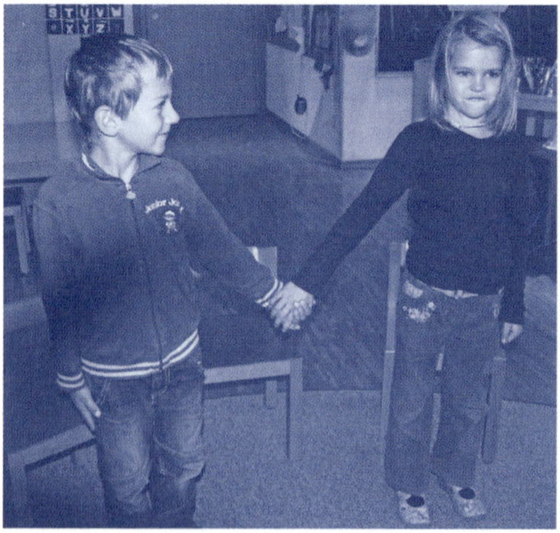

Abb. 3: Sprache ist wichtig, um von anderen verstanden und akzeptiert zu werden

- Wie werden Kinder angeregt, zu ihren eigenen Bildern zu sprechen?
- Wie erfahren Kinder die Bedeutung nonverbaler Parameter wie Gestik und Mimik oder Intonation?
  (Ministerium für Kultus, Jugend und Sport Baden-Württemberg 2006)

2.2 Sprachliche Förderung durch Angebote aus verschiedenen Bildungsbereichen

Die Beispiele Musik und Naturwissenschaften als weitere Bildungsbereiche im Orientierungsplan werden im Folgenden exemplarisch mit der Sprachförderung verknüpft. Dieses Vorgehen nimmt das Interesse der Kinder an Personen, Themen und Aktivitäten auf, die immer an Sprache geknüpft sind. Musik gehört zum klassischen Bildungsgut in der Elementarpädagogik, während die Naturwissenschaften als neuerer Bildungsbereich erschlossen wurden. Systematisch können in der Verbindung verschiedener Bildungsbereiche mit der Sprachförderung sprachliche Schwerpunkte herausgearbeitet werden, die sich aus den Förderzielen und Aktivitäten der Bereiche selbst ergeben und für die gezielte Förderung von Kindern einsetzen lassen. Hierbei können pädagogische Fachkräfte auch auf individuelle Interessen und Entwicklungsverläufe von Kindern Bezug nehmen (Jampert 2007).

2.2.1 Musik und Sprache

Die Entwicklung der Stimme sowie die physiologischen Voraussetzungen wie Atmung und Koordination der Sprechwerkzeuge sind für Sprache und Musik bzw. Singen gleich bedeutsam und basieren auf gleichen Entwicklungsprozessen. Sprache beinhaltet auch musikalische Elemente wie (Sprech-)Melodie, (Sprech-)Rhythmus, Stimmklang oder Aufteilung der Sprechphrasen mittels Pausen, Betonung und Takt. In den Anfängen der Stimmentwicklung sind musikalische und sprachliche Elemente untrennbar miteinander verknüpft, z.B. werden Wörter nach ihrem Klangbild unterschieden und eine Satzmelodie gibt eine Aussage über die Grammatik. Der emotionale Gehalt eines Satzes wird über Lautstärke, Stimmklang und Tonhöhe transportiert. Gemeinsames Musizieren und Singen fördert gemeinsame Erlebnisse und die Freude miteinander, also die Beziehung zu anderen. Mit der Wahrnehmung von Klängen und deren Unterscheidung wird das Gehör auch für sprachliche Laute und ihre Unterscheidung trainiert (auditive Wahrnehmung). In Tabelle 1 erhalten Sie Informationen und Ideen zur Verknüpfung von Musik und Sprache in der Sprachförderung.

Tab. 1: Verknüpfung von Musik und Sprache in der Sprachförderung (Jampert et al. 2007b, 73f)

Bereich	Sprache	Musik
Auditive Wahrnehmung	Differenzierung, Lokalisierung	Klänge wahrnehmen und differenzieren, Musik hören
Phonetik, Phonologie	Artikulation, Atmung	Körperwahrnehmung vokalisieren
	variieren: einzelne Laute in verschiedenen Wortpositionen	rhythmisierte Sprechverse, Nonsenslieder, Erkunden und Imitieren von Geräuschen und Klängen, Echospiele
	Phonologie: Silbenkomplexität (Konsonantenverbindungen, Anzahl der Silben), Minimalpaare (Kanne/Tanne) (wichtig! Bedeutungsunterschied)	Verbindung von Rhythmus und Sprache Singen
	phonologische Bewusstheit: Reime erkennen/finden, Silben weglassen/hinzufügen, Silbenklatschen etc.	Spiellieder musikalisch rhythmisieren
	phonologisches Gedächtnis: Melodien, Silbenfolgen, Texte, Rhythmusfolgen memorieren	Liedtexte memorieren Rhythmusabfolgen auf Instrumenten kreieren
	Prosodie: Wortbetonungen und Satzmelodie (Intonationsphrasen)	Hörtraining Singen: Lieder und eigene Erfindungen Koordination von syntaktischen und musikalischen Phrasen
	Prosodie: bewusster Stimmeinsatz (laut – leise, hoch – tief)	Singübungen Stimmexperimente

Bereich	Sprache	Musik
Lexikon, Semantik	Wortschatz: semantische Felder	Lieder zu unterschiedlichen Themen / Anlässen
	automatisierte Reihen: Zahlenreihen, Wochentage, Monate	rhythmische Spiele
	Adjektive: laut – leise, schnell – langsam, lieblich – wild	Dynamik im Singen und in der Bewegung Instrumente
Morphologie	Steigerungen: lauter, schneller	rhythmische Gegensatzpaare, Singen, Instrumente
Syntax	Satzmuster (mit variierendem lexikalischen Inhalt)	Gedichte, Lieder, regelhafte Abfolgen
Kommunikation	Abläufe absprechen	z. B. Instrumente
	musikalisch z. B. Emotionen ausdrücken Dialoge führen	Singen Instrumente
Schrift	Symbole: nach vereinbarten Symbolen klatschen, schnipsen etc.	grafische Notation von Musik, Noten
Besonderheiten	DaZ*-Kinder: nonverbale Ausdrucksmöglichkeit durch Musik und Rhythmik	
Voraussetzungen	Koordination von Atmung, Motorik, auditiver Wahrnehmung und Klang	

* DaZ – Deutsch als Zweitsprache

2.2.2 *Forschergeist und Sprache*

Wenn Kinder sich intensiv mit Gegenständen und naturwissenschaftlichen Phänomenen beschäftigen, erlangen sie neue Erkenntnisse und vertiefen ihr Sprachverständnis sowie die komplexere Bedeutung von Begriffen und deren Beziehungen zur Welt. Sie erweitern Detailkenntnisse über die Objekte und wie diese sich verhalten. Die Versprachlichung dieser Erfahrungen unterstützen diesen Prozess. Hierbei wird das differenzierte Beobachten, Vergleichen und Beschreiben im handlungsorientierten Angebot gefördert.

Das Phänomen wird erkundet, beobachtet und verglichen, beschrieben, sortiert und klassifiziert, interpretiert, es werden Fragen gestellt und beantwortet, Vermutungen und Erkenntnisse angestellt, diskutiert und präsentiert bzw. die Ergebnisse festgehalten – komplexe Prozesse, die versprachlicht werden. In Tabelle 2 erhalten Sie Informationen und Ideen zur Verknüpfung von Naturwissenschaft und Sprache in der Sprachförderung.

Tab. 2: Verknüpfung von Naturwissenschaft und Sprache in der Sprachförderung (Jampert et al. 2007b, 119f)

Bereich	Sprache	Naturwissenschaften
Lexikon, Semantik	Semantik: Bedeutungsrelationen (Granny Smith – Apfel – Obst) Definieren anhand von Merkmalen (z. B. hat zwei Beine, Flügel, Federn und einen Schnabel)	Sortieren und Klassifizieren
	Wortschatz: Begriffe finden Nomen (Kastanie, Buchecker), Adjektive (rau, weich, glatt), Verben (aussehen wie), Adverbien (immer, manchmal)	genaues Beschreiben
	Wortschatz: „Fachsprache“ (Pinzette, abmessen, 5 Zentimeter)	Instrumente Maßeinheiten Zahlen, Zählen
Morphologie	Komparativ (schwerer), Superlativ (am schwersten)	Messen, Wiegen, Vergleichen
	Singular, Plural	Zahlen, Zählen
Syntax	W-Fragen (Warum ist der Himmel blau?)	
	Haupt- und Nebensatzverbindungen mit Konjunktionen (Ich mische Blau und Gelb, damit Grün entsteht) Sicherheit der Aussage markieren (Ich glaube / weiß, dass …)	Hypothesen formulieren Begründungen geben
	Negation (Die Schnecke hat keine Beine; die Spinne hat 8 Beine)	Zahlen, Zählen

Bereich	Sprache	Naturwissenschaften
	Zeitformen: Vergangenheit (Der Stab *hat gewackelt*), Präsens (Die Kugel *rollt da runter*), Zukunft (Der Stein wird untergehen)	genaues Beschreiben Hypothesen formulieren
Kommunikation	Argumente finden, diskutieren, sich gegenseitig zuhören, den anderen ausreden lassen, Gedanken in Worte fassen, Absprachen treffen	Hypothesen formulieren Abläufe beschreiben Ergebnisse präsentieren
Schrift	grafische Darstellung (Tabelle, Grafik, Strichliste) Experimentiertagebuch Symbole (Etiketten, Zahlen)	Ergebnisse festhalten
Besonderheiten	vorteilhaft für DaZ*-Kinder: fester Rahmen, nonverbale Anteile keine geschlechtsspezifischen oder sozialen Unterschiede in der Gruppe: mehr Diskussion, Kommunikation	
Voraussetzungen	motorische Fähigkeiten: v. a. Feinmotorik, Greifen	

* DaZ – Deutsch als Zweitsprache

2.3 Wie kann ein Sprachförderangebot im Rahmen des Orientierungs- und Bildungsplans praktisch aussehen?

Im Folgenden eine exemplarische Beschreibung von Leonore Simang (Externe Sprachförderkraft mit Weiterbildungsabschluss „Erzieherin für Sprachförderung" Informationen zur Fortbildung www.anjalingua.de oder www.bagage.de), wie die Organisation und der Ablauf eines Sprachförderangebots, das wichtige Aspekte des Orientierungs- und Bildungsplans integriert, aussehen könnte:

Für die Vorplanung ist es wichtig, dass Erzieherinnen sich Gedanken zur Zusammensetzung der Zielgruppe und zu ihren Sprachförderzielen, die sie mit dem Angebot verfolgen, machen. Von Sprachförderangeboten sollten alle Kinder einer Einrichtung profitieren können und nicht nur sprachauffällige Kinder.

Die Auswahl der Zielgruppe für ein Sprachförderangebot sollte sich also vielmehr nach Kriterien wie geeignete Gruppengröße für das Angebot, Alters- bzw. Geschlechtszusammensetzung und an den Sprachförderzielen orientieren.

Um all das festzulegen, ist eine genaue und sorgfältige Beobachtung der Kinder unerlässlich. Fachkräfte, die nicht täglich Kontakt zur Kindergruppe haben oder nur für die Sprachförderung angestellt sind, sollten genügend Zeit einplanen, um sich über die Situation der Gruppe und einzelner Kinder zu informieren. Der regelmäßige Austausch ist die Voraussetzung dafür, dass die Kinder ohne gedankliche Brüche in ihrem Thema bleiben können und die Sprachförderung in ein breites, ganzheitliches Lernfeld erlebnisorientiert eingebunden ist. Die sich aus der Beobachtung ergebenden Sprachförderziele lassen sich dann mit jedem Thema verknüpfen.

2.3.1 Beobachtung und Austausch

Im Gespräch mit der Gruppenleiterin wird die Beobachtung geschildert, dass sich einige Kinder im Stuhlkreis nicht, wenig oder nur bruchstückhaft äußern. Es erscheint wichtig, mit diesen Kindern Gruppenerlebnisse wie Picknick, Theaterbesuch u. ä. in ruhiger Kleingruppenatmosphäre aufzuarbeiten, sie zum Sprechen zu ermuntern, geduldig zuzuhören und anschließend ihre Möglichkeiten, sich mitzuteilen, zu erweitern.

2.3.2 Vorüberlegung

Das momentane Gruppenthema ist „Im Wald"; in diesem Sachfeld wird sich das Angebot bewegen. Vorausgehend muss eine praktische Erfahrung ermöglicht werden. Der Ausflug in den Wald ist für die Gesamtgruppe geplant und Ausgangspunkt der Sprachförderplanung. Ausgehend von den Beobachtungen am Waldtag und den anschließend darüber stattfindenden Erzählungen in der Kleingruppe wird das Angebot konkretisiert.

Die beobachteten Kinder brauchen nicht nur eine sprachliche Förderung, sondern auch eine Stärkung ihres Selbstbewusstseins. Sie erfahren immer wieder Ablehnung durch Äußerungen wie „Die sagt gar nichts" oder „Was soll das heißen?". Es wäre gut, diesen negativen Erfahrungen etwas anderes entgegenzusetzen. Wenn man den sprachlich schwächeren Kindern einen Wissensvorsprung verschafft oder ihnen die Möglichkeit bietet, etwas Neues in die Gruppe einzubringen, verändern sich feste Strukturen und Rollenzuordnungen. Die sonst sprachlich gewandteren Kinder müssen sich zurücknehmen, und auch die anderen Kinder bekommen das Gefühl von Aufmerksamkeit und Wertschätzung. Das geplante Angebot wird aufgrund dieser Überlegung so gestaltet, dass es der Gesamtgruppe präsentiert werden kann. Die besondere Form eines Rätsels verstärkt dadurch den gewünschten Effekt, die positive Aufmerksamkeit der Gesamtgruppe zu bekommen und einen Wissensvorsprung zu haben.

Sprachförderung mit den Mitteln von Musik und Bewegung ist besonders wirkungsvoll, weil viele Entwicklungsbereiche gleichzeitig angesprochen werden und mit Hilfe der Stärken an den Defiziten gearbeitet werden kann. Besonders Kinder mit Sprachschwierigkeiten profitieren von Musik und Bewegung. Im Beispiel wird die Idee eines Rätselliedes verfolgt, das mit besonders klangvollen, seltenen Waldwörtern gefüllt werden kann. Durch die variable Gestaltung der Strophen soll es möglich sein, das Lied immer wieder mit neuen Inhalten zu füllen.

2.3.3 Zielgruppe und Rahmenbedingungen

Die Zielgruppe ergibt sich aus den Beobachtungen der Gruppenerzieherin, die in diesem Beispiel zusammen mit der externen Sprachförderkraft eine Kleingruppe von sechs 5–6-Jährigen zusammenstellt. Hierbei gibt es eine Mischung von sprachauffälligen als auch sprachlich regelhaft entwickelten Kindern. Vier Kinder haben einen Migrationshintergrund. Der Kleingruppe steht ein separater Raum und nach Absprache der Turnraum zur Verfügung. An zwei Vormittagen wöchentlich ist die Gruppe etwa 30 Minuten zusammen. Neben dem Ausflug in den Wald werden drei Sprachfördereinheiten geplant. Eine Handpuppe (ein kluger Kasper) ist durch die Sprachförderkraft eingeführt, lädt die Kinder ein und begleitet die Einheiten stellenweise.

2.3.4 Sprachförderziele

Die Ziele des Angebots ergeben sich aus der Beobachtung der unzureichenden Mitteilungsfähigkeit und aus generellen Zielen der Sprachförderung, von denen alle Kinder profitieren können. Einerseits müssen den Kindern passende Worte zur Verfügung stehen, um ausdrücken zu können, was sie erlebt haben. Reine Substantive wie „Stock“ oder

„Käfer" reichen dazu nicht aus. Weiterhin müssen sie beschreiben können, wie die Dinge aussehen und was sie damit gemacht haben: „Ich habe einen schwarzen Käfer in die Becherlupe gelegt". Außerdem müssen die sprachlichen Schwierigkeiten im Stuhlkreis aus dem Mittelpunkt rücken und die Stärken angesprochen werden. Daraus ergeben sich vier konkrete Ziele:

- Kleingruppenförderung
- Erweiterung und Festigung des Wortschatzes (Substantive, Verben und Adjektive)
- Festigung von Grammatik durch wiederholbare Sätze
- Sprachmotivation durch Musik, Bewegung und Vorführung

2.3.5 Methodik und Durchführung

Der Waldtag findet mit der Gesamtgruppe statt. Die Erzieherin notiert ihre Beobachtungen. Im Beispiel:

- Die Kinder streichen mit den Händen durch Lavendelbüsche.
- Sie überlegen am Teich, wie die grünen Punkte heißen.
- Einige Kinder finden ein Krabbeltier und nennen es Tausendfüßler.

Weiterhin sind starke Eindrücke wichtig, an die sich die Kinder erinnern können, zum Beispiel: Wir mussten einen steilen Abhang hinabkraxeln, weil wir uns verlaufen hatten. Eine Erinnerungshilfe wird aus dem Wald mitgenommen, z. B. eine Astgabel. Hierbei wird der erlebnispädagogische Aspekt sehr deutlich.

1. Einheit
In der Mitte liegt die Astgabel. Die Kinder sollen sich dadurch an den Waldausflug erinnern und nach ihren Möglichkeiten davon erzählen. Der Kasper war auch im Wald und erzählt von ähnlichen Erlebnissen. Er nennt die lila Büsche „Lavendel", den steilen Berg „Abhang" und die grünen Punkte auf dem Teich „Wasserlinsen". Der Kasper kennt sich auch mit Käfern aus und weiß, dass Tausendfüßler und Steinläufer ähnlich aussehen, der Steinläufer aber giftige Fühler hat. Zum besseren Merken hat der Kasper von sechs Begriffen kleine Kärtchen dabei, die in die Mitte gelegt werden.

Wer hat sich ein Wort gemerkt? Wer kann es dreimal nacheinander sagen? Die Wörter werden gemeinsam geklatscht, gestampft, gehüpft, gesungen usw. Zum Schluss bekommt jedes Kind eines der Kärtchen. Damit wird das Spiel „Mein rechter, rechter Platz ist leer …" gespielt. Die Kinder wünschen sich entsprechend den Lavendel, die Astgabel, den Abhang usw. her.

2. Einheit

Wer erkennt sein Kärtchen vom letzten Mal? Wie heißt das Wort? Das Spiel „Mein rechter, rechter Platz ist leer …" wird wiederholt. Dem Kasper wird es zu langweilig. Er will wissen, ob die Kinder auch so klug sind wie er. Wie sieht Lavendel aus? Wie ist die Astgabel? Jedes Substantiv bekommt ein Adjektiv. Dies wird mit entsprechenden Farben auf den Kärtchen notiert: Lavendel lila, Wasserlinsen grün, Quelle blau, Steinläufer schwarz, Abhang gelb, Astgabel braun. Nacheinander werden die beschriebenen Wörter rhythmisch geklatscht, gestampft, gehüpft usw. Der Kasper will sich nun gern noch mehr bewegen und richtig turnen mit den Wörtern, aber wie? Für alle sechs Wörter werden Bewegungen gefunden. Der Kasper schaut sich an, wie die kurzen Sequenzen gesungen und bewegt werden. Dann findet er das Turnen gut, die kleinen Lieder aber zu kurz und zu langweilig. Er singt nun gerne lange Lieder, ob den Kindern noch mehr Text einfällt? Was kann zu Lavendel noch gesungen werden? Was ist wichtig zu Lavendel? Zu jedem Wort wird ein passender Satz gesucht und auf ein Kärtchen geschrieben, das daneben gelegt wird. Wer hat sich einen Satz gemerkt? Der Kasper schlägt vor, über jedes Kärtchen etwas zu singen, er kennt einen schönen Waldvers, den er jedes Mal dazwischen singt. So wird das Lied zusammengesetzt. Danach teilt sich die Kindergruppe in Sänger und Turner, jeweils drei Kinder singen das Lied, die anderen drei bewegen sich dazu. Bei der Wiederholung wird gewechselt (siehe Abb. 4).

Ein Lied vom Wald

Musik u. Text: Leonore Simang

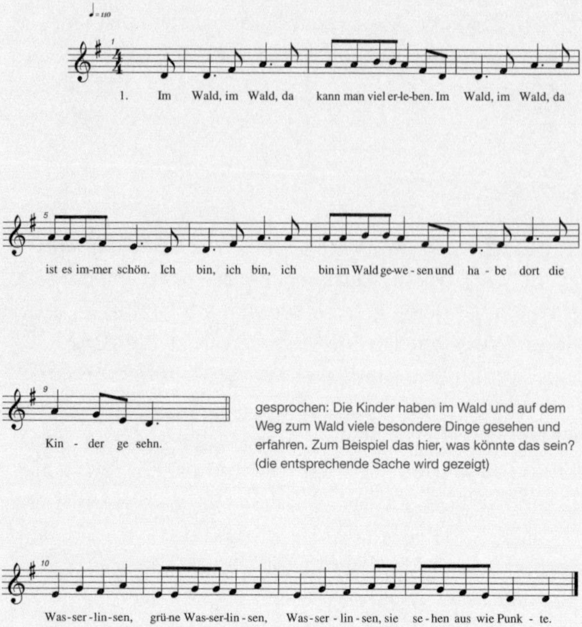

Abb. 4: Ein Lied vom Wald

Beispiele für Satzmuster über gelernte Wald-Wörter sind z. B.:

- Steinläufer, Steinläufer, ein kleiner Steinläufer,
  Steinläufer, Steinläufer, er hat giftige Fühler
- Lavendel, Lavendel, lila Lavendel,
  Lavendel, Lavendel, er wächst im Garten
- Abhang, Abhang, ein steiler Abhang,
  Abhang, Abhang, er ist schwer zu klettern
- Quelle, Quelle, eine klare Quelle,
  Quelle, Quelle, sie sprudelt Wasser
- Astgabel, Astgabel, eine dicke Astgabel,
  Astgabel, Astgabel, die braucht man nicht zum Essen

3. Einheit
Vor Beginn der Einheit werden Scheren und zwei Schalen oder Körbe zurechtgelegt. Das Lied wird wie oben wiederholt. Der Kasper lobt die Kinder. Danach zieht er sich zurück, beispielsweise in sein Schlafkästchen. Heute wird es viel zu lachen geben. Zuerst müssen aber alle noch mehr Sätze überlegen, die mit den Waldwörtern zu tun haben. Was kann man mit den Dingen noch tun oder was tun die Dinge selber, zum Beispiel: „Lavendel riecht gut“, „Die Quelle wäscht meine Hände“ oder „Der Abhang liegt voller Steine“. Dabei können die sprachlichen Äußerungen der Kinder von der Erzieherin in die korrekte Form modelliert werden (Waldwort – Verb – ...), wobei die Kinder auch miterleben dürfen, dass die Erzieherin verschiedene Formulierungen überlegt, um das passende Satzmuster zu finden.

Anschließend wird von allen Sätzen das erste Wort abgeschnitten. In einem Schälchen liegen nun die Waldwörter, im anderen ihre Beschreibungen. Jetzt wird es lustig. Können die Kinder überhaupt lachen? Das kann miteinander erfahren werden, zum Beispiel laut lachen wie ein Löwe, leise wie eine Mücke, hoch wie eine Maus, tief wie ein Bär ...). Anschließend wird aus jedem Schälchen ein Wort gezogen und als Satz von der Erzieherin vorgelesen, zum Beispiel: „Die Astgabel wäscht meine Hände“. Eventuell brauchen die Kinder eine Weile, um zu verstehen, dass der Satz zwar sachlich nicht richtig ist, seinen Reiz aber gerade durch die vertauschten Inhalte bekommt (Training des Satzsinnverständnisses). Durch ungläubiges Fragen: „Die Astgabel wäscht meine Hände?“ und ein lautes „Nein, nein, nein, das kann nicht sein, da muss ich aber lachen!“ kann man auch Kindern mit Sprachverständnisproblemen verdeutlichen, dass hier Unsinn gelesen wird. Den Abschluss bildet noch einmal das Waldlied. Dabei sollen anhand der gezeigten Bewegungen die Waldwörter erraten werden.

Reflexion

Im Beispiel erzählten die Kinder in der Kleingruppe sehr gelöst vom Waldtag. Hier erwies sich die veränderte Atmosphäre als hilfreich und sprachfördernd. Der Wortschatz war bei einigen allerdings recht gering (Lavendel = Blume) oder sehr umgangssprachlich („Da ham mer so ein Berg hochklettert“). Es gestaltete sich anfangs schwieriger als gedacht, die Kinder für konkretisierende Worte wie „Abhang“ oder „Wasserlinsen“ zu sensibilisieren. Hier kann nur zu geduldiger Beharrlichkeit und Wiederholung geraten werden. Oft ahnen die zu fördernden Kinder gar nicht, welche sprachlichen Möglichkeiten es gibt und müssen behutsam motiviert und ermutigt sowie gefordert werden. Hierbei ist auch die Bildungspartnerschaft mit den Eltern von Bedeutung: Wie kann der Transfer der Inhalte in das Elternhaus erfolgen, sodass diese dort aufgegriffen werden (siehe Kap. 3 und Kap. 15)?

Im Laufe der Einheiten entwickelte sich bei den Kindern aber echter Stolz auf das neue Wissen und eine anfangs vermisste Neugier auf neue Worte, die sich dann jedoch zunehmend entwickelte. Die Idee, dass es nicht hunderte Blumen gibt, sondern jede einen Namen hat, gewann Raum, ebenso die Möglichkeit, Konkretes zu erfragen, um nicht alles mit „Ding“ bezeichnen zu müssen. Durch die ständigen Wiederholungen bekamen die Kinder Sicherheit und zunehmende Gelassenheit. Die festen Formen und wiederkehrenden Rituale unterstützten dabei den Lernprozess. Es gab keinerlei Schwierigkeiten, Bewegungen zu den Wörtern zu finden. Zusätzlich ordneten Melodie und Rhythmus des Liedes Sprache und Sprachfluss. So entstand eine schöne Gestaltung, die von der Gruppe bewundert und anerkannt wurde.

Abb. 5: Sprachförderangebot „Waldtag“: Die Kinder können Kasper erzählen, was sie erlebt haben

Das Waldlied kann nun jederzeit mit neuen Wörtern gefüllt und als Anfangs- und Schlusslied bei Waldtagen eingesetzt werden. Parallel dazu wurde ein Waldmemory begonnen, das die Wörter aufnimmt, im Gedächtnis hält und erweitert werden kann. Außerdem wurde im Kindergartenhof ein Lavendelbusch gepflanzt.

Grundsätzlich sind das beschriebene Modell, das Lied und die Satzsysteme auf verschiedenste Themen anwendbar. Es können nach einem Zoobesuch z. B. Tierbeschreibungen oder Beobachtungen im Zoo bearbeitet werden, ebenso zu Fasching verschiedene Charaktere, beispielsweise eine stolze Prinzessin, die ein goldenes Festkleid trägt. Durch den Aus- und Umbau solch strukturierter Modelle kann sich die Erzieherin die Vorbereitung der Sprachförderung wesentlich erleichtern und ohne großen Aufwand innerhalb des im Kindergarten aktuellen Themas bleiben.

Empfehlenswerte Literatur

Ministerium für Kultus, Jugend und Sport Baden-Württemberg (2006): Orientierungsplan für Bildung und Erziehung für die baden-württembergischen Kindergärten.

Jampert (2007): Sprachliche Förderung in der Kita. Wie viel Sprache steckt in Musik, Bewegung, Naturwissenschaften und Medien?

3 Sprachportfolios (Spport) – Fit in Sprache

Ein Sprachportfolio ist eine Sammlung von Arbeiten und Dokumenten, die Aussagen über die Lernprozesse und Lernergebnisse von Kindern zulässt. Die Sammlung wird eigenaktiv vom Kind erstellt. Die Reflexion, einerseits in Selbstreflexion, andererseits die Kommunikation über Erfahrungen und Ergebnisse mit anderen, stellt einen Kernpunkt dieser Arbeit dar. Sprachportfolios (Spport) bieten sowohl in ihrer Konzeption und Strategie (Sprachförderebenen) als auch als Kommunikationsanlass ein ideales Hilfsmittel in der Sprachförderung. Der Blick auf Ressourcen sowie die Wertschätzung und Zuwendung auf die individuellen Entwicklungsschritte wirken fördernd auf Selbstwert und Selbstbildnis. Spport ist somit ein idealer Entwicklungsbegleiter und –antreiber, das auch als Hilfsmittel für die Brücke von Kindertagesstätte / Schule und Elternhaus überaus effizient ist.

3.1 Portfolioarbeit aus der Erlebnissicht des Kindes

Simon kommt freudestrahlend vom Kindergarten heim. Voller Stolz zeigt er seiner Mutter und seiner kleinen Schwester seinen Schnellhefter. Auf der vordersten Seite ist ein Foto von ihm aufgeklebt und es steht „SIMON“ darauf. Gemeinsam blättern sie durch den Hefter. Darin enthalten sind:

- Arbeitsblätter mit Reimwörtern,
- eine Fotobildgeschichte von ihm, wie er für die Pause einen Fruchtsalat macht,
- zwei Lieder, die er auch gleich vorsingt,
- ein Foto, wie er mit seinem Körper versucht, den Anfangsbuchstaben seines Namens nachzumachen.

Die Mutter staunt, dass immer wieder auch Blätter mit Eigeneinschätzungen dabei sind: Smileys, mit denen Simon gekennzeichnet hat, wie

Abb. 6: Jedes Kind kann sein Portfolio selbst gestalten

leicht oder schwer ihm eine Aufgabe gefallen ist oder mit welchem Maß an Freude er eine Aufgabe bewältigt hat.

3.2 Was sind Portfolios?

Der Begriff Portfolio stammt aus dem Italienischen und bezeichnet eine gebundene Sammlung aus Bildern oder Fotografien. Kunstschaffende und Architekten aus der Renaissance verwendeten diese Sammlung von bisher Geschaffenem als eine Art Bewerbungsmappe bei neuen Kunden. Diese Zusammenstellung zeigte die Qualität und die Entwicklung ihrer Arbeiten auf. Heutzutage wird der Begriff meistens in der Schullandschaft zur Leistungsdokumentation und -bewertung sowie in der Finanzwelt für eine Aufstellung von Wertpapieren verwendet.

Im pädagogischen Umfeld hat die Portfolioarbeit in den letzten Jahren einen regelrechten Boom erfahren, wobei die Konzeption und die Umsetzung stark variieren. Letztendlich sind Portfolios so unterschiedlich wie die Personen, die sie initiieren oder bearbeiten. So wird von Portfolios als Arbeitsinstrument von der Kindergartenstufe bis zur Hochschule berichtet (Krok/Lindewald 2007, Grace/Shores 2005,

Wiedenhorn 2006). Winter definierte Portfolios im Bereich des Kindergartens bzw. der Vorschule als „eine zielgerichtete, kontextbezogene Sammlung von Entwicklungsdokumenten über und für jedes Kind, die in dialogischen Prozessen entsteht und genutzt wird“ (2006, 2).

Verbindend ist die Tatsache, dass Portfolios ein Instrument zur Leistungs- und Entwicklungsdokumentation sind, die einen großen Einbezug von Selbststeuerung und Eigenverantwortung betonen. Gerade der Aspekt Entwicklungsdokumentation wird im Orientierungs- und Bildungsplan (siehe auch Kapitel 2) sehr betont. Je nach Zielsetzung wird es auch als Möglichkeit der Leistungsbeurteilung angesehen. Auf diesen Aspekt soll hier aber nicht vertieft eingegangen werden.

Portfolios erzählen Geschichten von Lernerfahrungen, von Auseinandersetzungen mit Umwelt, von Begegnungen und von eigener, dem Entwicklungsstand des Kindes entsprechender Reflexion. Sie sind Erlebnistagebücher mit Fokus auf Ressourcen („Das habe ich geschafft!“), innerer Auseinandersetzung und Verarbeitung von Lernerfahrungen. Talente und Fähigkeiten werden aufgespürt und gefördert. Für den pädagogischen Alltag gibt es den Kindern und den Pädagoginnen die Möglichkeit, den „Lern-Lehr-Förderprozess“ zu dokumentieren und zu reflektieren. Das Kind ist hierbei aktiv beteiligt und Lernen wird hier als sinnhaftes, kindnahes und erlebnisorientiertes herausforderndes Geschehen initiiert. Selbstredend verstärken die hierbei gewonnenen Erkenntnisse Nachhaltigkeit und Alltagsbezug. Das Kind dokumentiert selbstbestimmt seine Entwicklungsschritte. Diese Spiegelung wirkt sich positiv auf Selbstwertentwicklung, Selbstbildnis und Motivation für weitere Entwicklungsschritte aus. Portfolios können nach Winter 2006 in drei große Gruppen unterteilt werden (siehe Tab. 3).

Im „Ich-Buch“ steht das Kind mit seinen Erlebnissen und seiner Kreativität im Zentrum. Es wird vom Kind verwaltet und soll ihm und seinem Umfeld die eigenen Erfahrungen und Leistungen wiederspiegeln. Das „Lerninstrument“ widmet sich einer bestimmten Sache und Thematik und zeigt die verschiedenen Herangehensweisen, die Lernerfahrungen und die (Eigen-)Reflexion des Prozesses auf. Das „Dossier“ ist eine Sammelmappe in Händen der Lehrperson, die relevante Informationen zu Entwicklungsverläufen und Dokumentationen über den Austausch mit den Bezugspersonen enthält.

Sprachportfolio (Spport) versteht sich als eine Mischung von „Ich-Buch“ und „Lerninstrument“. Das „Ich-Buch“ dient vorwiegend als Kommunikationsanlass und Bewusstmachung positiver Erfahrungen. Felix Winter bezeichnet dies als „äußeres Gedächtnis“ (2006, 4). Das Lerninstrument zielt bei Spport auf einzelne Sprachförderebenen. Das

Tab. 3: Unterteilung Portfolios

	Inhalt	Ziel	Person
„Ich-Buch“	– Spuren von schönen Erinnerungen – Episoden **Beispiele:** Bilder vom Kind, Fotos von Aktivitäten oder gelungenen Bauten in der Bauecke, Mitbringsel von Ausflügen, Postkarten oder Tickets, Lieblingslieder	– Dialog der Erinnerung – Nachhaltigkeit – Förderung Selbstwertgefühl: „Das bin ich – das kann ich“	Kind
Lern-instrument	– Themenzentrierte Sammlung von Lernprozessen und -ergebnissen – Reflexion **Beispiele:** – Arbeitsblätter zu einem thematischen Feld wie z. B. Post – Blätter aus einem gewissen Förderbereich wie z. B. Graphomotorik – Eigeneinschätzungsblätter über den Prozess (z. B. mit Smileys)	Selbstbestimmtes, eigenaktives und reflektiertes Dokumentieren von Lerninhalten und Lernerfahrungen	Kind
Dossier	– Über das Kind – Sammlung von Beobachtungen und Informationen zum Entwicklungsstand **Beispiele:** Beobachtungsbogen, Schulfähigkeitsunterlagen, Berichte	Systematische Darstellung von Entwicklungsverläufen als Basis für Fördergespräche und Einschätzung des Entwicklungsstandes	Erzieherin

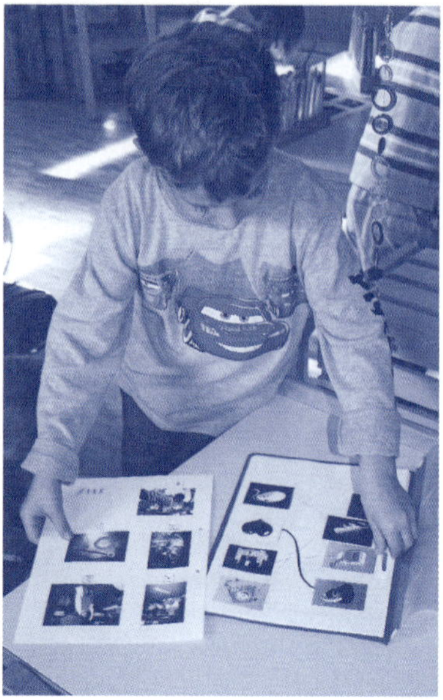

Abb. 7: Durch das Spport dokumentiert jedes Kind selbstbestimmt seine Entwicklungsschritte

Präsentieren der Sammlung in der Gruppe und/oder zu Hause stellt eine große Chance für Dialog und Kommunikationstreffs dar. Es gibt einige wertvolle Anhaltspunkte bei der Arbeit mit Portfolios, die im folgenden Unterkapitel erläutert werden.

3.3 Orientierungspunkte für die Portfolioarbeit

Mitglieder des „Netzwerk Portfolioarbeit" haben auf der Basis von mannigfaltigen Erfahrungen eine Sammlung von Gütekriterien in der Arbeit mit Portfolios zusammengestellt (Brunner et al. 2006). Trotz der Individualität von solchen Sammlungen sind übergeordnete Standards festzuhalten, die die Autoren in drei Gruppen unterteilen:

- Planung und Rahmen: Ziele, Selbstbestimmung, Unterrichtsbedingungen
- Kommunikation: Reflexion, Dialoge über Entwicklung
- Organisation: Sammlung von Lerndokumenten, Überarbeitungsmöglichkeit, gezielte Auswahl, Strukturierung, Erkenntnisse für weitere Lernarbeit

Im ersten Kriterium wird betont, dass es wichtig ist, dass die Ziele klar formuliert und für alle Beteiligten transparent sind. Die Kinder können Ihre Ideen einbringen und Verantwortung für ihr Tun übernehmen. In der Kindertagesstätte respektive in der Schule werden Raum, Zeit und Infrastruktur für die Portfolioarbeit geschaffen.

Die Kommunikation als zweiter Aspekt zielt auf Reflexionsangebote und Spuren der Reflexion in den Portfolios. Das Gespräch mit dem Kind ist konstruktiv auf die Entwicklung des Kindes gerichtet und findet in Eigen- und Fremdeinschätzung auch ihren Platz in den Sammlungen.

Drittens muss festgehalten werden, dass Portfolios keine zufällige Anhäufung von Arbeitsblättern und spontanen Produktionen sind. Sie sind zielgerichtet und es findet eine bewusste Auswahl statt. Die Arbeiten können korrigiert werden und bereits im Entstehungsprozess können Rückmeldungen durch die Erzieherin einfließen. Sie kann das Kind anregen, über den Stand der Arbeit zu reflektieren, durch Fragen den Prozess und das Produkt mitbeeinflussen und durch Motivation Ausdauer und Experimentierlust steigern. Somit kann das Kind Qualitätskriterien entwickeln und es entsteht ein Bewusstsein über die eigenen Fähigkeiten und Herausforderungen. Die Sammlungen unterliegen einer Struktur und klaren Gliederung. Wie können nun Portfolios als Instrument der Sprachförderung eingesetzt werden?

3.4 Informationen zum Aufbau von Sprachportfolios

Sprachportfolios sind eine Zusammenstellung aus „Ich-Buch“ und „Lerninstrument“ und somit in der Regel zweigeteilt. In der Praxis haben sich schmale Ordner mit zwei Bügeln bewährt. Diese Ordner sind mit dem Namen der Kinder beschriftet und haben ein Deckblatt und zwei Registerunterteilungen. Bei älteren Kindern ist auch ein Inhaltsverzeichnis pro Register sinnvoll. Auf dem Deckblatt finden sich der Namen und ein Foto des Kindes.

Im ersten Teil, dem „Ich-Buch“, werden Episoden festgehalten. Das Kind ist hier Chronist von schönen, bedeutenden und wichtigen Erfahrungen, anhand derer „ein Dialog der Erinnerung und der Freude organisiert“ wird (Winter 2006, 2). Dies können Fotos sein, Postkarten, Mal- und Bastelarbeiten, Fundstücke aus der Natur, der erste herausgefallene Zahn, Bildgeschichten in Form von Strichzeichnungen von erlebten Situationen, die Eintrittskarte von einem besuchten Kasper-Theater, ... Rückmeldungen von Lehrpersonen oder Eltern in Form von Symbolen (Smileys, Wettersymbolen, Motivationsstempeln) oder Klebebildern auf den Blättern oder separat sind Spuren des Dialogs, der Reflexion und Wertschätzung.

Der zweite Teil als Lerninstrument ist deutlich strukturierter gegliedert und orientiert sich an verschiedenen Sprachförderebenen. Mögliche Untergruppen in diesem Bereich könnten

- Visualisierungen von Handlungsabläufen (als Hilfe für die Sprachstrukturierung),
- Arbeitsblätter mit Reimwörtern,
- Fingerspiele, Sprechzeichnen,
- basale Spiele und Übungen zur Sprechdeutlichkeit,
- thematisch orientierte Blätter (Bauernhof, Jahreszeiten, ...) als Mittel zum Wortschatzaufbau,
- erste Schriftproben und Hinführungen zu Buchstaben,
- Spiele zur Satzgestaltung,
- Liedersammlungen sein.

Auch in diesem Teil sollen Dokumente der Eigen- und Fremdbewertung Platz finden und dadurch allen Beteiligten Entwicklungsprozesse verdeutlichen. Lernstrategien sollen erkenntlich werden, wobei man sich bewusst machen soll, dass es den Königsweg des Lernens nicht gibt. Auch wir Erwachsene gehen unterschiedlich an Aufgaben heran: Der Eine liest zuerst die Bedienungsanleitung des neuen DVD-Gerätes, der andere probiert aus und sammelt Erfahrungen im Sinne von Versuch und Irrtum. Wichtig ist, dass das Kind seine Lernwege entdeckt und entwickelt. Zu oft reden wir darüber, was die Kinder lernen – Portfolios lenken den Fokus auch auf das „Wie“. Wie sieht nun die konkrete Arbeit mit Sprachportfolios aus?

3.5 Methodische Vorschläge zur Umsetzung von Sprachportfolios

Sprachportfolios können über das ganze Jahr oder als zeitlich begrenztes Projekt (allenfalls mit einer logopädischen Fachperson im Rahmen eines kooperativ-integrierten Sprachförderprojekts, siehe Kap. 4) angeboten werden. Die Arbeit daran soll einen fixen Zeitrahmen in der Tages- oder Wochenplanung des Kindergartens oder der Schule haben. Der Portfolio-Ordner soll dem Kind leicht zugänglich sein. Ein Locher sollte griffbereit sein, da die Kinder selbstständig die jeweiligen Blätter lochen und einordnen sollen – ein nicht immer leichtes Unterfangen, dass durch die wiederkehrende Tätigkeit aber gut geübt werden kann. Das Deckblatt sollte aus festerem Papier bestehen. Da einige jüngere Kinder ihren Namen noch nicht schreiben können, eignen sich sogenannte „Zaubernamenskarten": Auf Papier ist der Name des Kindes groß geschrieben, auf der Rückseite ist Blaupapier fixiert. So kann das Kind die Zauberkarte auf das Papier legen und die Buchstaben nachfahren – nimmt es dann die Zauberkarte weg, ist der eigene Name auf dem darunterliegenden Papier abgedruckt. Ein Effekt, der die Kinder immer begeistert und für Schrift motiviert (siehe Kap. 13). Diese Karte kann nicht nur für das Deckblatt, sondern auch für alle weiteren Papiere verwendet werden.

Es bietet sich an, dass in der Kindertagesstätte oder in der Schule immer eine Digitalkamera vorhanden ist. Idealerweise auch ein weiteres einfaches Modell, mit dem die Kinder selber fotografieren und dokumentieren können. Die heutigen Modelle sind schnell an den Computer oder den Drucker angeschlossen und damit ist ein direktes Festhalten von Arbeiten und Handlungsprozessen möglich.

In der Anfangszeit ist sicherlich Hilfe beim Einordnen der Unterlagen in das Portfolio ratsam – die Kinder lernen aber schnell, welche Arbeit in das „Ich-Buch" oder in das „Lerninstrument" („Sprachbuch") kommt. Die Gliederung muss für das Kind leicht zu begreifen sein. Symbole auf dem Register (ein Selbstportrait auf dem Register „Ich-Buch" und ein Mund mit Sprechblase „Das kann ich schon" für das Sprachbuch) erleichtern das Einordnen.

In gewissen zeitlichen Abständen oder am Ende des Projektes dürfen die Kinder das Buch nach Hause nehmen und es gemeinsam mit Eltern und Geschwistern betrachten – geteilte Freude ist doppelte Freude und gleichzeitig Motivation und Ermutigung für weitere Entwicklungsschritte. Idealerweise sind die Eltern z. B. im Rahmen eines Elternabends über die Portfolioarbeit informiert und können dann auch zu Hause gemeinsam mit dem Kind das Portfolio erweitern. Die Sammlung kann auch in Eltern- und Fördergesprächen sehr gut als Gesprächsgrundlage verwendet werden.

(Sprach-)Portfolioarbeit soll sich am Alltäglichen orientieren – der Alltag ist wichtig und bietet viele Erfahrungsmöglichkeiten. Manchmal ist die Erzieherin geneigt, möglichst aufwändige und herausragende

Ereignisse für das Portfolio zu dokumentieren oder gar zu initiieren. Das Schälen einer Mandarine, das Bauen eines Turmes in der Bauecke, der geschlichtete Streit auf dem Spielplatz, das Finden eines Regenwurmes sind aber ebenso wertvolle Ansatzpunkte für Dokumentation und Dialog.

Der Reflexion wird beim Sprachportfolio ein hoher Stellenwert eingeräumt. Das Präsentieren der neuen Blätter im Stuhlkreis oder im Klassenrat bietet immense Chancen für Kommunikation, Rückmeldungen, Eigen- und Fremdeinschätzung. Das soziale Klima wird durch den Blickwinkel Ressourcen und Entwicklung positiv geprägt. Portfolio-Präsentationen sollten ein fixes Zeitfenster im Wochenplan eingeräumt werden. Die Verbindlichkeit steigt und die ritualhafte Wiederholung gibt Sicherheit. Daneben sollte es immer wieder Zweiergespräche über Prozess und Ergebnis der Aufgabe zwischen Erzieherin und Kind geben. Anhand von Symbolen (Smileys) können die Kinder selbstständig ankreuzen, wie sie ihre Herangehensweise an eine Aufgabe, ihren Fortschritt und ihr Ergebnis einschätzen. Sind die Kinder immer mehr vertraut mit dieser Form der Eigen- und Fremdreflexion, so entstehen auch immer mehr Kind-Kind-Gespräche über Strategie und Erfolg bei Aufgabenstellungen.

Der Sprachförderung wird beim Sprachportfolio ebenfalls ein großer Stellenwert zugeschrieben. Im „Ich-Buch“ liegt das Schwergewicht diesbezüglich vor allem in der Initiierung von Gesprächsanlässen und der Steigerung des Selbstwertgefühles. Damit verbunden ist auch eine höhere Bereitschaft, sich der Umwelt mitzuteilen und sich zu öffnen. Im Sprachbuch können, wie in Tabelle 4 aufgezeigt, verschiedene einzelne Sprachförderbereiche intensiv bearbeitet werden (je nach Gruppe oder Kind), es bedarf nicht immer der Abdeckung aller Bereiche (siehe Tab. 4). Ferner können viele Förder- und Spielideen aus diesem Buch auch in das Sprachportfolio integriert werden.

Sprachportfolios stellen ein effizientes und ressourcenorientiertes Instrument der Entwicklungsbegleitung und -förderung dar. Sie sind für Kinder höchst motivierend, erfahren schnell eine Eigendynamik und fördern kreative Erfahrungsfreiräume bei strukturierter reflektierter Vorgehensweise.

Empfehlenswerte Literatur

Die Internetseite des „Netzwerk Portfolioarbeit“: www.portfolio-schule.de

Tab. 4: Sprachfördermöglichkeiten

Bereich	Förderideen
Handlungsabläufe	– Fotoserien mit einfachen Aktivitäten mit Nummerierungen. **Beispiele:** 1. Ankommen im Kindergarten 2. Jacke und Schuhe ausziehen 3. Hausschuhe anziehen 4. In Kindergarten gehen oder – einfache Kochrezepte – Bildgeschichten zum Thema des Kindergartens – Bastelanleitungen
Reimwörter	– Memory mit Reimwörtern – mit Farbstift ähnlich klingende Wörter verbinden – Reimwörter suchen – Sammlung von Reimsprüchen, z. B. „Sag mal Stern – du hast den Schnuller gern"
Fingerspiele Sprechzeichnen	– Fingerspiele zum Thema – Verbindung von Malbewegung mit Sprechen (vgl. Sprachförderrallye, Mannhard 2007)
Sprechdeutlichkeit	– Blas- und Saugspiele – Lippenlesen: Ein Kind spricht Wort übertrieben deutlich artikuliert, aber pantomimisch, anderes Kind muss Wort erraten – Lippenlesen mit Reimwörtern (höherer Schwierigkeitsgrad) – Klatschwörter: Wörter aus einem Bereich (z. B. Thema des Kindergartens), als Bilder dargestellt, werden pro Silbe geklatscht, je nach Anzahl der Silben werden Hände unter das entsprechende Bild ausgemalt – Schneckenwörter: Wörter werden extrem verlangsamt und übertrieben gesprochen – Hinlenkung auf spezielle Laute: Anfangslaute der Kindernamen, verbunden mit Mundbildern
Themenblätter	– Wortschatzblätter (Nomen, Verben) – Geschichten im Themenkreis – Suchbilder im Themenkreis
Schriftsprache	– Geschichten mit ersten Lauten und Wörtern verzieren – Buchstabenbilder – mit Körper Buchstaben darstellen und fotografieren – Blätter zur Förderung der Graphomotorik
Lieder	– Liedersammlung aus dem Kindergarten oder aus der Schule

4 Gemeinsam Sprache fördern – Integrierte Sprachförderung

Die Zusammenarbeit zwischen Erzieherin und Logopädin kann in unterschiedliche Grade der Kooperation unterteilt werden. Beim dialogischen Förderangebot steht der Austausch und die gegenseitige Transparenz im Vordergrund. Weiterbildungsangebote und zahlreiche Sprachförderpublikationen sollen die Kompetenz der „Erzieherin für Sprachförderung" erhöhen. Durch diese Angebote und der Hoffnung auf einen vermeintlich geringeren Therapiebedarf wird hier einem teilweise offen kommunizierten Sparwunsch entsprochen. Die durch die Erzieherin vor Ort angebotene Sprachförderung hat im unspezifischen Gesundheitsförderungsdenken seine Berechtigung, kann jedoch eine eventuell notwendige Sprachtherapie nicht ersetzen. Es wird ein integriert / kooperatives Modell mit dem Tandem Erzieherin – Logopädin vorgestellt. Die Logopädin kommt für einen begrenzten Zeitraum in die pädagogische Institution und gestaltet mit der Erzieherin Sprachfördersequenzen. Zur Zeit wird in Deutschland das direkte Agieren der Logopädin in Kindertageseinrichtungen stark diskutiert. Ein Blick über die Grenzen in die Schweiz, in der traditionell die Logopädie näher an die Bildungsinstitutionen angebunden ist, zeigt jedoch sehr ermutigende Projekte und Ansätze (siehe www.sprachpraevention.ch). Die Zusammenarbeit ist sowohl Sprachförderangebot als auch direkte gegenseitige Weiterbildung und wurde beispielhaft in ersten Evaluationen von den Beteiligten (Erzieherinnen und Logopädinnen) und den Kostenträgern sehr positiv eingeschätzt (Buchli et al. 2008, Braun 2005 / 2008). In einem separaten Unterkapitel werden mögliche Arbeitsformen aufgezeigt.

4.1 Möglichkeiten und Grenzen von integrierter Sprachförderung und Zusammenarbeit

Der Austausch von Pädagoginnen und Logopädinnen ist ein möglicher Standard in der Qualitätssicherung der eigenen Tätigkeit und findet bereits teilweise statt. Die Zusammenarbeit kann sich in einem fachlichen Dialog, der mündlich oder schriftlich geführt wird, definieren.

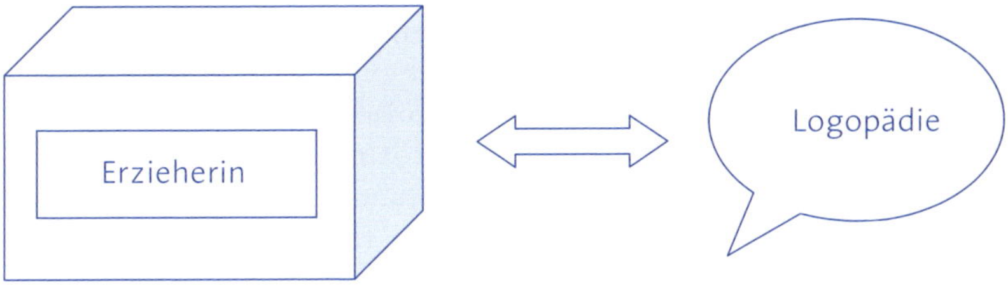

Abb. 8: Dialogisches Förderangebot

Austausch von Entwicklungsinformationen (Anamnese), gemeinsame Überlegungen zu Ressourcen und Entwicklungszielen des Kindes sowie Transparenz über das Geschehen in Kindertagesstätte/Schule und Therapie sind hierbei anzustrebende zentrale Inhalte. In dem Dialog kommen beide Rollen zum Tragen: Die Erzieherin als Expertin für Sprachlichkeit im Alltag und die Logopädin als Expertin für die Entwicklungsschritte und ihrer zeitlichen Abfolge in der Sprache. Die Entwicklungsvarianz – nicht alle Kinder entwickeln sich in exakt gleichen Zeitfenstern – wird im Austausch berücksichtigt (siehe Abb. 8).

In diesen Gesprächen zwischen Erzieherin und Logopädin wird auch immer wieder die Meinung geäußert, dass es immer mehr Sprachauffälligkeiten gibt. Stimmt diese oft subjektiv gefärbte Einschätzung von Pädagoginnen? Die pädagogische Fachwelt ist einig in der Ansicht, dass die Häufigkeit von Sprachauffälligkeiten (Prävalenz) zugenommen hat. Jedoch schwanken die Prozentzahlen je nach Definition von Sprachauffälligkeit und Alter der untersuchten Kinder. Zwei Studien sollen exemplarisch die aktuelle Situation beleuchten.

Der logopädische Dienst des Gesundheitsamtes Düsseldorf führt seit 1986 regelmäßige Sprachuntersuchungen in Kindertagesstätten durch. Die Untersuchung bezog sich auf Lautbildung, Lautdifferenzierung, Wortschatz und Satzbau. Die Kinder der Untersuchung mussten folgende Bedingungen erfüllen: Sie mussten bereits vier Monate den Kindergarten besuchen und über „annähernd hinreichende Deutschkenntnisse“ verfügen (Heinrichs 2003, 38). Der Anteil der sprachauffälligen Kinder im Jahr 1986 von 14,9% bezog sich noch auf eine Stichprobe von 290 Kindern. Seit 1997 hat sich der Prozentsatz von sprachauffälligen Kindern auf dem hohen Niveau von 29% (bezogen auf insgesamt knapp 7000 untersuchte Kinder) eingependelt. Anders gesagt heißt dies, dass vor gut 20 Jahren ein Siebtel der Kinder sprachauffällig waren, heute dagegen nahezu ein Drittel.

Ähnliche Werte finden sich in einer aktuellen Untersuchung von Walter (2007). Sie unterscheidet in ihrer Studie zwischen einzelnen Sprachauffälligkeiten und Sprachentwicklungsstörungen. So stellt sie bei vier bis sechsjährigen Kindern leichte Sprachentwicklungsstörungen im Umfang von 17,9% fest (bei schweren Sprachentwicklungsstörungen 3,6%). Auffälligkeiten bei der Lautbildung (rein phonetische Störungen) wurden bei 34% der Kinder festgestellt. Die Studie kommt zusammengefasst zu folgender Einschätzung: „Die Häufigkeit sprachlicher Förderbedürftigkeit lag innerhalb der gesamten Stichprobe bei 22,47%. (…) Die schweren, dringend behandlungsbedürftigen Störungen bewegen sich im Bereich von 7%" (Walter 2007, 151). Die Gründe für diese doch hohe Zahl lassen sich nicht nur auf ein verändertes Freizeitverhalten der Familien (mehr Fernsehen, verstärkte Tätigkeiten am Computer) reduzieren. Verändertes Ernährungsverhalten (weichere Ernährung und damit geringeres Training der Ess- und Sprechmuskulatur), gesellschaftliche Anforderungen im Berufsleben (Mobilität versus Heimat und verwandtschaftliche Bindungen), Senkung der Rate von Säuglingssterblichkeit mit dem Zuwachs an Risikokindern bezüglich Entwicklungsverzögerungen, veränderte Familienstrukturen mit weniger Raum für gelebte Kommunikation und Zuwachs an Unsicherheit bei Eltern in Erziehungsfragen sind nur eine Auswahl von weiteren möglichen Einflussfaktoren auf den kindlichen (Sprach-) Entwicklungsprozess. Gesamthaft gesehen ist die Spekulation naheliegend, dass sich die „Unruhe der Gesellschaft" auch in einer „Unruhe der kindlichen Entwicklungsverläufe" spiegelt.

Dem Ruf von Präventionsfachpersonen und Bildungspolitikern folgend lassen sich aufgrund der hohen Zahl von Sprachauffälligkeiten zwei hauptsächliche Reaktionsweisen feststellen: Einerseits erschien auf dem Markt eine fast unüberschaubare Anzahl von Sprachförderprogrammen und Materialien (Braun / Steiner 2008, Jampert et al. 2007a). Andererseits gibt es im Bereich Sprachförderung neuerdings viele Weiterbildungsangebote für Erzieherinnen. Die Autorin des Buches, Anja Mannhard, leitet Kurse für die Fachschulen GmbH SRH (Heidelberg) sowie für die Pädagogische Ideenwerkstatt Bagage (Freiburg), in denen sich die Teilnehmerinnen intensiv und praxisnah zur Fachkraft oder Facherzieherin für Sprachförderung qualifizieren können (Kontakt: info@anjalingua.de). Ferner bietet der Deutsche Bundesverband für Logopädie (dbl) ab Januar 2008 eine bundesweite Weiterbildung unter dem Titel „LOS! – Logopädisch orientierte Sprachförderung im Alltag" an.

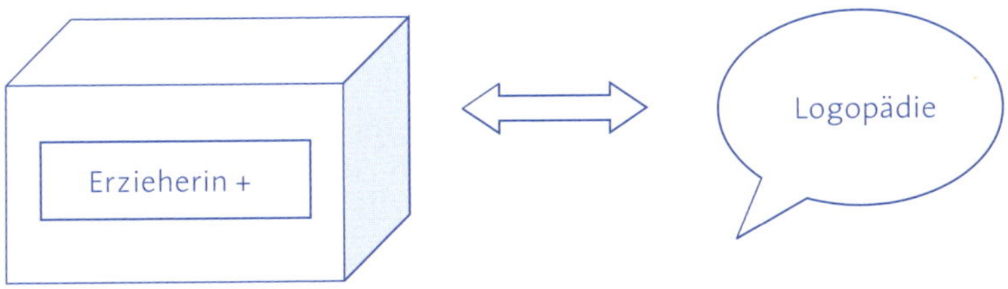

+ mit Weiterbildung in Erkennung und Förderung von Sprachkompetenzen

Abb. 9: Integriert/dialogisches Angebot mit eingeschränkter Kompetenzübergabe bezüglich Sprachförderung

Beide Ansätze zielen auf eine Kompetenzerweiterung der Pädagoginnen in Bezug auf Früherkennung von Sprachauffälligkeiten und institutioneller Sprachförderung ab (siehe Abb. 9). Unbestritten werden die Pädagoginnen für sprachförderndes Handeln sensibilisiert und bestätigt und leisten einen wichtigen Beitrag in der allgemeinen Sprachförderung der Kinder. Es ist allerdings ein Trugschluss respektive (Spar-)Wunschdenken von PolitikerInnen, dass diese Ansätze individuell konzipierte Sprachtherapie ersetzen können. Sie würden sich zum Beispiel nach einem erfolgreich besuchten Erste-Hilfe-Kurs, der zweifelsohne Sinn macht und in gewissen Situationen einen wichtigen Beitrag zur Erstversorgung z.B. am Unfallort leistet, nicht zutrauen, einen Beinbruch zu versorgen oder gar eine Operation durchzuführen. Hier vertrauen Sie auf die Fachpersonen, die Ärzteschaft. So gesehen sind Erzieherinnen, auch nach Besuch einer Weiterbildung oder nach dem Kauf eines Sprachförderprogramms, Fachpersonen in Erziehung und Bildung, jedoch nicht Fachpersonen für Sprache und Kommunikation und deren Abweichungen. Basale unspezifische Förderung unter dem Aspekt Gesundheitsförderung kann von Erzieherinnen sicherlich unterstützend geleistet werden und hat ihren berechtigten, aber eingeschränkten Stellenwert. Erzieherinnen schätzen den Wissensgewinn durch Weiterbildungen und strukturiertes Material, äußern jedoch auch Überforderung und Zweifel bei einer auf sich allein gestellten Verantwortung bezüglich Früherkennung und spezifischer Förderung. Integrierte Sprachförderung als hochkompetente Förderung von Vorläuferfertigkeiten (Gesundheitsförderung, Förderung der gesamten Kindergruppe) <u>und</u> als begleitende Antwort auf Risikokinder bezüglich Sprachentwicklung (präventiv, Kinder mit ersten Entwicklungsverdachtsmomenten) vor Ort gehört in fachkompetente Hände – in die Hände einer integriert tätigen Logopädin. Dies bedingt

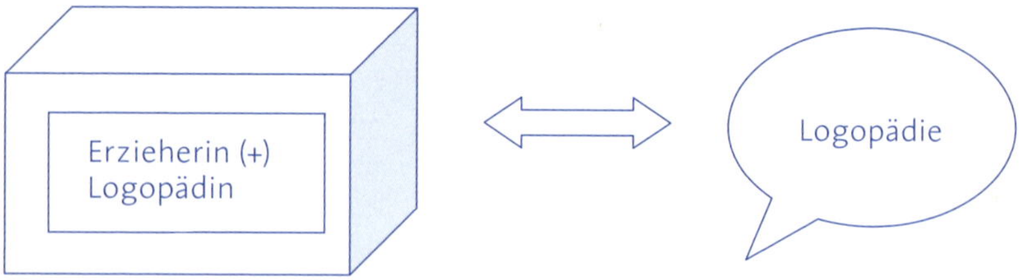

Abb. 10: Integriert/kooperatives Angebot mit sprachtherapeutischer Ergänzung

eine direkte institutionelle Einbindung von Logopädinnen und eine enge Zusammenarbeit.

Pädagogin und Logopädin gestalten gemeinsam Sprachfördersequenzen (siehe Abb. 10). Diese kooperative Zusammenarbeitsform stellt sowohl ein Förderangebot für die Kinder als auch eine unmittelbare gegenseitige Weiterbildungschance für alle Beteiligten dar (Braun 2007). Aus spracherwerbstheoretischer Sicht ist eine institutionelle Sprachförderung – in bewusster Abgrenzung zur Sprachtherapie (siehe Kap. 1) – erstrebenswert. Die hochsensiblen Sprachentwicklungsphasen u. a. in den Bereichen Wortschatz (Semantik und Lexikon), Satzbau (Syntax) und Sprachbewusstheit können im Rahmen einer integriert-kooperativen Sprachförderung nachhaltig und niederschwellig, d. h. effizient, institutionsnah und im für das Kind gewohnten Rahmen unterstützt werden.

Eine logopädisch orientierte Sprachförderung im Tandem Erzieherin – Logopädin bringt alleine schon durch die personelle Besetzung sprachtherapeutische Elemente mit sich. Sie kann eine Therapie vorbereiten, unterstützen und begleiten sowie den Transfer der Therapieerfolge in den Alltag der Kindertagesstätte begünstigen, aber nicht ersetzen.

Diese Form der interaktiven Zusammenarbeit benötigt politische und finanzielle Rahmenbedingungen und Offenheit der beteiligten Personen bzw. Berufsgruppen. Die Lernwissenschaftlerin Verena Steiner beschreibt in ihrem Bestseller „Exploratives Lernen“ wesentliche Elemente für die Entwicklung. Grundlegend ist die Haltung, die durch Neugier, Beobachtung und Reflexion geprägt ist. „Explorative Lernerinnen (…) gleichen großen Abenteurern, die in unbekannte Gebiete stoßen“ (2004, 17). Das Interesse ist neben den Inhalten auch auf der abstrakteren Ebene der Prozesse anzusiedeln. Übertragen auf Pädagogik und Logopädie sind Beobachtung und Reflexion tagtägliche

Instrumente im Handeln mit den Kindern. Die hohe Bereitschaft, sich weiterzubilden, spiegelt auch ein großes Maß an der oben erwähnten Neugier und Bereitschaft, sich individuell weiterzuentwickeln. „Das Lernen ist (...) eine anregende Herausforderung, ein ständiges Suchen, Forschen und Finden ..." (Steiner 2004, 19). Bezogen auf die Entwicklung einer integriert-kooperativen Sprachförderung ist eine explorative Grundhaltung bei gegenseitigem Respekt und der Bereitschaft, sich zu öffnen, eine wichtige Voraussetzung. Die politischen Rahmenbedingungen für eine derartige Kooperation sind landesabhängig.

Ist integriert-logopädische Sprachförderung nun ein utopisches Wunschdenken oder ein realistisches (wünschenswertes) Zukunftsmodell? Folgendes Praxisbeispiel zeigt die Machbarkeit auf.

4.2 Beispielhafte Zusammenarbeit

Der Logopädische Dienst Mittelrheintal im Kanton St. Gallen in der Schweiz bietet nun seit ca. zehn Jahren Team Teaching sowohl im Kindergarten als auch in der Vorschule an. Im Bereich Kindergarten bieten die Logopädinnen einmal die Woche eine Sprachförderstunde an. Nach ca. zwölf Sprachfördereinheiten (eine Gesamtfördereinheit) wechselt die Logopädin in den nächsten Kindergarten. Die Inhalte der Sprachförderstunden sind je nach Kindergartengruppe und der durchführenden Fachkraft sehr individuell. Meist übernimmt die Logopädin zu Beginn der Gesamtfördereinheit die primäre Verantwortung der Gruppenführung, während die Pädagogin unterstützend und beobachtend beteiligt ist. Im weiteren Verlauf wird die Gestaltung und Führung zunehmend personell ausgewogener. Schwerpunktthemen sind Wahrnehmungs- und Bewegungsförderung, Sprechfreude und Sprachbewusstsein, Erhöhung der Sprechdeutlichkeit und Wortschatzerweiterung. Eine im Rahmen eines Diplomprojektes (Braun 2005) durchgeführte Evaluation bewertet diese Maßnahme bei allen Beteiligten (auch bei den Kostenträgern) als sehr wertvoll. Die Sprachförderung der Kinder, der Früherkennungs- und Frühförderaspekt sowie die erfahrungsorientierte gegenseitige Weiterbildung der beteiligten Fachpersonen wurden betont.

Bei der Maßnahme ist bemerkenswert, dass sich bei Kindern, die neben den Sprachförderstunden auch noch eine logopädische Therapie besuchten, die Therapiezeiten verkürzten. Mögliche Gründe dafür könnten sein: Beziehungsaufbau zur Logopädin in der gewohnten

Gruppe und im vertrauten Rahmen, größeres Diagnostikspektrum (Einzel- und Gruppenerleben), hoher Alltagsbezug und gute Transfermöglichkeiten. Somit ist die integriert/kooperative Sprachförderung ökonomisch gesehen nicht nur ein Mehraufwand. Dies soll durch das folgende Fallbeispiel verdeutlicht werden:

> Sarah wurde im Alter von knapp 5 Jahren vom Kinderarzt zur Abklärung bei der Logopädin angemeldet. Sarah war sehr scheu und die Mutter berichtete, dass sie bei Fremden meist nichts sagte. Aber auch zu Hause gäbe es immer wieder Situationen, in denen sie Sarah nicht verstünde. Sarah würde dann sofort mit kommunikativem Rückzug reagieren. Sarah ist zu diesem Zeitpunkt das zweite Jahr im Kindergarten. Die Erzieherin berichtete, dass sie Sarah sehr selten sprechen höre. Sie mache insgesamt einen sehr unsicheren Eindruck. Eine erste logopädische Abklärung ergab eine Spracherwerbsstörung mit Defiziten im auditiven Wahrnehmungsbereich, in der Feinmotorik und einer sehr eingeschränkten Sprechdeutlichkeit, d.h. dass mehrere Laute falsch gebildet oder durch einfachere ersetzt wurden (Phonetisch-phonologische Aussprachestörung).
>
> Nach den Winterferien begann sowohl die logopädische Einzeltherapie als auch ein Team Teaching Projekt (zwölf gemeinsame Sprachförderstunden von Pädagogin und Logopädin). Die Einzeltherapie nutzte das Setting für die spezifische Therapie. Übungen zur Erfassung und Verarbeitung des Gehörten (auditive Wahrnehmung) und Aufbau von Sprechfreude und Kommunikationsbereitschaft waren die ersten Ziele. Der geschützte Rahmen der Einzeltherapie ermöglichte eine größere Mitteilungsbereitschaft von Sarah und bald teilte sie sich immer ausgiebiger mit. Die Leistungen in der Hördifferenzierung und im Reihenfolgegedächtnis (Serialität) stiegen zunehmend und wurden durch die Mutter, die aktiv an den Therapien teilnahm, zu Hause gefestigt.
>
> Die Sprachförderstunde im Kindergarten unterstützte die basalen Fertigkeiten aller Kinder. Durch den Einzeltherapiebezug gelang es der Logopädin immer wieder, Inhalte mit Sarah vorneweg anzugehen. Mit Stolz konnte Sarah auch sprachliche Aufgaben in der Gruppe lösen. Ihr Selbstwertgefühl und das eigene Zutrauen stiegen und die in der Gruppe angebotenen einfachen Übungen zur Koordination der Zungen-Mundmotorik erhöhten die Verständlichkeit. Sarah äußerte sich nun häufiger in der Gruppe. Handlungsorientierte Sequenzen und Handgeschicklichkeitsübungen förderten die Handlungsplanung und die Fertigkeiten in der Feinmotorik. Das Erleben sowohl in der Gruppe als auch in der Einzeltherapie ermöglichte der Logopädin ein umfassenderes,

fortlaufendes Einschätzen der Entwicklung (förderdiagnostisches Vorgehen). Ein individuell ausgearbeiteter Förderplan wurde durch diese Informationsdichte gewährleistet.

Aufgrund der guten Fortschritte in den Basisfertigkeiten konnte im weiteren Verlauf der Einzeltherapie die Arbeit an den einzelnen fehlgebildeten Lauten beginnen (Aussprachetherapie). Der Transfer der neu erlernten Laute gelang zu Hause (durch Elternarbeit) und im Kindergarten (durch Team Teaching) sehr schnell. Die Pädagogin konnte gezielt und im Austausch Elemente der Sprachförderung während der Woche in der Gruppe wiederholen oder modifizieren, die Übungsfrequenz wurde dadurch deutlich erhöht.

Zwei Monate vor der Einschulung konnte die Therapie beendet werden. Die Wahrnehmungsleistungen und motorischen Fähigkeiten waren nun altersentsprechend und alle Laute wurden regelhaft gebildet. Die Sprachförderstunde hat das Einzeltherapiegeschehen äußerst positiv unterstützt und die Therapiezeit deutlich verkürzt. Als alleinige Maßnahme hätte sie diese Effekte aber sicherlich nicht hervorgerufen. Die Sprachförderung im Kindergarten kann therapievorbereitend oder begleitend sehr wertvolle Effekte erreichen, hätte jedoch im Fall von Sarah die Therapie nicht ersetzen können.

Abb. 11: Spielerische Sprachförderung – am besten durch enge Zusammenarbeit von Logopädin und Erzieherin

Wie sieht die konkrete Zusammenarbeit zwischen Erzieherin und Logopädin nun aus?

4.3 Methodische Arbeitsformen und Beispiel einer Sprachfördereinheit

In der Zusammenarbeit zweier Fachpersonen lassen sich folgende typische Kooperationsformen festhalten:

- Leitung und Beobachtung: Eine Person führt die Gruppe, die andere ist aktive Beobachterin
- Leitung und Helferin: Eine Person führt die Gruppe, die andere ist unterstützend aktiv (Assistenz).
- Stationsunterricht: Die Kindergruppe wird auf verschiedene Stationen verteilt und beide Fachpersonen leiten verschiedene Stationen an.
- Parallelunterricht: Beide Fachpersonen halbieren die Gesamtkindergruppe und unterrichten denselben Stoff parallel.
- Niveaudifferenzierter Unterricht: Die Gruppe wird in Leistungsniveaus unterteilt und entsprechend von je einer Fachperson angeleitet.
- Zusatzunterricht: Eine Teilgruppe erhält bei der zweiten Fachperson zusätzlichen Lerninput.
- Team Teaching: Gemeinsame Planung und Gestaltung des Unterrichtes bei abwechselnder Führung.
- Einzelförderung in der Gruppe: Eine Fachperson leitet die Gruppe, die andere gibt einem einzelnen Kind während des Gruppengeschehens individuelle Hilfestellungen.

Diese Kooperationsformen sollen am Beispiel einer Sprachförderstunde in einer Kindertagesstätte verdeutlicht werden:

Am Morgen warten die Kinder schon ungeduldig auf den Beginn. Die Logopädin wartet mit einer großen Zauberhandpuppe. Sie heisst „Mugu – Mit Mut geht alles gut“. Die gemeinsame Sprachförderstunde beginnt immer mit dieser Handpuppe als Identifikationsfigur und Ritual. Zaubern ist das verbindende Element, der rote Faden durch das ganze Projekt.

Jeden Morgen hat Mugu eine spezielle Flüssigkeit getrunken und dadurch verändert sich seine Sprache. Das Getränk selber wird zunächst nicht verraten. Trinkt er z.B. Milch, dann beginnen alle seine Wörter mit

„M". So begrüßt er „Micole", „Mimone" und „Meter". Schnell haben die Kinder begriffen, welcher Laut immer voran gestellt wird und überlegen sich ein Getränk mit dem Anfangslaut M (Milch, Mandarinensaft, Malzbier, Mineralwasser, …).

Als nächstes liegen in der Mitte verschiedene Teppichreste als „Zauberwolken" in einer Reihenfolge und die Kinder laufen silbenweise Wörter aus dem semantischen Feld „Zaubern". Das Wort Zaubermantel kann man z. B. 4 Wolken weit laufen, Stab nur eine Wolke weit. Die unterschiedliche Länge von Wörtern wird auch mit einem sehr kleinen Zauberstab und einem überdimensionalen Zauberstab anschaulich verdeutlicht. Die Pädagogin nennt Wörter und die Kinder springen zu dem jeweiligen Zauberstab.

Die Kinder haben in den Stunden zuvor einen eigenen Zauberstab gebastelt und es kann eine Sequenz der Förderung der Fingergeschicklichkeit angeschlossen werden. Der Zauberstab wird mit Zeigefinger und kleinem Finger balanciert, mit abwechselndem (links/rechts/links …) Pinzettengriff (Daumen und Zeigefinger) der Länge nach „abgewandert".

Die Gruppe teilt sich nun auf. Im Raum sind vier Lernstationen eingerichtet: Auf einem Tisch liegt ein Arbeitspapier mit Reimwörtern, an einem anderen Tisch sind Blasspiele aufgebaut. In der Bücherecke liegen einige Zauberbilderbücher auf und an der vierten Station sind Bastelutensilien für einen Blaszauberer (Aufstellmännchen) bereitgestellt. Die Kinder teilen sich nach Interesse auf. Ein akustisches Signal weist nach einigen Minuten auf einen Wechsel der Station hin. Die Pädagogin und die Logopädin betreuen und geben Hilfestellungen bei den Stationen. Die Kinder können anhand eines Protokollblattes die bearbeiteten Stationen „abhaken" und mit Smileys eine Eigenbewertung über die Station und ihre Arbeit treffen.

Zurück im Stuhlkreis wird ein neuer Trick einstudiert: In drei Schachteln mit Bildern von Reimwörtern (Nase, Hase und Vase) wandert auf magische Art und Weise der Inhalt (ein Steinchen) von Reimschachtel zu Reimschachtel – ohne dass die Schachteln geöffnet werden. Bald durchschauen die ersten Kinder den Trick: Alle drei Schachteln sind leer, aber im Ärmel des rechten Armes ist eine zusätzliche Schachtel (mit Steinchen) versteckt. Wenn man eine Reimschachtel mit dem rechten Arm schüttelt, hört man das Steinchen, mit dem linken Arm klingt es, als wäre die Reimschachtel leer. Gleich wird der Trick ausprobiert: Die Kinder benennen die drei Reimwörter und beim Mischen der Schachteln werden Fantasiewörter rhythmisch eingebunden, z. B. „tschaka tschaka tschaka bumm". Einigen Kindern fällt dabei das beim Zaubern typische Handeln und gleichzeitige Sprechen sichtlich schwer.

Das Ende der Sprachförderstunde gestaltet sich wieder in Form eines Rituals: Erzieherin und Logopädin beschreiben gleichklingende Wörter mit unterschiedlichen Bedeutungen (homonyme Wörter): Die Erzieherin beschreibt das Tier „Maus", die Logopädin das Computerzubehör „Maus". Abwechselnd wird den Kindern je ein Beschreibungssatz zu den Begriffen angeboten und bald stehen alle Kinder hinter dem Stuhl – das ist das vereinbarte Zeichen, wenn man die Lösung weiß. Fasziniert schauen dann die Kinder die Lösungskarten, die aus einer Zauberkiste geholt werden, an. Ein Zauber-Heimgeh-Spruch beendet die Stunde und Mugu wird mit heftigem Händeschütteln und Küsschen verabschiedet.

Die Inhalte der oben beschriebenen Sprachförderstunde lassen sich wie folgt herausfiltern:

- Rollenspiel, Motivation (Zauberpuppe)
- Phonologische Bewusstheit (M-Anlautspiel): die Kinder erkennen neben dem Inhalt auch die formalen Aspekte von Sprache
- Erfassen der Silbenstruktur (Zauberwolke)
- Wortlänge (Zauberstab)
- Feinmotorik (Zauberstab jonglieren)
- Phonologische Bewusstheit (Reimwörter), Mundgeschicklichkeit (Blasspiele), Leseförderung (Bilderbuch) sowie Handlungsplanung und Umsetzung (Basteln) bei den Lernstationen
- Phonologische Bewusstheit (Reimschachteltrick)
- Phonologische Bewusstheit (Homonyme Wörter)
- Sprechrhythmus und Speicherung (Schlussspruch)

Die Identifikationsfigur des Zauberers, das Zaubern als solches und das eigenständige Handeln und Reflektieren stellen für die Kinder ein nachhaltiges Erlebnis dar. Der Kindergarten als Sprachfördererlebnis! Die Konstellation von zwei Personen (Erzieherin und Logopädin) ermöglicht es, auf die Heterogenität der Gruppe individueller einzugehen. Der Austausch und das gegenseitige Wahrnehmen im Umgang mit Kindern wirkt fachlich und menschlich bereichernd – auch hier besteht durch Erleben eine Weiterentwicklungschance!

Empfehlenswerte Literatur

Jampert et al. (2007b): Sprachliche Förderung in der Kita.
Lütje-Klose (2001): Möglichkeiten der integrativen Sprach- und Kommunikationsförderung in der Grundschule.
Mannhard (2006): Sprachförderung in Kindertageseinrichtungen. Ein interdisziplinärer Blick auf die Ressourcen und Grenzen.
Wiedenmann (Hrsg.) (1997): Handbuch Sprachförderung mit allen Sinnen.

5 Sprachfördervorbereitende Umgebungen und eigenaktives Handeln

Die Gestaltung der Umwelt hat Einfluss auf die Entwicklung der Kinder. Nach einem kurzen Abriss über „vorbereitende Umgebungen" im Sinne von Maria Montessori werden in diesem Kapitel Möglichkeiten von sprachanregender Raumgestaltung aufgeführt. Dem Lernarrangement Werkstattunterricht als eine Sammlung von Aufträgen, die die Kinder selbstständig bewältigen, wird ein besonderes Augenmerk gewidmet. Anhand eines praktischen Beispiels werden hier Möglichkeiten basaler Förderung der Sprechdeutlichkeit aufgezeigt. Die Erzieherin als Sprachvorbild wird als Unterstützerin in dem Sprachlernprozess verstanden. Die Sprachwahl und die Sprechweise der Erzieherin haben unmittelbaren Einfluss auf die Sprache der Kinder. Die Äußerungen des Kindes sollen aufgegriffen und umgeformt werden. Kinder lernen viel durch Nachahmen und durch das Wahrnehmen von Unterschieden – diesen natürlichen Prozess kann die Erzieherin bewusst ausnützen.

5.1 Die sprachfördernde Umgebung

In der spielerischen Auseinandersetzung mit der Umwelt gewinnt das Kind einen Schatz an Sinneswahrnehmungen, an Erfahrungen und an Stimulanz für die weitere Entwicklung. Bewegung und sinnliche Erfahrung sind hierbei die Basis für weitere Entwicklungsschritte des Denkens (kognitive Entwicklung, siehe auch Kap. 11). Über ein gezieltes Arrangement der Umgebung können Entwicklungsimpulse gezielt, vorstrukturiert und für das Kind im Erleben eigenaktiv inszeniert werden.

Analog zu den populären Bewegungslandschaften, die Körpererfahrungen (Bezug Körper–Raum, Bewegungsdimensionen, Gleichgewicht) und soziales Miteinander (siehe auch Kap. 9) fördern, ermöglichen der Kindergarten und die Schule auch viele sprachanregende Möglichkeiten auf der Erlebnisebene. Maria Montessori hat sich konzeptionell sehr intensiv mit der „vorbereitenden Umgebung" auseinandergesetzt. Das Konzept besagt, „dass Kinder zum Lernen häufig keine direkte Belehrung brauchen, sondern eine Lernumgebung, die sie anregt, ihnen Orientierung bietet und ihnen psychologisch angemessen sein muss. Dazu gehören natürlich die Lernmaterialien, aber auch die kindgerechte Ausstattung der Räume" (Fischer 2005, 22). Die vorbereitende Umgebung zielt auf ein selbstständiges Entdecken, das behütend, anregend und ordnend von der Pädagogin begleitet wird. Die Umgebungsgestaltung wird von Maria Montessori als eine sehr wichtige Einflussgröße in der Triade Kind-Pädagogin-Umgebung angesehen. Das Augenmerk der Pädagogin zielt auf „eine indirekte Erziehung durch die Zubereitung der vorbereitenden Umgebung" und nicht auf die „direkte Einflussnahme auf das Wachsen und Lernen des Kindes" (Fischer 2005, 22). Also Hinführen anstatt Korrektur, selbstbestimmtes Lernen anstatt Training und Drill.

Die Erzieherin ist im Vorfeld und bei der Einführung der Umgebung aktiv, sie ist in der Auseinandersetzung des Kindes mit der Umwelt jedoch zurückhaltend und teilnehmend beobachtend. Ein Aspekt, den Erzieherinnen sehr wertschätzen, da ihnen allzu oft die Zeit und Möglichkeit fehlt, die Kinder genau zu beobachten. Den Kindern wird in Phasen der Freiarbeit die Möglichkeit gegeben, sich eigeninitiativ mit den dargebotenen Materialien ihren Lernfähigkeiten und ihrem Lernrhythmus entsprechend auseinanderzusetzen.

Bezogen auf die Sprachförderung in Gruppen gibt es bei diesem Ansatz sehr viele Anknüpfungspunkte. Die Erzieherin kann durch gezielte Angebote Kommunikation und differenzierte Auseinandersetzung mit sprachstrukturellen Aspekten (z.B. Wortschatz und Begriffsbildung, Sprechdeutlichkeit, Sprachbewusstheit) anregen, vertiefen und festigen. In den folgenden Unterkapiteln werden die Sprachfördermöglichkeiten bezogen auf Raumgestaltung, Sprachmodell und Möglichkeiten der Organisation von Freiarbeit und Werkstattunterricht praxisnah aufgezeigt.

5.2 Raumgestaltung

Die Kindertagesstätte und die Schule bieten grundsätzlich durch ihre Raumgestaltung schon viele sprachanregende Impulse. Die hier aufgeführten Umsetzungsideen sollen das bereits Umgesetzte oder Vorhandene bestärken oder auffrischen. Es ist auch naheliegend, dass die Fülle von Möglichkeiten nicht permanent und im gesamten Umfang angeboten werden sollen. Im Rahmen von Sprachprojekten, eingebettet in das momentane Thema oder als Idee für ein gemeinsames Projekt mit der vor Ort tätigen Logopädin (siehe auch Kap. 4) sollen sie als Repertoireoptionen der Raumgestaltung verstanden werden.

Die Unterteilung des Raumes in verschiedene, flexible Landschaften ist stimulierend. Ein mobiles einladendes Umfeld wirkt sprachanregend. Wenn am Morgen die Kinder kommen und entdecken, dass eine Ecke im Raum neu gestaltet wurde, ist dies ein dankbares Gesprächsthema. Auch im Stuhlkreis gemeinsam eine Umgestaltung zu diskutieren, Umsetzungsideen zu konkretisieren und zu planen sind kommunikativ äußerst wertvoll. Diese Pläne dann noch auf Papier zu bringen (Symbolisieren) oder zu verschriftlichen sind Brücken zu schriftsprachlichen Kompetenzen (siehe Kap. 13).

Das folgende Sammelsurium versteht sich als Anregung, als Einladung zur flexiblen und sprachfördernden Raumgestaltung:

- **Unterteilungen, Ecken, Nischen und Gruppenräume** bieten Möglichkeiten zu thematischen Ausrichtungen. Sie können auch Rückzugsmöglichkeiten für Kleingruppen sein. Manchen Kindern fällt es leichter, in kleinen Gruppen Erlebnisse, Wünsche und Bedürfnisse zu äußern.
- **Ein großer Spiegel** lädt zum Betrachten von sich und anderen Personen ein. Einfachste Grimassen und erste Übungen zur Lippen- und Zungengeschicklichkeit lassen sich gut über das Sehen selbst kontrollieren (visuelle Kontrolle). So kann man innerhalb eines Zeitrahmens jeden Tag ein neues Bild von einem „Mundkunststück" am Spiegel anbringen. Die Kinder reagieren mit Neugierde und Experimentierfreude auf den Wechsel der Aufgabenstellungen.
- **Experimente mit Kassettenrecorderaufnahmen** sind eine wertvolle Rückmeldung über das eigene Sprechen. Die Kinder reagieren oft erstaunt, dass ihre Stimme so anders klingt. Es ist aber eine wertvolle Erfahrung, sich zeitlich verzögert seinem Sprechen zu widmen. Manche Kinder sind mit der simultanen Anforderung, zu sprechen und sich selber über das Hören zu kontrollieren, überfordert.

Möglichkeiten, den Kassettenrecorder einzusetzen, sind z. B.:

- **Einfache Suchspiele:** Vor dem Kassettenrecorder liegt ein Wimmelbild, ein Kind spricht Wörter von fünf Gegenständen auf das Band. Es spult zurück und spielt einen Begriff nach dem anderen ab. Ein anderes Kind muss die gehörten Begriffe auf dem Bild suchen.
- **Aufnahmen** von geübten Liedern und Fingerspielen,
- **Gestaltung** einfacher Hörspiele: Eine im Stuhlkreis gehörte Geschichte wird mit mehreren Sprechern nachgespielt.

Diese Aufnahmen können auf Wunsch der Kinder in der Gruppe auch nochmals angehört und gewürdigt werden.

- **„Schrottplatz“**: Nischen oder Tische, an denen ausrangiertes Material (alte Wecker, Radios, Küchengeräte, Handys o.ä.) mit einfachem Werkzeug bereitgestellt werden. Das Auseinanderbauen, die Entdeckungen über das Innenleben eines Gegenstandes und der Versuch der Reparatur sind Chancen für Sinneserfahrungen, Gerichtetheit und die Entwicklung der Begriffsbildung (Nomen, Verben und Adjektive).
- Der **Theaterraum** findet sich oft im Kindergartenalltag. Sei es die Babyecke, das Kasperletheater oder Finger- und Handpuppen – allen ist gemein, dass Rollen besetzt werden, sprachliche Veränderungen (andere Stimmlage, anderer Dialekt, Betonung des Sprechens) experimentell geübt werden und die „Kind–Kind-Kommunikation“ angeregt wird.
- In der **Leseecke** werden ausgewählte Bücher zugänglich gemacht. Durch Polster, Matratzen, Sitzkissen und mit Tüchern abgehängte Decken wird die Gemütlichkeit betont. Die Kinder können anhand von Klebepunkten auf einem Plakat eine Hitparade erstellen. Dafür werden die Buchtitel auf das Plakat kopiert. Die Anzahl der Punkte, die von den Kindern vergeben werden, ergibt das Ranking in der Bewertung der Bücher. Außerdem erhält jedes Kind einen individuellen Stempel. Pro betrachtetes oder gelesenes Buch wird in einem persönlichen Lesetagebuch ein Stempel vergeben. Ähnlich der Internetplattform „Antolin – Mit Lesen punkten“ für Schüler (siehe Kap. 14) können die Kinder Stempelabdrucke sammeln. So werden auch Kinder, die diesem Angebot sonst eher ausweichen, motiviert.
- Die **„Hausdruckerei“** bietet dem Alter entsprechende Möglichkeiten des Druckens an. Die Kleinsten werden mit Tierstempeln und geometrischen Formstempeln an das Drucken herangeführt. **Buchstabenstempel** können vielfältig eingesetzt werden:

- **die eigenen Blätter** mit dem Anfangslaut seines Namens kennzeichnen,
- **auf vorbereiteten Blättern** alle Bilder, die mit einem gewissen Buchstaben beginnen, den entsprechenden Buchstaben zuordnen,
- **Lückenwörter**, bei denen immer der gleiche Buchstabe fehlt, füllen, z.B. Ap_el, _ahrrad, A_ _e, _isch,
- **Mundbilder**, die einen Laut darstellen, den entsprechenden Stempelbuchstaben zuordnen,

- **erste Wörter** lautgetreu mit Stempel „schreiben“,
- **Karten**, Einladungen zu Festen und Informationen drucken.

- **Schmunzelbox:** In einer Keksdose ist jede Woche ein neuer Witz, ein lustiges Bild oder ein kleiner Cartoon deponiert.
- Auch eine **Computerecke** mit Drucker kann Möglichkeiten der Sprachförderung bieten. Spezielle Computerprogramme wie z.B. „Schlaumäuse“ zielen auf Aspekte der Sprachförderung. Auch erste Schreiberfahrungen auf dem Computer können motivierend sein. Über Sinn und Unsinn des Computers im Frühförderbereich wurde schon viel diskutiert, in Maßen und bewusst eingesetzt, ist er aber sicher eine abzuwägende Alternative.
- Der **„Wolken- und Wind-Tisch“** bietet wechselnde Angebote an Blas- und Saugspielen, die spielerisch Mundgeschicklichkeit und Atemdosierung fördern:

- **Blasbilder** mit Wasserfarben, die mit einem Strohhalm auf dem Papier verteilt werden
- **Seifenblasen**
- **Windräder** und Pustespielzeug
- **Blasparcours** aus Bauklötzen, durch den Watte, kleine Faltschiffchen oder Tischtennisbälle gezielt geblasen werden
- **Staubsauger** (= Strohhalm) sammelt alle Seidenpapierschnipsel ein
- **Blasfußball:** Watte oder Tischtennisball wird gezielt in ein Tor geblasen
- **Vier Kinder** stehen an den Seiten eines Tisches und versuchen, den Ball auf der gegenüberliegenden Seite vom Tisch herunterzublasen
- **Eine Schwimmkerze** wird im Wasser so angeblasen, dass sie sich im Wasser bewegt, jedoch die Flamme nicht ausgeht

- Ein **Musik- und Rhythmusraum** mit verschiedenen Musikinstrumenten fördern das Hinhören, das gemeinsame Musizieren und das (Sprach-) Rhythmusgefühl
- **„Verkehrte Welt“** ist ein Phantasieraum, in dem Unmögliches „wahr“ wird und manches anders ist, als gewohnt. Die Kinder dürfen hier z.B. nur

rückwärts hineinlaufen, die Bilderbücher thematisieren Verrücktheiten (z. B. Butschkow „Was stimmt denn da nicht?“), die Kinder malen Phantasiegestalten mit 5 Armen, hier spricht man nur mit geschlossenen Mund oder in einer Phantasiesprache (alles fängt mit „M“ an: „Mich meiße Mimon“).

- **Bewegungsräume und –landschaften** bieten sinnliche Erfahrungen, die sich positiv auf die (Sprach-)Entwicklung auswirken.
- Neben all diesen sehr materialorientierten Angeboten kann es durchaus auch Sinn machen, **Räume ohne Spielzeug** anzubieten. Manche Kindergärten haben sehr gute Erfahrungen mit dem „spielzeugfreien Vierteljahr“ gemacht und berichten von gesteigerter Kreativität der Kinder, die sich sicherlich auch positiv auf die Sprachkompetenzen auswirkt.

Die Herausforderung für die Erzieherin besteht darin, die Umweltbegegnungen und Raumangebote mit Sprache zu verknüpfen. Das Kind nimmt seine Umwelt aus erster Hand wahr und diese Intensität des „Inputs“ (Erfahrung) hat unweigerlich einen positiven Einfluss auf den „Output“ (Sprache). Erleben ist hier die Alternative zu Konsumieren und passivem Aufnehmen. Räume hierfür zu schaffen, ist in der Vorbereitung für die Pädagogin sicherlich aufwändig, aber im Arbeiten mit den Kindern durch deren Eigenaktivität wieder entlastend und bereichernd.

Abb. 12: Die „Bücher-Hitparade“ und die gemütliche Einrichtung motivieren zum Lesen

Abb. 13: Selbstständiges Entdecken wird durch vorbereitende Umgebung und Anregung durch die Erzieherin möglich

Gerade die doch weit verbreitete Form des „Offenen Kindergartens" bietet konzeptionell die Möglichkeit, Sprachförderräume zu schaffen.

Eine besondere Form zeigt sich in der Gestaltung von Lernstationen, die die Kinder selbstständig alleine oder in Kleingruppen unter Verwendung eines Protokollblattes absolvieren. Diese „Werkstätten" finden zunehmend Verbreitung und können auch in der Sprachförderung sehr gut eingesetzt werden.

5.3 Werkstattunterricht in der Sprachförderung

Bei dem Anspruch, dass Kinder selbst lernen, sich die Erzieherin oder Lehrerin als Gestalterin von förderlichen Lernumwelten versteht und das Lernen als aktiver Prozess definiert wird, bietet der Werkstattunterricht wertvolle Umsetzungshilfen. Hierbei wird unter Werkstatt eine Sammlung von Aufträgen, die von den Kindern selbstständig bearbeitet werden können, verstanden. Die Lernangebote und Materialien sind von der Erzieherin oder Lehrerin vorbereitet und strukturiert worden. Die Kinder können selber bestimmen, welche Aufträge sie in welcher Reihenfolge erledigen wollen. Es gibt Stationen, die alleine oder für Kleingruppen konzipiert sind. Die Gruppe arbeitet über einen gewissen Zeitraum in zeitlichen Blöcken an einer Werkstatt. Hierbei unterscheiden sich die Werkstattformen in der Zeitdauer, nach dem Inhalt, der Form (reiner Werkstattunterricht oder gemischt mit anderen Unterrichtsformen) und dem Selbstständigkeitsgrad. Diese pädagogische Arbeitsform bietet viele individualisierende Aspekte (Weber 1998): Das Kind lernt u.a. selbstständig und eigenverantwortlich zu entscheiden, wann es welchen Auftrag bearbeiten will, es lernt, mit den Aufgaben und Materialien umzugehen und wählt Aufträge nach seiner momentanen Neigung, Interesse und Leistungseinschätzung aus. Mit der Verantwortungsübernahme steigen die Entscheidungsfähigkeit, die Selbstständigkeit und das Selbstbewusstsein. Während der Werkstattbearbeitung der Kinder fungiert die Erzieherin oder Lehrerin als Begleiterin und Beraterin. Auf einem Protokollblatt dokumentiert sie die erfüllten Aufgaben. Als Option gibt es auch die Möglichkeit, dass die Kinder zusätzlich den Grad der eigenen Zufriedenheit bei den jeweiligen Aufgaben festhalten. Dies kann bei kleineren Kindern durch Wettersymbole oder Smileys geschehen und bei älteren Kindern durch Zahlennormierungen (1=unzufrieden bis 5=sehr zufrieden).

Auf dieses Lern-Arrangement sprechen die Kinder fast ausnahmslos positiv an, da sie gemäß ihren Neigungen und ihrem eigenen Rhythmus spielend lernen und arbeiten können. Der Erzieherin bietet sich die Möglichkeit, die Kinder intensiv und unter einem gewissen Aspekt (siehe Tab. 5) zu beobachten und einzuschätzen. Eine Sprachwerkstatt kann thematisch nach verschiedenen Aspekten aufgebaut sein: Wortschatz, Hörübungen und Sprachbewusstsein, Mundgeschicklichkeit als Basis für Sprechdeutlichkeit, Sprache – Rhythmus – Bewegung, Sinneserfahrungen. Da die Didaktik sehr auf die Eigenkorrektur der Kinder baut, ist der Aspekt Grammatik in einer Sprachwerkstatt nur beschränkt integrierbar. In Tab. 5 wird eine Werkstatt mit Mundgeschicklichkeitsübungen vorgestellt, die bereits in mehreren Kindergärten Anwendung fand.

Werkstätten sind in der Vorbereitung teilweise aufwändig, jedoch haben sie einen hohen Aufforderungscharakter für die Kinder und sind in der Durchführung für die Erzieherin oder Lehrerin letztendlich entlastend.

Kinder lernen vieles durch Anregung, Erfahrungsangebote, aber auch durch die Menschen, die ihnen nahe stehen. Welche Chancen hat hier das Sprachvorbild der Erzieherin? Wie soll sie auf sprachliche Auffälligkeiten reagieren? Wie kann sie positiven Einfluss alleine durch ihr eigenes Sprechverhalten nehmen?

Tab. 5: Werkstatt Mundgeschicklichkeitsübungen

	Name	Förderbereich	Umsetzung
1	Blasfußball	Gezieltes Blasen	Zwei Schachteln als Tore, Kinder blasen Watte oder kleinen Ball gezielt ins Tor
2	Staubsauger	Saugen	Strohhalm wird als Staubsauger verziert. Seidenpapierschnipsel werden aufgesaugt.
3	Knabber-Gebäck	Sensibilität	Verschiedene Gebäckformen (Brezel, Fisch, Stange …) sollen im Mund erspürt werden
4	Blasmännchen	Blasen	Auf gefalteten schmalen Karton werden je nach Thema Sujets geklebt, die dann durch einen Parcour geblasen werden
5	Löwenjagd	Blasen	Ein kleiner Gummilöwe wird mit einem halben Zahnstocher, der in einen Strohhalm gesteckt wird, beschossen, bis er umfällt
6	Salzstange	Lippengeschicklichkeit	Ende einer Salzstange wird mit den Lippen gehalten, dann mit Händen auf dem Rücken gegessen
7	Blasspiel	Blasen	In einen Korken wird längs ein Loch gebohrt und auf der Oberseite mit Stecknadeln ringsum verziert, Strohhalm wird in Bohrung gesteckt, aus Alufolie wird ein Ball geformt. Nun können die Kinder den Alufolienball gezielt nach oben blasen
8	Seilziehen	Kräftigung Lippen	Zwei Knöpfe (Größe ca. 2-Euro-Münze) werden mit dünner Wolle (Abstand ca. 50 cm) verbunden. Zwei Kinder nehmen Knöpfe in den Mund hinter die Lippen (!) und ziehen – wer lässt als Erster los?

	Name	Förderbereich	Umsetzung
9	Gewicht-heben	Lippengeschick-lichkeit	Schaschlik-Holzstab wird mit zwei schwarzen Styroporkugeln zur Gewichtsstange umgebaut und dann mit der Oberlippe balanciert.
10	Grimassen	Lippen- und Zungengeschick-lichkeit	Vor einem Spiegel versuchen die Kinder witzige Grimassen (mit und ohne bildlicher Vorlage) zu schneiden

5.4 Sprachmodell und Modellieren

Kinder in jungen Jahren hängen an den Lippen ihrer engsten Bezugspersonen, Babys schauen auf die sich ständig bewegenden Lippen und auch die berühmte Geschichte von Kaspar Hauser verdeutlicht den Einfluss von Sprachvorbildern. Das abgeschottete Leben hatte hier fatale Auswirkungen auf das Sprachvermögen und die Kommunikationsfähigkeit. Andererseits war die Welt erstaunt, dass im Fall der in Österreich entführten und von der Außenwelt abgeschottet aufgewachsenen Natascha Kampusch das Sprachvermögen bezüglich Wortwahl (Semantik) und Satzbau (Syntax) alleinig durch das Hören eines Kulturradios nicht beeinträchtigt wurde. Im Gegensatz zu Kaspar Hauser hatte Natascha Kampusch über das Medium Radio Anregung (Input) und konnte so ihr Sprachvermögen weiter entwickeln.

Kinder lernen sehr viel durch Nachahmung und direkten Vergleich. Sie versuchen, sich immer differenzierter an ihre Vorbilder anzupassen. Besitzen sie zu Beginn ihrer Sprachentwicklung noch ein Lautinventar für alle Sprachen auf der Welt, reduziert sich dieses Inventar im Laufe des ersten Jahres durch die aufgenommenen Sprachimpulse auf die Muttersprache. Insofern ist es plausibel, dass die Sprachwahl und die Sprechweise der Erzieherin großen Einfluss auf die Sprachentwicklung des Kindes haben. Generell ist eine natürliche, deutliche, rhythmisch-melodische und lebendige, im Tempo angemessene Sprechweise ratsam. Die Äußerungslänge soll den Kindern angepasst sein und die Anhäufung von vielen Nebensätzen (Schachtelsätze) vermieden werden. Die Sätze sollen vollständig und grammatikalisch richtig sein. Das Kind soll nicht mit Sprache überschüttet werden, jedoch ist es sinnvoll, Handlungen sprachlich zu begleiten („Ah, jetzt schälst du den Apfel“) oder zu kommentieren („Das war jetzt aber schwer, puh“). Regelmäßige Pausen und nicht allzu schnelles Sprechen ermöglicht den Kindern, der Erzieherin inhaltlich zu folgen. Lautmalerische Sprechweise („Wau wau“ für Hund) ist in den ersten Lebensjahren anregend, sollte aber frühzeitig mit den entsprechenden Begriffen gekoppelt („Ja, wau wau, ein großer Hund“) und in der Folge ersetzt werden. Im Frageverhalten der Erzieherin sind offene Fragen („Was habt ihr denn gestern gespielt?“) geschlossenen Fragen, die nur durch ja oder nein zu beantworten sind, vorzuziehen. Die sprachliche Zuwendung, gekennzeichnet durch aktives Zuhören, Gerichtetheit, Blickkontakt und Zeit für das Gespräch sind das Fundament für Kommunikation. Es wäre unrealistisch, dieses permanent für alle Kinder in Kindertagesstätten und Schulen einzufordern. Gesprächsrituale, Zeitinseln für Gespräche oder Verweise auf spätere Möglichkeiten des Austausches können hektische oder stark fordernde Situationen im Alltag entschärfen.

Der hohe Anteil von Sprachauffälligkeiten lässt immer wieder die Frage aufkommen, wie die Erzieherin auf sprachliche Schwierigkeiten der Kinder reagieren soll. Korrigieren? Ignorieren? Verbessern? Auf den Fehler hinweisen? In erster Linie ist es wichtig, was das Kind sagt und nicht, wie das Kind spricht. Der Inhalt, der Wunsch des Kindes, sich mitzuteilen und die Sprechfreude werden höher eingeschätzt als die Richtigkeit der Sprechweise. Zu frühes Korrigieren lenkt bei den Kindern den Fokus stark auf „Ich habe es falsch gesagt“ und entmutigen es dadurch. Es ist verständlich, dass die Erzieherin dem Kind Hilfestellungen für eine altersentsprechende Sprachentwicklung bieten möchte, jedoch muss hier klar festgestellt werden, das Kinder Sprache und Sprechen nicht mittels „Vorsprechen und Nachsprechen“ lernen. Diese gut gemeinten Bemühungen führen teilweise zu Frustration und Kommunikationsrückzug und können nicht im Sinne der Förderung sein.

Mit dem „Sprachlichen Modellieren“ bietet sich jedoch den Erzieherinnen eine elegante Möglichkeit an, die dem Grundsatz „Unterstützen statt Verbessern“ folgt. Die Aussagen des Kindes werden von der Pädagogin in einer richtigen oder erweiterten Version bestätigend angeboten. Das Kind fühlt sich verstanden und bekommt gleichzeitig die Möglichkeit, formal seine Aussage mit der Aussage der Pädagogin zu vergleichen. Hierbei wird das Lernprinzip des Vergleichens ausgenützt. Das Augenmerk kann einerseits auf die Sprechweise, die Lautbildung oder andererseits auf den Inhalt und die Form einer Äußerung gelegt werden. Wir möchten jedoch auch klar auf die Grenzen des

Modellierens hinweisen: Es kann Kinder in ihrer Entwicklung anregen und einen positiven Impuls geben, jedoch nicht Aussprachestörungen oder Satzfehlstellungen (Dysgrammatismus) ausmerzen. Modellieren versteht sich als unterstützende Kommunikationsstrategie und nicht als Therapieersatz. Solch ein Anspruch entspräche einer Überbewertung des Modellierens. Folgende Formen des sprachlichen Modellierens können unterschieden werden:

- Kind: „Hun belle." Pädagogin: „Ja, der Hund bellt." Grammatische Funktionswörter und Markierungen werden eingefügt (Expansion).
- Kind: „Hun belle." Pädagogin: „Ja, er ist böse auf die Katze." Dem Kind wird ein reichhaltigeres sprachliches Angebot vermittelt.
- Kind: „Hun belle." Pädagogin: „Ja, der Hund bellt. Er ist böse auf die Katze." Diese Mischform (Expansion und Extension) zielt auf die grammatikalisch richtige Form bei einer inhaltlichen (semantischen) Erweiterung ab.
- Kind: „Der Hase im Stall lauft." Pädagogin: „Läuft der Hase in den Stall?" Die kindliche Äußerung wird von der Pädagogin in eine andere grammatikalische Form (hier Fragesatz) umgebaut (Umformung).
- Kind: „Ähm, wie heißt das noch …" (weiß Begriff nicht) Pädagogin: „Ist es ein Schaf oder eine Kuh?" Kind: „Kuh." Über Alternativfragen wird dem Kind die Chance gegeben, selbst den Begriff zu benennen.
- Kind: „Ich domme bald in die Sule." Pädagogin: „Ja, du kommst bald in die Schule." Die Pädagogin bestärkt das Kind in der inhaltlichen Aussage, bietet ihm aber eine richtige Aussprache als Alternative an (Corrective Feedback). Diese zu lernenden Laute können von der Pädagogin etwas betont und deutlich artikuliert angeboten werden.
- Kind bastelt am Tisch, überlegt still. Pädagogin: „Hmm, das ist schwer, was könnte ich jetzt machen? Soll ich es mit der Schere probieren?" Beim Parallelsprechen kehrt die Pädagogin mögliche innere Gedanken und Gefühle nach außen und verbalisiert diese für das Kind.

Grundsätzlich empfiehlt es sich, den Kindern mit einer Sprache zu begegnen, die einen Entwicklungsschritt weiter ist als der momentane Sprachstand („Motherese"). Das Kind spricht zum Beispiel derzeit in 3-Wort-Sätzen („Ich spiele Ball") und die Pädagogin erweitert die Äußerung auf eine längere Satzform („Wir spielen draußen Ball" oder „Ich spiele gerne Ball"). Dieses sprachliche Modellieren fördert die nächsten sprachlichen Entwicklungsschritte und wird vom Kind im Gegensatz zur Korrektur nicht negativ empfunden. Selbstredend lässt der Alltag nicht permanentes Modellieren zu, dies würde auch nicht zu einer natürlichen Kommunikation beitragen. Aber es ist eine sinnvolle Strategie, die bewusst und gezielt eingesetzt wertvolle Entwicklungsimpulse setzen kann.

Empfehlenswerte Literatur

Krenz (2005): Der „Situations-Orientierte Ansatz" im Kindergarten.
Schäfer (2005): Lernen mit Maria Montessori im Kindergarten.
Iven (2006): Sprache in der Sozialpädagogik. Kapitel 3: Förderung von Sprache und Kommunikation.

6 Muttersprachen brauchen einen Platz in der Kindertagesstätte – Sprachförderung mit zweisprachig aufwachsenden Kindern

von Silvia Hüsler

Aus dem großen Bereich der Sprachförderung mit Kindern mit Migrationshintergrund möchte ich den Aspekt der uns fremden Muttersprachen hervorheben, da er meist noch zu wenig Berücksichtigung findet. Und ich möchte einige konkrete Möglichkeiten aufzeigen, wie Erzieherinnen die Muttersprachen ihrer Kinder wertschätzen und sie im Alltag einbeziehen können. Damit lässt sich nämlich auch der Zweitspracherwerb, also das Lernen der deutschen Sprache, unterstützen.

Um es gleich vorweg zu sagen: Es geht nicht darum, uns fremde Muttersprachen gegen die deutsche Sprache auszuspielen, sondern um das Recht eines jeden Menschen auf seine eigene Sprache. Selbstverständlich ist es absolut wichtig, die Kompetenz in der deutschen Sprache zu fördern und zu festigen. Gleichzeitig sollten aber die Kinder den Respekt vor ihrer Muttersprache erfahren. Und Respekt erfahren sie nur, wenn diese Sprachen auch vorkommen und einen Platz in der Kindertagesstätte finden.

Für jeden Menschen ist die Muttersprache etwas ganz Besonderes: Es ist die Sprache der engsten ersten Beziehungen, die Sprache, der wir gelauscht haben, auch schon bevor wir den Sinn verstehen konnten, die Sprache der ersten Wörter und Sätze, der ersten sozialen Kommunikation. Die Muttersprache sichert den persönlichen Zugang zur Herkunftskultur und kann notwendig sein, sollte das Kind je in sein Herkunftsland zurückkehren. Die Muttersprache bleibt das ganze Leben lang ein besonderer Teil der Identität. Daher ist es verletzend, wenn diese Sprache kein hohes Ansehen in der Gesellschaft genießt, wenn man wegen ihr gehänselt, ausgelacht und diskriminiert wird. Kommt die Muttersprache in der Kindertagesstätte nicht vor, ist sie nicht hörbar und nicht sichtbar, so spürt das Kind: Hier ist offenbar ein Teil von mir unerwünscht.

6.1 Die Entwicklung der Muttersprache in der Emigration

Welche Sprache sollen Eltern sprechen? Viele Eltern sind immer wieder verunsichert, ob sie Deutsch oder in der Muttersprache mit dem Kind sprechen sollten. Es ist richtig, dass Eltern oder jeder Elternteil in der Sprache spricht, die ihm am nächsten ist, die er am besten kann und in der er den reichsten Wortschatz hat, in der ihm auch Späße und Wortspielereien in den Sinn kommen. Das Kind verbindet die Sprache mit der sprechenden Person. Es geht davon aus, dass diese Person die Sprache richtig spricht. Ein fehlerhaftes Deutsch und eine falsche Sprachmelodie sind ungeeignet als Vorbild für das Kind. Trotzdem sind Deutschkenntnisse der Eltern erwünscht, weil das Kind nicht eine Sprache lernen muss, von der die Eltern das Gefühl haben, dass sie selber diese nicht erlernen können.

Die Muttersprache in der Familie

Wächst ein Kind in einer anderssprachigen Umgebung auf, wird die Muttersprache zur familiären Privatsache und muss deshalb in der Familie umso bewusster gepflegt werden. Das ist keine einfache Aufgabe, weil im fremdsprachigen Gebiet viel weniger verschiedene Sprachvorbilder und weniger Anregungen angeboten werden.

Die Entwicklung der Muttersprache findet weitgehend in den ersten acht Lebensjahren statt. In dieser Zeit muss das Kind ein sicheres Gefühl für die Sprache aufbauen und ab dem dritten oder vierten Lebensjahr zusätzlich die Zweitsprache Deutsch lernen. Ein gutes Wertgefühl für die eigene Sprache erleichtert es dem Kind, sich für die neue Sprache zu öffnen. Mit dem Eintritt in die Kindertagesstätte kann die Entwicklung in der Muttersprache verlangsamen oder sie kann gar stagnieren, weil für Kind, Eltern und Erzieherin das Lernen der deutschen Sprache im Vordergrund steht. In diesem Alter ist die Entwicklung in der Muttersprache aber längst nicht abgeschlossen und es gilt, dem Kind zu zeigen, dass seine Sprache schön und wichtig ist und dazugehört.

Sprachförderung in der Familie

Kindern, die beim Aufbau ihrer Muttersprache von klein auf angeregt und unterstützt wurden, fällt es leichter, eine Zweitsprache zu lernen, weil sie viele Begriffe bereits in der Muttersprache genau kennen und jetzt nur die deutschen Entsprechungen dazu lernen müssen. Ein Kind, das in seiner Muttersprache z.B. die Ausdrücke „traurig“ und „enttäuscht“ unterscheiden kann, wird auch beim Deutschlernen nach den richtigen Entsprechungen suchen. Das Erlernen der Zweitsprache kann für es zum spannenden Ereignis werden. Kinder erzählen in der Familie von neu gelernten deutschen Wörtern, vergleichen die Sprachen und lachen über Missverständnisse. Es entstehen Wortspielereien mit beiden Sprachen, die wiederum die Sprachentwicklung in beiden Sprachen anregen.

Kinder aus bildungsfernen Familien mit Migrationshintergrund verfügen über einen wesentlich kleineren Wortschatz als gleichaltrige Kinder der gleichen sozialen Schicht im Herkunftsland. Für ihre Familien ist die Aufgabe der Sprachförderung zusätzlich erschwert, weil die Eltern weniger gelernt haben, mit und an der Sprache zu arbeiten. Sie kommen mit einem weniger differenzierten Wortschatz zurecht und es wird weniger Wert auf genaue Bezeichnungen gelegt. Oft ist keine Großmutter hier, die Geschichten erzählt. Kinderverse und Sprachspielereien aus der fernen Kinderzeit sind in Vergessenheit geraten. Es fehlt an Geschichten- und Bilderbüchern. Auch Video und Fernsehen können den aktiven Dialog nicht ersetzen. Zudem erhalten die Kinder in der Kindertagesstätte kaum Anregungen zu Gesprächen in der Familie. Außerdem fehlt dem Kind in der Muttersprache oft der Wortschatz, der rund um die Kindertagesstätte gebraucht wird (Ausdrücke für Bauklötze, Holzeisenbahn, Farbstifte …).

So müssen die Kinder die Zweitsprache Deutsch oft auf einer mangelhaft entwickelten Muttersprache aufbauen. Daher ist es wichtig, dass die Kinder und ihre Eltern von der Kindertagesstätte Impulse erhalten für eine weitere Sprachförderung in der Familie.

6.2 Muttersprachen in der Kindertagesstätte

Es genügt nicht, von Integration zu sprechen und zu beteuern, die Muttersprachen würden akzeptiert, wenn diese dann doch nicht im Alltag aufgegriffen und gefördert werden oder nur in der oft ungeschickten Frage „Wie heißt das in deiner Sprache?“ vorkommen.

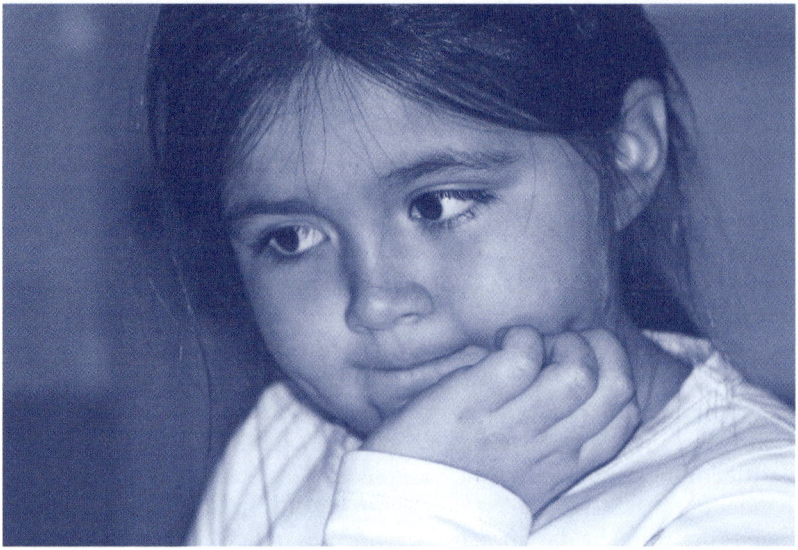

Abb. 14: Die Muttersprachen müssen einen Platz finden – dann unterstützt man auch das Lernen der deutschen Sprache

Wie heißt das in deiner Sprache?

Diese Frage ist meistens ungeeignet, weil Kinder sie oft nicht beantworten können, sei es, weil sie nicht spontan übersetzen können, sei es, weil sie den Ausdruck in der Muttersprache nicht kennen oder ihn nicht nennen wollen. Den Kindern ist es unangenehm, auch mit der Muttersprache zu versagen. Interessiert sich die Erzieherin wirklich für einen Ausdruck in der Muttersprache, so kann sie gemeinsam mit dem Kind im Wörterbuch danach suchen oder ein Bild davon zeichnen und die Mutter bitten, das Wort dazu zu schreiben und es ihr vorzusprechen.

Respekt vor der Muttersprache – das Wissen, welche Sprache ein Kind spricht

Die Erzieherin sollte von jedem Kind wissen, welche Sprache(n) in der Familie gesprochen werden. Der Spracherhebungstest SISMIK (Mayr / Ulich 2003) kann hierbei als eine gute Unterstützung dienen. Sprechen die Eltern türkisch, kurdisch oder armenisch? Angaben auf

Formularen sind nicht immer zutreffend, weil die Sprache nicht zwingend mit der Nationalität übereinstimmt. Fragt die Erzieherin nach der Familiensprache, freuen sich die Eltern fast immer über das Interesse. Weitere Informationen gibt das Lexikon für Sprachen (Haarmann 2001).

Das Kind fühlt sich eher akzeptiert und angenommen, wenn sein Name richtig ausgesprochen wird. Arzu oder Arsu? So, wie die Erzieherin den Namen eines Kindes ausspricht, wird es möglicherweise seine Kindergartenzeit lang von den anderen Kindern genannt. Es lohnt sich, nachzufragen und sich die genaue Aussprache zu notieren.

Vermischung von Erst- und Zweitsprache

Manche Erzieherinnen scheuen sich davor, die Muttersprachen der Kinder in der Kindertagesstätte aufzunehmen, weil sie befürchten, die Kinder könnten dann die Sprachen nicht auseinander halten und es entstünde eine „Mischmaschsprache“. Zweisprachige Erzieherinnen sollten den Kindern angeben, in welcher Sprache sie gerade sprechen: „Jetzt sprechen wir aber Deutsch“, oder „Hört mal, das muss ich euch in Türkisch erzählen“.

Da die meisten Erzieherinnen nicht wirklich zweisprachig sind, werden sie nur einzelne Wörter, Zahlen, Verse, ein Lied aus anderen Sprachen aufnehmen. Dabei ist es für die Kinder nachvollziehbar, mit welchen Sprachen jetzt gespielt, in welchen Sprachen gesungen oder gezählt wird.

Die Muttersprache ist sichtbar

Buchstaben und Schriftzeichen finden heute in vielen Kindertagesstätten Berücksichtigung, um das natürliche Interesse an Schrift bei den Kindern aufzugreifen und zu fördern (Kap. 13). Kinder und Eltern bemerken es sofort, wenn ihre „andere“ Sprache oder ihre Schrift im Raum auftaucht. Die Kinder werden dazu angeregt, selber auf ihren Bildern in beiden Sprachen zu schreiben (siehe Abb. 15).

Abb. 15: Katze von einem tamilischen Mädchen gemalt

Beispiele:

- Auf einem Plakat an der Türe steht „Guten Morgen" in den verschiedenen Sprachen.
- Die Toilettentüre ist in allen Sprachen beschildert.
- Auf einem Plakat an der Wand sind die Spiele der Kindertagesstätte abgebildet und in acht Sprachen beschriftet (Hüsler 2001).
- Neben den Zahlen von 1–10 stehen die arabischen Zahlen.
- Auf dem Regal steht das geöffnete Bilderbuch von Lius Reise mit chinesischen Schriftzeichen (Luis 2006).

Wörter sammeln

Zu jedem Thema, das in der Kindertagesstätte eine Zeit lang wichtig ist, sammelt die Erzieherin mit den Kindern einen Ausdruck in den verschiedenen Sprachen: Vor Ostern malen die Kinder Osterhasen und die Eltern schreiben das Wort „Hase" in der jeweiligen Muttersprache dazu. Das Beschriften regt Eltern und Kinder zu Gesprächen über Hasen an und vielleicht erinnert sich ein Vater an eine Hasengeschichte. Die Kinder lernen so den Ausdruck in verschiedenen Sprachen. In der Kindertagesstätte entstehen so Spiele mit dem Stoffhasen „Lepur", dem „Lepre", dem „Haare" und dem „Tavuk".

Oder die Kinder sammeln zum Bilderbuch vom Apfelmännchen das Wort „Apfel" in den verschiedenen Sprachen. Ab diesem Zeitpunkt bestimmen die Kinder, ob sie einen „Molla"-Apfel, einen „Mela"-Apfel, einen „Pomme"-Apfel oder einen „Elma"-Apfel möchten. Sie finden dieses Spiel lustig und bringen fast täglich Äpfel mit.

6.3 Zweisprachigkeit als Gesprächsthema

Das Sammeln von Wörtern macht Spaß und regt zu Gesprächen über Sprachen und Mehrsprachigkeit an. Wörter können verglichen werden: Gibt es ähnliche Wörter in verschiedenen Sprachen? Wie heißt „Mama" auf Türkisch, auf Albanisch? Gibt es Wörter, die gleich lauten wie deutsche Wörter, z. B. „motor" auf Türkisch und „Motor" auf Deutsch? Es gibt aber auch Wörter, die fast gleich lauten, aber eine andere Bedeutung haben, z. B. das türkische Wort „kalb". So heißt im Türkischen nicht ein junges Rind, sondern das „Herz". Das türkische Wort „biber" heißt auf Deutsch „Pfeffer", der Vorname „Otto" ist in Italien eine Zahl: die Acht.

6.4 Kinderverse und Kinderlieder in den Muttersprachen

Kurze Kinderverse in den Sprachen der Kinder eignen sich ganz besonders gut, um die Freude an den Sprachen zu wecken, z. B. mit dem Buch „Kinderverse aus vielen Ländern" mit Versen in 42 Sprachen (Hüsler 2004). Dank Reim und Rhythmus sind sie schnell zu erlernen. Die Erzieherin kann sich zur Vorbereitung den Vers auf der CD anhören.

Beispiele zum Umgang mit Versen:

- Verse eignen sich zum Auszählen, wer beim nächsten Spiel an der Reihe ist
- Die Verse werden mit verschiedenen Bewegungen begleitet, es wird dazu gestampft, geklopft, gehüpft, geschlichen
- Verse in anderen Sprachen klingen geheimnisvoll wie Zaubersprüche – vielleicht lässt sich damit wirklich zaubern (Hüsler 1993)
- Verse können in Geschichten eingebaut werden, wie z. B. im albanischen Märchenbuch von Prinzessin Ardita (Hüsler / Mustafa 2006).

Verse können Brücken bauen: Bringt ein Kind einen serbischen Kindervers nach Hause, so wird sich die serbische Mutter freuen, vielleicht kennt sie den Vers von früher. Möglicherweise kommen der Mutter weitere Kinderverse, Fingerverse, Zahlenverse aus der Kinderzeit in den Sinn – eine gute Anregung für die Sprachförderung in der Familie.

Kindervers zum Auszählen in Kroatisch / Serbisch (Hüsler 2004)

Kašika, viljuška, nož
Ide brzi voz
A u vozu tri alata
Kašika, viljuška, nož

Aussprache:
Kaschika, wilschuschka, nosch
Ide brsi wos
A u wosu tri alata
Kaschika, wilschuschka, nosch.

In deutscher Sprache:
Löffel, Gabel, Messer
Der Zug fährt vorbei
Im Zug sind
Löffel, Gabel, Messer.

Kinderlieder

Vielsprachiges Morgenlied

Abb. 16: Vielsprachiges Morgenlied (Hüsler 2007 b, 82)

„Guten Morgen" wird hier durch verschiedene Sprachen ersetzt:

- Italienisch: Buon giorno, buon giorno, wünsche Glück …
- Spanisch: Buenos dias …

- Französisch: Bonjour …
- Griechisch: Kalimera …
- Türkisch: Günaydın …
- Kroatisch / Serbisch: Dobar dan …

In vielen Kindertagesstätten wird das Geburtstagslied „Happy birthday“ in allen Sprachen der Kinder gesungen:

- „Tanti auguri a te“, Italienisch
- „Joyeux anniversaire“, Französisch
- „Cumpleaños feliz“, Spanisch
- „Gëzuar ditëlindjen“, Albanisch

Türkisches „Lied vom Vogel“

Abb. 17: Türkisches „Lied vom Vogel“ (aus Hüsler / Privitera 1990)

Aussprache

Mini mini bir kusch donmuschtu
Pentschereme konmuschtu
Aldem onu itscherije
Tschik tschik tschik tschik ötsün dije
pr pr ederken tschanlande
Ellerim bak bosch kalde.

Deutsch

Ein winzig kleiner Vogel fror,
er setzte sich an mein Fenster.
Ich nahm ihn herein,
damit er wieder „pip pip“ pfeife.
Er schwirrte davon mit „pr pr“
und kam wieder zu sich.
Schau, meine Hände sind leer.

Natürlich ist es besonders bereichernd, wenn Eltern ihre eigenen Kinderlieder mitbringen. Oft haben sie erst dann den Mut dazu, wenn sie erleben, dass die Muttersprachen wirklich präsent sein dürfen.

6.5 Muttersprachen in den Bilderbüchern

Bei Kindern, die zu Hause keine oder nur wenige Bilderbücher haben, ist es besonders wichtig, dass sie in der Kindertagesstätte viele Bücher kennen lernen. Sie sollten auch Bilderbücher in der Muttersprache vorfinden, weil diese ihnen das Gefühl vermitteln, das Buch gehe sie persönlich etwas an. Mit solchen Büchern können die Eltern einbezogen werden, um die Geschichte in der Muttersprache vorzulesen. Bücher, in denen die Muttersprachen vorkommen, können zwei- und mehrsprachig sein, sind Bücher aus den Herkunftsländern oder Bücher, in die der Text in der Muttersprache eingeklebt wurde (Kap. 14).

Beispiel der Arbeit mit einem mehrsprachigen Bilderbuch

Mit dem Beispiel „Besuch vom kleinen Wolf. Eine Geschichte in acht Sprachen“ (Hüsler 2007a) (siehe Abb. 18) möchte ich zeigen, wie mit einem mehrsprachigen Buch gearbeitet werden kann und wie dabei auch das Erlernen der deutschen Sprache gefördert wird.

Das Buch erzählt die Geschichte vom kleinen Wolf, der am Sonntag in die menschenleere Kindertagesstätte schleicht. Er schnuppert an Spielsachen und klettert auf einen Turm aus Bauklötzen. Er purzelt hinunter, schlüpft in einen Kinderhausschuh und schläft darin ein. Am Montag erschrickt er durch den Kinderlärm und versteckt sich unter dem Schrank. Von hier aus beobachtet er eine Woche lang die Kinder bei allen ihren Aktivitäten: Er sieht sie spielen, bauen und basteln, malen, zeichnen und schreiben. In jeder Nacht schlüpft er aus seinem Versteck hervor, spielt selber, schreibt und zeichnet und guckt sich alle Bilderbücher an. Er baut die Holzeisenbahn auf und probiert ein Puzzle aus. Am Samstag wird er vom großen Besen der Putzfrau unter dem Schrank aufgestöbert. Zum Schluss kocht er für die Bären und Puppen eine Buchstabensuppe.

Der Text des Buches ist auf jeder Seite in acht Sprachen zu lesen. Die Kinder erkennen die Sprachen an unterschiedlich farbigen Wolfspfoten, die die unterschiedlichen Sprachen markieren. 14 weitere Sprachen können im Internet recherchiert und eingeklebt werden (www.lehrmittelverlag.com / dienstleistungen / lehrmittelservice).

Die Möglichkeiten dieses mehrsprachigen Bilderbuches sind (Gloor / Hüsler 2007):

- Auch Kinder mit einem kleinen deutschen Wortschatz können die Geschichte verstehen, Gegenstände und Handlungen sind vertraut
- Kinder mit Migrationshintergrund fühlen sich angesprochen, weil ihre Muttersprache im Buch vorkommt, sie können bei jeder Seite auf den Text in ihrer Sprache zeigen
- Die Eltern können ihren Kindern die gleiche Geschichte in der Muttersprache vorlesen
- Mit dem Buch erhalten Eltern einen Einblick in den Alltag der Kindertagesstätte und lernen mit ihren Kindern den spezifischen Wortschatz in der Muttersprache, wodurch sie zu gemeinsamen Gesprächen angeregt werden

Das Kind hört das Buch in zwei Sprachen, auf Deutsch und in der Muttersprache:

Die Erzieherin erzählt die Geschichte in deutscher Sprache. Da mehrere Bücher zum Ausleihen bereitliegen, hört das Kind die gleiche Geschichte zu Hause in seiner Muttersprache. Es ist auffallend, wie viel aufmerksamer die Kinder daraufhin der erneuten Erzählung der Erzieherin zuhören mögen. Denn jetzt können sie die Geschichte genau verfolgen und werden nicht durch unbekannte Wörter abgelenkt. Sie langweilen sich nicht und stören auch die anderen Kinder nicht. Das

Abb. 18: Verschiedene Muttersprachen in Bilderbüchern (Hüsler 2007a, 19)

Zuhören in beiden Sprachen ermöglicht Synergien. Das Kind setzt sich in beiden Sprachen mit dem gleichen Inhalt und denselben Begriffen auseinander. Die Begriffe werden in beiden Sprachen präzise verstanden und auffallend schnell gelernt (und in der deutschen Sprache nicht nur mit eingeschränktem Sprachverständnis unzureichend verarbeitet).

> Ein Beispiel:
> Wenn ein Vater die Geschichte vorliest, hört das Kind den Ausdruck „schleichen" in seiner Muttersprache. Vielleicht spricht der Vater das Wort „schleichen" leise und geheimnisvoll aus. Das Kind erhält eine Vorstellung davon, was „schleichen" in seiner Muttersprache heißt. Beim Vorlesen in der Kindertagesstätte hört das Kind den deutschen Ausdruck „schleichen", möglicherweise auch hier mit einer besonderen Betonung. Nach dem Vorlesen schleichen die Kinder wie kleine Wölfe durch den Raum. Das Kind erlebt und erfährt den Ausdruck auf verschiedene Arten und erhält so in beiden Sprachen ein präzises Bild davon.

Abb. 19: Zwei- oder mehrsprachige Bücher dürfen in der Kindertagesstätte nicht fehlen

6.6 Dazugehören als Kind mit Migrationshintergrund

Viele Kinder nicht deutscher Muttersprache werden das Gefühl, „nicht alles richtig verstanden zu haben“ oft nicht los. Daraus entsteht eine ständige Unsicherheit, die das spontane Einbringen von Ideen verhindert. Da die Kinder die Geschichte vom kleinen Wolf genau verstehen können, sind sie auch bei Spielen, die sich aus der Geschichte ergeben, richtig dabei. Voller Spannung suchen sie zusammen mit den anderen Kindern, wo ein kleiner Wolf versteckt sein könnte. Sie bauen Türme für gebastelte Wölfe und malen die schönsten Wolfsbilder. Sie verkriechen sich mit den anderen Kindern in gebauten Höhlen und hören sich gemeinsam die CD mit der Geschichte in den verschiedenen Sprachen nochmals an. Durch das gemeinsame Tun fühlen sich die Kinder zugehörig zur Gruppe, was wiederum die Lust zum Erlernen der deutschen Sprache antreibt.

Durch das korrekte Verstehen der Geschichte wird eine Haltung geprägt, die für die Sprachentwicklung, aber auch für die Integration sehr wichtig ist. Die Kinder sollen Geschichten genau verstehen und sich nicht mit vagen Vorstellungen über den Inhalt zufrieden geben. Haben sie einmal erfahren, wie es ist, wenn sie den Inhalt richtig verstehen, so werden sie sich bei weiteren Geschichten nicht mehr mit Halbwissen zufrieden geben.

6.7 Die Einbindung der Eltern in die Förderung

Die familiäre Förderung und die Zusammenarbeit von Eltern und Kindertagesstätte können für den späteren Schulerfolg entscheidend sein. Es gilt, die Eltern bei der Förderung ihrer Kinder mit konkreten Aufgaben zu unterstützen. Die Erzieherin gibt am besten immer wieder Mutter-Kind- oder Vater-Kind-Aufgaben mit nach Hause, die im engen Zusammenhang stehen mit dem, was zur gleichen Zeit in der Kindertagesstätte besprochen, erlebt und gelernt wird.

Beispiele für Eltern-Kind-Aufgaben:

- Das Kind bringt die eigene Zeichnung von einem Fahrrad nach Hause (wenn derzeit über das Fahrrad gesprochen wurde), Vater oder Mutter schreiben in der Muttersprache das entsprechende Wort dazu

- Die Kinder bringen ein Bilderbuch oder die Kopie einer Geschichte nach Hause, Mutter oder Vater lesen vor, wobei das Betrachten des Buches verbunden sein kann mit weiteren Aufgaben (z.B. auf jeder Buchseite eine Zahl suchen)
- Wird eine Geschichte erzählt, in der die Wochentage vorkommen (Raupe Nimmersatt, Besuch vom kleinen Wolf), so lernen die Kinder mit der Mutter die Wochentage in beiden Sprachen
- Werden in der Kindertagesstätte die Farben besprochen, so üben die Kinder auch zu Hause die Farben
- In der einen Woche wird das Zählen von 1–10 geübt, als Zahlenreihe und an Gegenständen, zu einem späteren Zeitpunkt wird rückwärts gezählt
- Die Kinder haben einen Wolf gebastelt. Er begleitet die Kinder nach Hause und sie denken sich mit der Mutter aus, was dieser Wolf nachts in der Wohnung alles anrichtet (im Kühlschrank das Fleisch fressen, den Fernseher anschalten, sich in Vaters Winterschuh verstecken usw.)

Die Erfahrungen zeigen, dass Eltern solche Aufgaben gerne übernehmen, wenn sie konkret sehen und erfahren, was ihre Kinder dabei lernen. In einer Kindertagesstätte kam ein Mädchen mit seiner Mutter zur Erzieherin und zählte z.B. stolz die Wochentage in beiden Sprachen auf.

Empfehlenswerte Literatur

Apeltauer (2004): Sprachliche Frühförderung von zweisprachig aufwachsenden türkischen Kindern im Vorschulbereich.

Jampert (2002): Schlüsselsituation Sprache. Spracherwerb im Kindergarten unter besonderer Berücksichtigung des Spracherwerbs bei mehrsprachigen Kindern.

Nodari/De Rosa (2004): Mehrsprachige Kinder.

Preissing/Wagner (2003): Kleine Kinder, keine Vorurteile? Interkulturelle und vorurteilsbewusste Erziehung in Kindertageseinrichtungen.

Schader (2000): Sprachenvielfalt als Chance.

Sträuli Arslan (2005): Leseknick – Lesekick. Leseförderung in vielsprachigen Schulen (und Kindergärten).

Ulich (2004): Wie lernt mein Kind zwei Sprachen, Deutsch und die Familiensprache? Elternbriefe zur Sprachentwicklung in 15 Sprachen.

Einige zwei- oder mehrsprachige Bilderbücher:

Ellabbad, M. (2003): Das Notizbuch des Zeichners. Arabisch und Deutsch. 2. Aufl. Atlantis Kinderbuch bei Orell Füssli, Zürich

Hüsler, S., Sträuli Arslan, B. (2000): Mîr Zoro. Kurdische Fabel in Kurdisch und Deutsch mit zweisprachiger CD. Pestalozzianum, Zürich

Hüsler, S., Mustafa, M. (2006): Prinzessin Ardita. Zweisprachig Albanisch und Deutsch. Lehrmittelverlag des Kantons Zürich

Hüsler, S. (2007a): Besuch vom kleinen Wolf. 2. Aufl. Lehrmittelverlag des Kantons Zürich, Zürich

Hüsler, S. (2007b): Tres tristes tigres. Drei traurige Tiger: Zaubersprüche, Geschichten, Verse, Lieder und Spiele für die mehrsprachige Kinder(Garten)-Gruppe. Lambertus, Freiburg

Hüsler, S. (2006): Wo holt der Nikolaus seine guten Sachen? Mit je einem Kindervers aus Portugal, Kosovo, Serbien, Kroatien, Spanien, Italien, Afrika, Sri Lanka und der Türkei. Lehrmittelverlag des Kantons Zürich

Hüsler, S. (2004): Besuch vom kleinen Wolf. Audio-CD: Eine Geschichte in acht Sprachen, Lehrmittelverlag des Kantons Zürich, Zürich

Hüsler, S. (2004): Kinderverse aus vielen Ländern. 42 Sprachen mit CD. Lambertus, Freiburg

Lee, T. J., Kim, D. (2007): Wann kommt Mama? Deutsch und Koreanisch. Reihe Baobab, NordSüd, Zürich

Ulich, M., Oberhuemer, P. (2005): Es war einmal, es war keinmal … Ein multikulturelles Lese- und Arbeitsbuch. Beltz, Weinheim

Eine Liste mit weiteren zwei- und mehrsprachigen Bilderbüchern kann unter www.silviahuesler.ch bestellt werden.

7 Ich, Du und Wir im Dialog – Kommunikation

Kommunikation ist ein vielschichtiger Prozess. In einem einführenden Abschnitt werden in diesem Kapitel Grundprinzipien und Abläufe aufgezeigt. Das Wechselspiel zwischen Gesprächspartnern bietet der Erzieherin auch Einflussmöglichkeiten auf die Kommunikationsfähigkeit der Kinder. Die eigene Herangehensweise und Haltung in der Kommunikation mit Kindern ist hier richtungsweisend. In einem vereinfachten Kommunikationsfördermodell (in Anlehnung an Nitza Katz-Bernstein) wird ein systematisches Vorgehen in der Förderung der gesamten Kindergruppe und von sprechgehemmten Kindern vorgestellt. Kreativität, Spiel und Erlebnis sind Motoren wachsender Mitteilungsbereitschaft. Exemplarisch werden deshalb auch Spielformen aufgezeigt.

Abb. 20: Kreativität, Spiel und Erlebnis lassen die Mitteilungsbereitschaft wachsen

7.1 Gelungene Kommunikation ist oft die Ausnahme

„Du verstehst mich nicht!“, „Ich habe es anders gemeint“, „Wir verstehen uns auch ohne Worte“ oder „Was meinst du damit?“ sind typische Aussagen, die das Phänomen Kommunikation beschreiben. Obwohl wir eine gemeinsame Sprache sprechen, ist dies nicht der Garant für vollkommenes Verständnis und adäquate Reaktionsmöglichkeiten. Warum ist gelungene Kommunikation im Zeitalter ständiger Erreichbarkeit und technischer Vielfalt von Kommunikationsgeräten so schwierig? Was macht Kommunikation so komplex?

Kommunikation ist – vereinfacht – das Wechselspiel zwischen Sprecher (Sender) und Zuhörer (Empfänger), die Informationen werden sowohl sprachlich als auch nicht-sprachlich (Gestik, Mimik) übermittelt. Diese Übermittlung geschieht jedoch nicht nur in eine Richtung, da der Zuhörer schon beim Empfangen reagiert und diese Reaktionen vom Sprecher aufgenommen werden (siehe Abb. 21).

Auf Schulz von Thun bezieht sich die Sichtweise, dass eine Nachricht vier Aspekte hat, hier aufgezeigt anhand der Aussage eines Kindes zu seiner Erzieherin: „Vera spielt draußen auf dem Spielplatz“:

- der *Sachaspekt*, der sachliche Informationsgehalt einer Nachricht; gemeint ist hier, dass ein Mädchen der Gruppe auf dem Spielplatz spielt.
- der *Selbstoffenbarungsaspekt*, Aussagen über die Person des Senders; gemeint ist hier, dass das Kind auch gerne draußen spielen möchte.

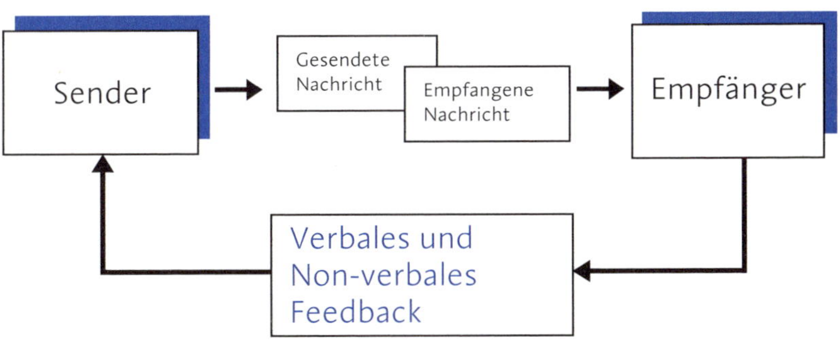

Abb. 21: Kreismodell der Kommunikation (nach Schulz von Thun 1992, 81)

- der *Beziehungsaspekt*, die Haltung des Senders zum Empfänger; gemeint ist hier, dass die Erzieherin doch endlich merken soll, dass das andere Kind auch draußen spielen will.
- der *Appellaspekt*, was will der Sprecher vom Empfänger; gemeint ist hier: „Komm, lass uns doch auch raus gehen!" (Schulz von Thun 1992, 26).

Der Weg von der Sprechplanung, der Formulierung (Kodierung) einer Nachricht hin zu dem eigentlichen Sprechakt bis letztendlich zu der Aufnahme und Verarbeitung der Nachricht (verbale und non-verbale Dekodierung) beim Hörer ist sehr lang und vielschichtig – und damit auch störanfällig. Die Gleichzeitigkeit von Sender (ich sage etwas) und Empfängerrolle (wie reagiert der andere?) ist ein weiteres Erschwernis. Kommunikation lässt sich somit nicht auf Information und Mitteilung reduzieren.

Wenn Kinder kommunizieren, dann: erzählen sie, äußern Bedürfnisse, lächeln, schmollen, blinzeln, verstehen, schlichten und streiten, folgen Gesprächen, erahnen Stimmungen, wissen sie Sprache gezielt einzusetzen, beschreiben, fantasieren, drücken Gefühle aus, handeln Kompromisse aus, erahnen Zusammenhänge, schmeicheln, flüstern und schreien ... Die Aufzählung könnte noch lange fortgesetzt werden. Kommunikation ist allgegenwärtig.

Das Kind muss aber in dem Prozess des Aufbaus von Kommunikationsfähigkeit Regeln erfahren und lernen: Was kann man wann in welcher Situation formulieren und wie ist das Gesagte zu verstehen? Kinder lernen also nicht nur zu sprechen, sondern auch zuzuhören, zu verstehen und sprachlich zu reagieren. Sprache verfolgt einen Nutzen und ist zielorientiert. Das Gespräch unterliegt gewissen Regeln und Prinzipien des Sprachgebrauchs und –verstehens. Diese Lehre vom sprachlichen Handeln wird unter dem Begriff Pragmatik zusammengefasst (siehe Kap. 11).

Kommunikation ist dementsprechend ein Wechselspiel von Gesprächspartnern und es ist naheliegend, dass Pädagoginnen durch ihr eigenes Gesprächsverhalten Einfluss auf die Sprechfreude, auf das kommunikative Zutrauen und auf das Entwickeln von Regeln der sozialen Kommunikation nehmen können.

7.2 Gesprächshaltung als Förderaspekt

Die nun folgenden Anregungen zum eigenen Gesprächsverhalten haben idealisierenden Charakter und dienen wie Leuchttürme der Orientierung. Es ist selbstredend, dass Pädagoginnen nicht allzeit und überall perfekte Kommunikationsmodelle und –partnerinnen sein können. Idealisierte Ansprüche können sogar hemmend wirken und als Druck wahrgenommen werden.

Beziehung ist das Fundament für Kommunikation. Der Respekt vor dem Kind, Geistesgegenwart in der Begegnung, Halt und Einschätzbarkeit sowie eine grundsätzlich zuversichtliche und bejahende Haltung (Ressourcenorientierung) sind Säulen für den gegenseitigen Austausch. Kinder fühlen sich angenommen und sind eher bereit, sich zu öffnen. Kommunikation soll in einer freundlichen warmen Atmosphäre geschehen, im Idealfall erlebt das Kind Verständnis und Aufmerksamkeit:

- Blickkontakt,
- Gespräche auf gleicher Augenhöhe,
- keine parallelen, ablenkenden Handlungen,
- körpersprachliche Zugewandtheit,
- Aufnehmen und Verstärken von sprachlichen Impulsen des Kindes,
- kein starkes Drängen auf verbale Äußerungen,
- kein Bloßstellen bei sprachlichen Mängeln,
- aktives Zuhören und
- sprachliche Zustimmung und Reaktion

können ruhige Kinder ermutigen.

Äußerst sprechfreudige Kinder können durch Gesprächsrituale (z.B. Sprechstein, der signalisiert, wer gerade sprechen darf), Regeln, die non-verbal („Pst-Finger“ vor den Lippen) oder verbal aufgezeigt werden sowie über Stilleaufgaben und -übungen gesteuert werden.

Kommunikative Gratwanderungen zwischen Motivieren und Grenzen setzen, fordern und schonen, spiegeln und verstehen, prägen den Alltag. Ein Beispiel:

> Jule erzählt im Stuhlkreis stolz und mit Freude vom Wochenende. Aufgrund von Lautbildungsfehlern und eines sehr hohen Sprechtempos versteht die Erzieherin sie nicht. Interessiert fragt sie nach, Jule reagiert aufgebracht, erzählt es „unter Protest“ nochmals, aber weder Erzieherin noch die anderen Kinder haben den Inhalt verstanden. Jules

erwartungsvolle Augen deuten daraufhin, dass sie eine Antwort oder Reaktion erwartet.

In solchen Situationen gibt es keine Patentrezepte für gelungene Interaktion, es bedarf einer großen Portion Fingerspitzengefühl und pädagogischem Geschick. Erzieherinnen und auch Eltern reagieren hierbei oftmals intuitiv angemessen, wobei es schwer fällt, hier von richtig oder falsch zu sprechen. In Kapitel 5.4 wurden bereits weitere sprachliche Reaktionsweisen dargestellt.

Nitza Katz-Bernstein beschäftigt sich seit vielen Jahren mit der Kommunikationsfähigkeit von Kindern (1986, 2007). Sie hat auf der Basis von entwicklungs-psychologischen Konzepten ein stufenweises Modell der Kommunikationsförderung entwickelt, das in vereinfachter Form auch als eine praxisnahe Orientierung für Kommunikationsförderung im pädagogischen Alltag dienen kann.

7.3 Modell zur Kommunikationsförderung in Gruppen

Nitza Katz-Bernstein stellt in ihrem Übungskonzept einen starken Zusammenhang zwischen der Äußerungslänge und dem Kommunikationsvermögen (1986) her. Sie beginnt daher in ihrer Arbeit mit einfachsten nicht-sprachlichen Nachahmungsspielen. Dazu passen verschiedene Spielideen mit Luftballons: mit dem Zeigefinder balancieren, mit dem Kopf stoßen, durch die Beine hindurch reichen …

Danach werden die Angebote in der Kommunikationsform anspruchsvoller. Die Kinder wechseln sich bei folgenden Spielen in Führung und Geführt-Werden ab: Ein Luftballon wird von zwei Kindern mit je zwei Fingern gemeinsam gehalten und sie führen sich gegenseitig durch den Raum.

Die Erzieherin und die Kinder entwickeln gemeinsam mögliche Spielformen mit dem Luftballon und probieren sie aus (Gemeinsames Gestalten): dem Luftballon Gesichter geben, den Luftballon quietschen lassen, den Luftballon gefüllt ohne Knoten loslassen und verfolgen, wohin er saust, den Luftballon verstecken und mit einer Nadel auf die Suche gehen.

In dem obigen Luftballon-Beispiel wird mit der einfachsten Kommunikationsform „Vormachen – Nachmachen“ (VN) begonnen. Eine Steigerung stellen dann „Frage – Antwort“ (FA), „Führen und Geführt werden“ (FG) bis hin zu (abwechselndem und gemeinsamem) „Gestalten“ (G) dar (siehe Abb. 22).

Ein sich entwickelnder systematischer Aufbau der Äußerungslänge über Lautbildungen (z. B. Tierlaute) über Einzelwortnennungen (z. B. Themenkreis Lieblingsessen: „Pommes“) hin zu Satzergänzungen (wiederkehrende Satzmuster: „Ich esse gerne …“) führen zu Dialog und Spontansprache. Einige Umsetzungsideen finden Sie am Ende dieses Kapitels und auch in Kapitel 10. Die Angebote sind stark spiel-, bewegungs- und erlebnisorientiert.

Beispiele auf der Wortebene:

- Bei der Nennung meines Lieblingsessens rolle ich gleichzeitig einen Ball zum Gesprächspartner.
- Das Kind läuft pro Wortsilbe über Inseln (Teppichfliesen).
- Beim Schaukeln spricht das Kind pro Schwung ein Wort.

„Dieser Lernprozess trifft sich genau mit dem Gestalt-Prinzip des Hier-und-Jetzt: Etwas, das erlebt wird, bringt Wachstum, Änderung und Erweiterung der ‚Ich-Grenzen‘ mit sich. Anstatt dass wir über

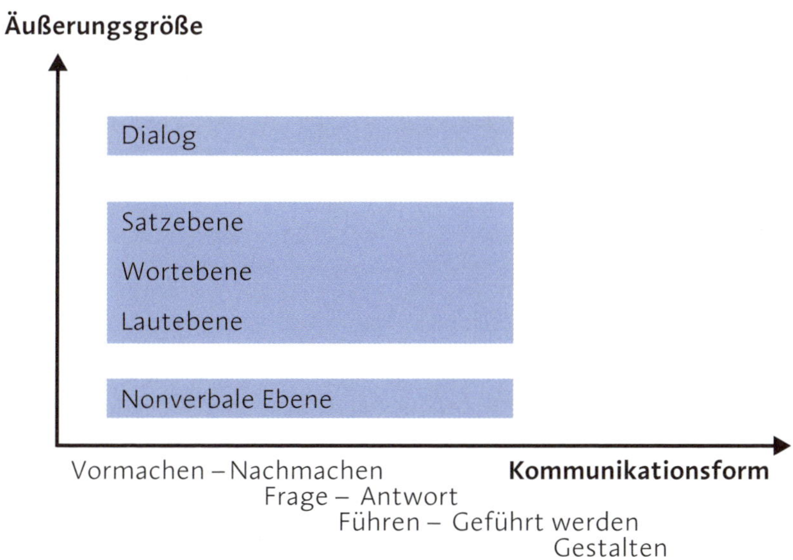

Abb. 22: Vereinfachtes Kommunikationsfördermodell (in Anlehnung an Katz-Bernstein)

einen Bauernhof und über die Aufgaben des Bauern und des Knechtes sprechen (…) bauen wir (in der Fantasie oder mittels Spielzeug) einen Bauernhof auf, werden zum Bauern, werden zum Knecht und wechseln auch die Rollen. Danach sprechen wir darüber, was wir erlebt haben“ (Katz-Bernstein 1986, 27).

7.4 Spielideen zur Kommunikationsförderung

Einige Ideen, die wir im Folgenden vorstellen, werden sicherlich in pädagogischen und logopädischen Kreisen, vielleicht auch unter anderem Namen, bereits benützt und haben nicht den Anspruch auf Innovation. Falls eine Übungsform dabei ist, die wir als allgemeines Spielkulturgut ansehen, die ohne unser Wissen jemand jedoch als seine eigene Idee tituliert, geschieht dies ohne Absicht und wir entschuldigen uns bereits an dieser Stelle dafür. Die Unterteilung erfolgt anhand der sprachlichen Ebene. Eine umfangreiche und höchst anregende Ideensammlung bietet auch die Primärliteratur von Nitza Katz Bernstein (1986).

Spielideen zu Nonverbale Ebene:

- „Spieglein, Spieglein an der Wand“: Zwei Kinder stehen sich gegenüber, ein Kind macht eine Bewegung oder nimmt eine neue Körperposition ein und das andere Kind ahmt es nach.
- „Zublinzeln“: Die Erzieherin blinzelt einem Kind zu, das dann eine Aktion ausführen darf (Pause machen, in die Garderobe gehen …)
- „Das Fantasie-Fernrohr“: Nach einer spannenden Piratengeschichte geht ein Fantasiefernrohr reihum: Jedes Kind schaut durch das Fernrohr und stellt pantomimisch dar, was es in seiner Fantasie sieht.
- Mitmachgeschichten: Die Erzieherin erzählt eine Geschichte. Die Personen und die Handlung werden pantomimisch von allen Kindern dargestellt. Wenn ein alter Mann in der Geschichte vorkommt, laufen die Kinder gebückt, wenn es um einen Vogel geht, flattern sie mit den Armen etc.

Spielideen zu Laut- und Silbenebene:

- Kindertelefon: Ein farbiges Schleuderhorn dient als Verstärker: Ein Kind flüstert in das eine Ende einen Tierlaut („Muh“), durch das Schleuderhorn wird der Tierlaut verstärkt und das zweite Kind versteht es gut.
- Fantasiereise in das „Umpf-Land“: Die Erzieherin erzählt von einer geheimnisvollen Höhle in einem Berg. In der Geschichte gehen alle Kinder durch die Höhle und kommen in einem anderen Land an. Hier wird nur in der „Umpf-Sprache“ gesprochen. Die Kinder begrüßen und unterhalten sich, diskutieren, schimpfen und singen in der „Umpf-Sprache“. Am Ende des Fantasie-Rollenspiels verabschieden sie sich (natürlich wieder in der „Umpf-Sprache“) und verlassen ihre Rollen.
- Die Erzieherin verteilt Bildkarten mit Tierbildern. Jedes Tier ist immer doppelt vertreten. Die Kinder müssen nun im Raum umhergehen und durch die passenden Tierlaute ihren identischen Partner finden.
- „Speisekarte“: Die Erzieherin zählt verschiedene Speisen auf und die Kinder bekunden mit „mhhm“ oder „iii“ ihre Sympathie: Spaghetti, Regenwurmpizza, Lasagne, Butterbrot mit frischen Spinnen, Eis, Pferdeäpfel …

Spielideen zu Wortebene:

- Die Kinder sitzen mit der Erzieherin im abgedunkelten Raum und reihum wird eine Taschenlampe herumgereicht. Die Kinder leuchten nacheinander auf Gegenstände im Raum und die anderen Kinder benennen sie.
- „Dosentelefon“: Zwei Dosen werden mit einer gespannten Schnur verbunden. Ein Kind nennt nun aus einem vorgegebenen semantischen Feld (z.B. Tiere) einen Begriff. Das andere Kind muss das Tier benennen oder aufzeichnen (hier wirkt auch sehr fördernd, dass das sprechende Kind langsam und deutlich artikuliert sprechen muss, um richtig verstanden zu werden).
- Gegenstände zu einem thematischen Feld (z.B. Lebensmittel) sind in einem Sack. Ein Kind zieht einen Gegenstand aus dem Sack, die Erzieherin startet eine Musik und der Gegenstand wandert von

Kind zu Kind. Wenn die Musik stoppt, muss das Kind, das in diesem Moment den Gegenstand in den Händen hält, ihn benennen (wenn nötig mit Hilfe von Alternativfragen: Ist es eine Banane oder ein Apfel?)

- „Ja oder Nein“: Eine Handpuppe, z.B. ein Kasper, fragt die Kinder, ob gewisse Dinge sein könnten: Können Menschen fünf Ohren haben? Können Fische fliegen? Dürfen Kinder Schnaps trinken? Die Gruppe antwortet lauthals mit „Ja“ oder „Nein“, wobei die Antworten an Bewegungen gebunden sind: Ja = Hände hochstrecken, Nein = vor dem Stuhl auf den Boden setzen
- „Zehnerle-Spiel“: Das bekannte Ballprellspiel an die Wand kann sprachlich abgewandelt werden. Das Kind muss bei der ersten Aufgabe zehnmal den Ball an die Wand prellen und mit jedem Wurf zeitgleich ein Lebensmittel nennen: „Banane, Schnitzel ...“. Im nächsten Durchgang muss es neunmal den Ball nur mit einer Hand gegen die Wand werfen und dieses mal Körperteile nennen. Mit jedem Durchgang wird die Bewegung und der Wortschatz schwieriger.

Spielideen zu Satzebene:

- Kinder sitzen im Kreis auf dem Boden und ein Auto mit Rückzugmotor wird von Kind zu Kind gefahren. Nach dem Spannen des Motors sagt das Kind, zeitgleich mit dem Loslassen, wohin es fahren möchte: „Ich fahre nach Afrika“, „ich fahre zur Oma“, ... ins Takatukaland, ... in die Skiferien
- „Was bin ich?“ (Haba-Spiel): Ein Kind hat ein Stirnband mit einem eingenähten Magneten an. Darauf wird eine Karte (z.B. mit einem Bärenbild) fixiert. Das Kind läuft nun von Kind zu Kind und versucht herauszufinden wer oder was es ist: „Bin ich ein Spielzeug?“, „Bin ich ein Lebensmittel?“, „Bin ich ein Tier?“, „Habe ich vier Beine?“ usw.
- „Zerquetschte Bananen“: Ein Kind wird ausgewählt. Dieses Kind wird nun von den anderen Kindern befragt, es darf aber immer nur mit der gleichen Antwort reagieren: „Zerquetschte Bananen“. „Was hast du im Bett an?“, „Womit wäscht Dir Mama die Haare?“, „Was hast du in deiner Tasche?“ (Delamain/Spring 2007, 61)

Spielideen zu Dialog:

- Schatzsuche mit Funkgeräten: Ein Kind versteckt einen „Schatz" auf dem Spielplatz und dirigiert dann mit dem Funkgerät ein zweites Kind zum Schatzversteck.
- Der schwerhörige Großvater": Eine Handpuppe stellt einen schwerhörigen Opa dar, der die Kinder in der Gruppe nicht versteht und alles falsch sagt: die Kinder reden von „Brot" und er fragt: „Was für ein Boot?". Oder die Kinder sagen: „Wir wollen trinken!" „und er antwortet: „Wer soll stinken?". Zum Glück hat die Erzieherin ein Megaphon (günstig im Elektrohandel erhältlich) und mit dieser „Verstärkung" klappt schließlich die Kommunikation. Zwei Kinder haben identische Legobausteine. Ein Kind baut versteckt einen Gegenstand (Haus, Turm ...) und durch Erklärungen und Rückfragen versucht das zweite Kind, den gleichen Gegenstand, ohne ihn zu sehen, nachzubauen.
- „Die Verwandlungskiste": In einer Nische im Raum steht eine große Holzkiste mit vielen Requisiten. Die Kinder können sich verkleiden und in (Sprecher-)Rollen schlüpfen: der mutige Ritter, der Indianer auf der Jagd, der Postbote, der die Briefe verteilt, der Zugkontrolleur, die Verkäuferin usw.

Abb. 23: „Kasper" fördert Dialog und Kommunikation

Ähnlich dem langsamen Annähern des „kleinen Prinzen“ an den Fuchs (de Saint-Exupéry 1998) ist auch in der Kommunikation ein geduldiges, wachsames und liebevolles Herantasten eine wirkungsvolle Strategie in der Kommunikationsermunterung.

Empfehlenswerte Literatur

Delamain/Spring (2007): Praxisbuch Grundlagen der Kommunikation.
Götte (2007): Sprache und Spiel im Kindergarten.

8 Keine Angst vor Theorie – ein linguistischer Kurzausflug als Grundlage für die praktische Erarbeitung

In diesem Kapitel werden sprachwissenschaftliche Hintergründe (Phonetik / Linguistik) erläutert, die für das Durchführen gezielter Sprachförderangebote von Bedeutung sind. Pädagogische Fachkräfte haben täglich mit Sprache und deren Förderung zu tun. Die sprachliche Verarbeitung vom Gedanken eines Kindes bis zum gesprochenen Wort oder Satz wird vereinfacht erläutert sowie Kenntnisse zur Förderung der phonologischen Bewusstheit und von Vorläuferfertigkeiten der Schriftsprache spezifisch herausgehoben (siehe Kap. 12 und 13).

Kinder nehmen bereits im Alter von 7 Monaten Unterschiede der Sprechmelodie und Betonung (prosodische Merkmale) der Sprache wahr. Der Neurophysiologe Manfred Spitzer beschreibt in einem Vortrag ein Experiment: Einem Kind wird in mehrfacher Wiederholung der „3-Wort-Satz" mit den einsilbigen „Wörtern" la–li–la angeboten. Nach einiger Zeit kommt bei ihm Langeweile auf. Ändert man jedoch die Grammatik des Satzes durch ein verändertes prosodisches Merkmal, z.B. la–la–li, so ist das Kind wieder sehr aufmerksam und neugierig, weil etwas Neues passiert ist. Kinder erfassen so Regeln und Gesetzmäßigkeiten, sie leiten sie ab, in dem sie Bekanntes wiederentdecken und Neues unterscheiden lernen.

Mit dem ersten Lebensjahr sprechen Kinder ihre ersten Worte. Zwischen dem zweiten und dritten Lebensjahr „explodiert" der Wortschatz, sie lernen viele neue Begriffe in sehr schnellem Tempo – der Forschung zufolge alle 90 Minuten ein neues Wort. Die Erweiterung des Wortschatzes ist nicht nur reines „Vokabellernen" (Lexikon). Um Begriffe benutzen zu können, muss man sie zuvor in ihrer Bedeutung verstanden haben (Semantik). Das ist uns vom Erlernen einer Fremdsprache bekannt. Wir werden Wörter nicht anwenden, deren Sinn wir nicht richtig verstanden haben.

Semantik ist die Lehre von Inhalten und Bedeutungen von Wörtern und Sätzen, letzteres wird auch als Satzsinnverständnis bezeichnet. Dem Verstehen liegen auditive Wahrnehmungsleistungen zugrunde. Die Kinder müssen einerseits gut hören können, andererseits die akustischen Signale über das zentrale Nervensystem entsprechend interpretieren und verarbeiten. Beim Sprachverstehen sind kognitive, sprachliche und kommunikative Prozesse miteinander verknüpft. Die Kinder erfassen Kontext, Situation und Handlungsgeschehen, Wörter werden mit einer Handlung verbunden und durch sie verstanden (siehe Kap. 11). Beim Sprechen gehen die Kinder von einem Wunsch, einem Gedanken, einer Absicht aus. Sie planen die sprachliche Äußerung und übersetzen diese in geeignete grammatische, semantische und phonologisch-artikulatorische Strukturen.

8.1 Was ist ein Laut bzw. eine Silbe?

Laute (Phoneme) stellen die kleinste sprachliche Einheit dar, die als Laute gesprochen werden (Phone) und als Schriftzeichen realisiert werden können (Grapheme). Wenn Kinder diese kleinste sprachliche Einheit wahrnehmen, bezeichnet man dieses als phonologische Bewusstheit im engeren Sinn. Hier erkennen dic Kinder einzelne Laute wie Vokale und Konsonanten. Phonologische Bewusstheit im weiteren Sinne bezieht sich auf größere Einheiten von gesprochener Sprache:

Abb. 24: Spiel zur Förderung der Mundmotorik

Abb. 25: Einfache Saug- und Blasspiele unterstützen die Sprechdeutlichkeit

auf Silben, die aus Vokalkern und Konsonant bestehen, auf Minimalpaare, die sich nur durch einen Laut unterscheiden (Saal-Schal) oder auf Reime (Maus-Klaus-Laus) (siehe Kap. 12).

Vokale unterscheiden sich hinsichtlich ihrer Kieferöffnung, Lippenrundung, Zungenhöhe und Zungenlage, z.B. ist das / a / ein Vokal mit einer großen weiten Kieferöffnung, der Vokal / i / ein Vokal mit einer geringen bzw. engen Öffnung, der Vokal / o / ein Vokal mit ausgeprägter Lippenrundung. Die Dauer (kurz–lang) und Tonhöhe bei Vokalen (hoch–tief) können ebenso Unterscheidungsmerkmale darstellen.

Konsonanten können nach den folgenden Kriterien eingeteilt werden:

- Artikulationsmodus: Wie wird der Luftstrom gelenkt bzw. aufgehalten, z.B. bei / f /, wobei die oberen Zähne auf die Unterlippe leicht aufgelegt werden und ein Hindernis für den Luftstrom bilden, wodurch das Reibegeräusch entsteht
- Artikulationsstellen: Zonen wie Gaumen und Rachen, z.B. legt sich beim / t / die Zungenspitze fest an den oberen Gaumen (Zahndamm) an und wird gelöst, wodurch das Plosivgeräusch entsteht
- Artikulationsorgan: Bewegliche Teile wie Lippen oder Zunge sind an der Aussprache beteiligt

Kenntnisse für Laut-, Silben- und Wortübungen zur Förderung der phonologischen Bewusstheit und der Vorläuferfertigkeiten für die Schriftsprache

Phonologische Bewusstheit im weiteren Sinne entwickelt sich ab dem vierten Lebensjahr, bei manchen Kindern auch früher. Die Kinder entwickeln Freude an Reimspielen und erlernen Kinderlieder oder Gedichte anhand der Reime. Bei Singspielen zergliedern sie Wörter gerne durch Klatschen in Silben. Phonologische Bewusstheit im engeren Sinne bezieht sich auf die Wahrnehmung einzelner Laute. Diese Fähigkeit entwickelt sich in der Regel erst ab dem fünften Lebensjahr, manchmal auch mit der Einschulung durch das Umsetzen der Laute in Schriftzeichen. Dieser Bereich kann jedoch als Übergang zur Schriftsprache, die sich bereits im Vorschulalter durch Vorläuferfertigkeiten und ein Interesse an Schrift entwickelt, gefördert werden (siehe Kap. 12 und 13).

Die deutsche Sprache ist eine alphabetische Sprache. Jedoch wird nicht jeder Laut in einen Buchstaben übersetzt oder umgekehrt, es gibt auch Ausnahmen (siehe Tab. 6–9). Je nach Position der Grapheme im Wort (Anfang / Anlaut, Mitte / Inlaut, Ende / Auslaut) werden sie als Laute unterschiedlich gesprochen.

Tab. 6–9: Verschiedene Aussprachen und Laute

Tab. 6

Doppellaute	Laute mit mehreren Buchstaben	Buchstabe mit zwei Lauten
1 Laut – 2 Buchstaben au – eu – ei	sch – ch1 – ch2 ch1: Licht, echt ch2: acht, Docht	x – ks (Hexe) z – ts (Zebra)

Tab. 7

Auslautverhärtung	Laut / r /	Vokale / e / / i /
Wörter mit / d / am Ende werden als / t / am Ende gesprochen (Hund–Hunt)	Laut / r / ist im Anlaut oder in Konsonantenverbindung im Anlaut am deutlichsten wahrnehmbar (rot, Trommel). Im Auslaut sprechen wir den Laut wie ein / a / (Lehrer–Lera). Im Inlaut ist er kaum wahrnehmbar (Pferd).	Vokal / e / deutlich wahrnehmbar in „Esel“. Nicht wahrnehmbar in „Ente“, hier anderer Laut, der sich wie ein kurzes / ä / anhört (/ ə /). Vokal / i / deutlich wahrnehmbar in „Igel“. Nicht wahrnehmbar in „Insel“.

Tab. 8

Graphem / s / in Verbindung mit Konsonanten p–t im Anlaut	Graphem / s / in Verbindung mit Konsonanten p–t im Inlaut
/ st / wird zu Laut / scht / (Stefan) / sp / wird zu Laut / schp / (Spiel)	/ st / bleibt / st / (Fenster) / sp / bleibt / sp / (Knospe)

Tab. 9

Graphem / c /	Graphem / v /
Als Laut / k / (Cafe) Als Laut / s / (Cent)	Als Laut / f / (Vater) Als Laut / w / (Vase)

8.2 Was ist ein Wort?

Wir können unseren Wissensspeicher im Gedächtnis wie eine Bibliothek betrachten, in der wir einen bestimmten Aufbau vorfinden, wie das Wissen abgelegt und gespeichert ist und wie sich Benutzer orientieren, um ein bestimmtes Buch aus einem bestimmten Regal herauszugreifen. Kinder verfügen über eine große Anzahl von Informationen und abgespeicherten Wörtern. Diese Begriffe stehen miteinander in Verbindung und sind vernetzt wie ein Computernetzwerk, das sich wiederum in viele Teilnetzwerke unterteilt. Es gibt Wörter, die in Gruppen bzw. Untergruppen zusammengefasst werden können. Hierbei werden Ähnlichkeiten und Unterscheidungen wahrgenommen oder Wörter in diverse semantische Felder unterteilt und eingeordnet (z.B. Kleidung, Früchte, Möbel). Im Langzeitgedächtnis geschehen Prozesse der Speicherung, der Auswahl, der Verarbeitung und des Abrufens der sprachlichen Mitteilung. Wenn man sich ein solches Netzwerk anhand des Begriffes „Katze“ vorstellt, kann eine Verzweigung aus den Begriffen „Tier-Fell-Schwanz-grau“, eine andere aus „bewegt sich-miaut-schnurrt“, wieder eine andere aus „heißt Carlo“ bestehen.

Für die Sprachförderung ist es wichtig, dass der Fokus auf mehrere Wortarten innerhalb eines Wortfeldes (semantisches Feld) gerichtet wird und nicht nur auf die Nomen. Damit die Kinder Sätze bilden können, benötigen sie einen ausreichenden Wortschatz verschiedener Wortarten. Nomen sollten in der Förderung immer mit den Artikeln angeboten werden, denn Artikel sind Lernwörter, deren Bildung keiner übergeordneten Regel folgt. Die Kinder müssen den zum jeweiligen Nomen passenden Artikel richtiggehend „auswendig lernen“.

8.3 Was ist ein Satz?

Ein Satz besteht aus einer linearen regelhaften Aneinanderreihung bzw. Kombination von Wörtern (Syntax), mehrere Sätze ergeben einen Text. Als Text wird immer eine abgeschlossene Passage verstanden, die sich hinsichtlich ihrer Länge unterscheiden kann. Es gibt verkürzte, unvollständige Sätze (Ellipsen), die jedoch verständlich sind wie z.B. ein Satz aus der Werbung: „Coole Erfindungen aus aller Welt". Es gibt vollständige Sätze, deren Merkmal es ist, dass sie eine abgeschlossene Ganzheit bilden und eine gewisse Gliederung aufweisen (siehe Tab. 10).

Tab. 10: Satzgliederung

SP-Satz (Subjekt – Prädikat)	**SPO-Satz (Subjekt – Prädikat – Objekt)**
Christoph spielt.	Christoph spielt mit dem Ball.

Tab. 11: Verbzweitstellung – Verbendstellung

Verbzweitstellung im Hauptsatz	**Verbendstellung im Nebensatz**
Daniel *geht* alleine in den Kindergarten. (Kinder mit Grammatikstörungen wenden hier die Verbendstellung an: „Daniel alleine in den Kindergarten gehen."	Daniel geht alleine in den Kindergarten, weil er sich das jetzt *traut.*

In der Sprachförderung gilt es, die Verbstellung (siehe Tab. 11) in den jeweiligen Sätzen zu festigen, wobei hier die Lern-Hierarchie festzuhalten ist:

- Verbzweitstellung im Hauptsatz
- Verberststellung im Fragesatz, Bsp. Gehst du alleine in den Kindergarten?
- Verbendstellung in Hauptsatz-Nebensatz-Konstruktionen

Für grammatische Entwicklungsschritte ist ein ausreichender Grundwortschatz an Nomen, Verben und Adjektiven erforderlich. Wortschatzerweiterung und grammatische Förderung gehen hier ineinander über.

Es ist hierbei jedoch klar zu unterscheiden, dass Kinder mit Wortschatzdefiziten bzw. Wortfindungsstörungen sowie grammatischen Störungen, deren Kontext nicht der Zweitspracherwerb ist, in die sprachtherapeutische Abklärung und ggf. Therapie gehören. Dies gilt auch für zweisprachige Kinder, die in beiden Sprachen Wortschatzdefizite, grammatische Störungen und/oder Aussprachefehler zeigen, denn diese weisen unter Umständen auf eine Spracherwerbsstörung in beiden Sprachen hin.

9 Bewegungsspiele laden zum Sprechen ein ODER Das *sinn*volle Spiel mit dem Sprechen

Im folgenden Kapitel gehen wir darauf ein, dass Wahrnehmung und Bewegung eine untrennbare Einheit als Grundlage der Sprachentwicklung darstellt. Durch Bewegung gewinnen Kinder Erkenntnisse über die Beschaffenheit der Objekte ihrer Umwelt, sie erfahren, dass Dinge einen Namen haben und dass sie diese durch eigenes Handeln beeinflussen können. Mit zunehmendem Alter kann sich das Lernen mehr und mehr auf die Vorstellungsebene verlagern, zu Beginn benötigt die Sprachentwicklung jedoch konkrete Erfahrungen. Die ausgewählten Übungen bieten Wahrnehmungs- und Bewegungsimpulse in Verbindung mit sprachlicher Förderung an.

Sensomotorik bezeichnet die nicht trennbare Einheit von Sinnes- (sensorischen) und Bewegungs- (motorischen) Handlungen. Es gibt genau genommen kaum eine Bewegung ohne Beteiligung psychischer oder emotionaler Prozesse. Der Mensch ist eine Ganzheit – Fühlen und Denken, Wahrnehmen und sich Bewegen sind miteinander verbunden und beeinflussen sich gegenseitig. Bewegung und Wahrnehmung sind grundlegende Möglichkeiten, mit denen das Kind sich in der Auseinandersetzung mit seiner Umwelt befindet. Durch diese Auseinandersetzung entdeckt das Kind auch die Sprache.

Das Erlernen von Sprache ist ein Prozess, in dem Kinder die Umgebungssprache nicht nur imitierend aufgreifen, sondern kreativ mit ihr umgehen, wie der Erwerb von sprachlichen Regeln und der Umgang mit Begriffen zeigt.

Durch Bewegung sammeln Kinder Erfahrungen mit ihrer Umwelt, sie erkennen, wie Gegenstände und Dinge beschaffen sind, sie erlernen, dass diese einen Namen haben und sie erkennen spezifische Eigenschaften von Objekten und verknüpfen diese mit Bewegung. Denken ist in den ersten Lebensjahren ja noch eng an unmittelbares Handeln gebunden. Im Handeln lernen Kinder Ursachen und Wirkungszusammenhänge kennen und be-greifen, weshalb das Begreifen zur Bildung von Begriffen führt. Dieser Erfahrens- und Lernprozess ist für die Begriffsbildung von großer Bedeutung, denn sie baut auf der sinnlichen Wahrnehmung auf. Sprache und Objektwelt stehen in einem Kontext, immer wird über etwas gesprochen.

Für die Begriffsbildung sind somit drei Bereiche von zentraler Bedeutung: die sinnliche Wahrnehmung, die gedankliche Verarbeitung und die entsprechende sprachliche Formulierung. Dadurch wird Kommunikation mit der Umwelt möglich. Ohne eigene Wahrnehmung und Erfahrung bleiben Begriffe für das Kind inhaltsleer und ohne Bedeutung (siehe Kap. 5 und 7).

„Alltag ist Wirklichkeit
voll mit Problemen.
Ich, als Kind, stöbere sie auf,
versuche sie zu lösen.

Probleme des Alltags!
Sie zu lösen bereitet Schwierigkeiten,
die ich überwinde,
indem ich die Umwelt erspüre.

So lerne ich, die Beschaffenheit
und die Nachbarschaft der Dinge
und dazwischen mich selbst
zu erkennen.

Ich lerne, auf die Umwelt einzuwirken,
meinen Körper einzusetzen,
Veränderungen zu erzielen
und dies alles wieder zu erspüren."
(Affolter 1990, 180)

Die folgenden Übungen bieten Wahrnehmungs- und Bewegungsimpulse in Verbindung mit sprachlicher Förderung an. Bewegungs-Aktivitäten, vom Kind selbst initiiert und erlebt, regen ein Zusammenspiel von gegenständlicher Handlung, kognitiver Strukturierung und sprachlichen Angeboten an (Absprachen, Problemlösungen, Reflexionen). Zum gemeinsamen Handeln bedarf es verbaler und nonverbaler Kommunikation. In sinnvollen Handlungsschritten erfährt das Kind seinen Körper und seine Sprache als Einheit und dies entspricht unserem „Erlebnisgedanken".

9.1 Sprachmotivierende Bewegungsspielhandlungen

Folgende Sammlung von Bewegungs-Sprach-Erlebnisangeboten versteht sich als sprachmotivierende Spielhandlung. Die Spielidee als Rahmenhandlung stellt das Erleben und das gemeinsame Agieren in den Vordergrund:

- Bewegungs- und Erlebnislandschaften (Halbig/Lutter 2007, Zeberli 2007)
- Kinder rollen zur Abwechslung mit dem Rollbrett von der Garderobe in die Kindertagesstätte (oder lassen sich von anderen Kindern mit einem Seil auf dem Rollbrett liegend ziehen). Ein auf dem Boden weit auseinander liegendes Memory kann man auch mit dem Rollbrett spielen.
- Kinder kriechen durch einen Turnmattentunnel und die anderen Kinder drücken vorsichtig den Tunnel enger, wenn das Kind auf ihrer Höhe ist.
- Spielformen auf dem Wackelbrett (z.B. Sandsäckchen in einen Korb werfen. Oder: Die Kinder wippen in einem langsamen Tempo auf dem Wackelbrett und sprechen in diesem Rhythmus ein kleines Fingerspiel oder einen Vers.)
- Schaukel und Balancierspiele auf dem Spielplatz
- Zauberteppich: Vier Kinder ziehen ein auf einer Decke liegendes Kind durch die Tagesstätte.
- Bauen von Hütten mit Seilen und Tüchern
- Wäscheklammerspiel: Kinder versuchen, sich gegenseitig Wäscheklammern an die Kleider zu stecken (Fangspiel); ein Kind macht die Augen zu und soll spüren, wo die anderen Kinder die Wäscheklammer an die Kleidung stecken.
- Schneeballschlacht mit Zeitungspapier. Schneebälle werden mit folgenden Vers in den Händen geformt:
  „Den Schnee rollt ein
  Zum Schneeball fein
  Recht rund und groß
  Und jetzt geht´s los
- Gegenstände/Bildkarten werden im Kreis mit den Füßen weitergegeben, Bilder werden mit den Füßen gemalt oder man sagt sich mit den Füßen „Guten Morgen“.
- Luftballon-Bett: Ein Bettbezug wird mit nicht prall gefüllten Luftballons gefüllt und einzelne Kinder legen sich vorsichtig auf das „Bett“ (siehe Herm 2006)

9.2 Lieblingssachen-Sinne-Pass

Die folgenden Übungen sind so geschrieben, dass Sie als Erzieherin eine direkte Anregung zur sprachlichen Formulierung erhalten, wie Sie die Übungen den Kindern anbieten können.

Körper-Tastspiel

Immer zwei Kinder stellen sich einander gegenüber. Dann berührt ihr euch gegenseitig vorsichtig an der Nase, dann an den Ohren, an den geschlossenen Augen, an den Händen und zum Schluss am Mund. Nun schließt immer ein Kind von zweien die Augen. Das andere Kind berührt es an einem der genannten Körperteile, und das Kind, das die Augen geschlossen hält, muss raten, wo es die Berührung gespürt hat. Geht alle genannten Körperteile einmal durch. Danach wechselt ihr die Rollen.

Überlegt dann gemeinsam, was ihr mit euren Augen am liebsten anseht, mit euren Ohren am liebsten hört, mit eurer Nase am liebsten riecht, mit eurem Mund am liebsten schmeckt und mit euren Händen am liebsten fühlt. Versucht dann, diese Sachen als Realgegenstände zu sammeln und zu erfahren, wie sie riechen, schmecken, sich anhören usw. Zum Beispiel am Parfüm riechen, ein Stückchen Schokoladenkuchen essen, eine Feder fühlen, ein Glöckchen hören und ein bestimmtes Bild ansehen. Jetzt nehmt ihr ein Blatt Papier und schreibt oder malt eure Körperteile Auge, Ohr, Nase, Mund und Hand darauf. Daneben malt oder schreibt ihr die Sachen, die ihr gesammelt und euren Körperteilen zugeordnet habt. So habt ihr einen Pass mit euren Lieblingssachen und euren Sinnen!

Dann könnt ihr die Pässe falten und in einer Schachtel mischen. Jeder zieht einen Zettel und rät, von wem er wohl stammen könnte. Wer den eigenen Pass zieht, legt ihn wieder in die Schachtel zurück und nimmt einen neuen.

Nun könnt ihr euch auch einmal Quatschsachen ausdenken! Sachen, die es gar nicht gibt, die man nicht wirklich sehen oder riechen kann oder mag. So mag ich z. B. gerne Staubsuppe essen, Pferdeäpfel riechen, borstiges Wildschweinhaar fühlen, feuerrote Quallen sehen und Zähneknirschen hören. Glaubt ihr das? Wenn ihr mögt, könnt ihr einen neuen Quatschsachen-Sinne-Pass malen oder schreiben. Oder ihr knetet die lustigen, stinkenden, übel schmeckenden, lauten, stachligen oder gruselig aussehenden Sachen.

9.3 Zunge raus, Wangen voll und Nase wackeln lassen

Das Handwerkerlied
Wer will fleißige Handwerker seh'n
Der muss zu uns Kindern geh'n
Stein auf Stein, Stein auf Stein
Das Häuschen wird bald fertig sein
Tauchet ein, tauchet ein
Der Maler streicht die Wände fein
Oh wie fein, oh wie fein
Der Glaser setzt die Scheiben ein
Zisch zisch zisch, zisch zisch zisch
Der Tischler hobelt glatt den Tisch
Stich stich stich, stich stich stich
Der Schneider näht ein Kleid für dich
Trapp trapp drein, trapp trapp drein
Jetzt geh'n wir von der Arbeit heim!
(Mündliche Überlieferung)

Mit dem Singen des Textes werden entsprechende Bewegungen der Hände kombiniert, z.B. hobeln, nähen, Pinsel in Farbe eintauchen und an der Wand streichen.

Sprecht darüber, welche verschiedenen Berufe im Lied vorkamen und welche ihr sonst noch kennt, welche Berufe z.B. eure Eltern haben. Dann stellt ihr mit ein paar Bewegungen einen Beruf dar. Ihr dürft dabei nicht sprechen, aber ihr könnt Geräusche von euch geben. Die anderen müssen den Beruf erraten, ihr dürft nur mit „ja", „nein" oder „fast" antworten. Das aber auch nicht durch Sprechen, sondern so: Für „ja" streckt ihr einmal die Zunge raus und führt sie dann einmal zur Nasenspitze, einmal zum Kinn, einmal in den rechten Mundwinkel und einmal in den linken, für „nein" blast ihr die Wangen auf und lasst sie platzen und für „fast" wackelt ihr mit eurer Nase hin und her und hoch und runter. Wer den Beruf erraten hat, ist als nächster dran.

Sucht euch jetzt Sachen über die Berufe zusammen, z.B. Bilder oder Fotos oder Spiele, die ihr habt, zu den Berufen, die in eurem Ratespiel vorgekommen sind. Einigt euch auf ein paar Berufe und sprecht darüber, wie man den Beruf erlernen kann, was man in diesem Beruf genau macht, was man dafür alles braucht usw. Jeder darf nun zu seinem Lieblingsberuf ein Bild malen und, wer es kann, dazu schreiben, was alles zu diesem Beruf gehört. Ansonsten lässt sich die Erzieherin die Wörter von euch diktieren und schreibt sie auf das Bild.

Vielleicht könnt ihr auch Ausflüge organisieren, um von Menschen, die die jeweiligen Berufe ausüben, erklärt zu bekommen, was sie den ganzen Tag tun und was für ihre Arbeit alles wichtig ist. Auch danach könnt ihr über euren Ausflug nochmals malen oder schreiben.

Variante: Hier sind verschiedene semantische Felder denkbar, mit denen das Angebot durchführbar ist, z. B. Tiere, Fahrzeuge, Spielzeuge usw. Die Lernwörter orientieren sich an den gewählten semantischen Feldern.

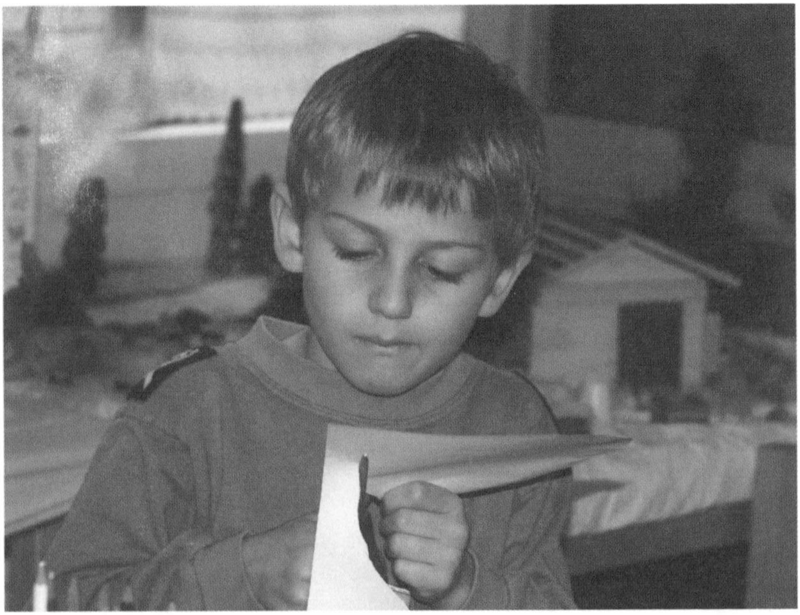

Abb. 26: Bastelarbeiten für den „königlichen Spiegel“

9.4 Spieglein, Spieglein, an der Wand

Einführende Geschichte: Spiegelbild
„Stellt euch vor, dass ihr vor einem Spiegel steht. Zuerst werft ihr nur einen flüchtigen Blick hinein, dann werdet ihr neugierig. Ihr wollt euch genauer ansehen und ihr stellt oder setzt euch ganz dicht vor den Spiegel. Ihr beugt euer Gesicht zum Spiegel hin und seht euch an … ihr seid ganz erstaunt, euch so zu sehen, lange schaut ihr euch an und entdeckt euch ganz genau. Eure Nase fällt euch auf … noch nie habt ihr sie so genau angesehen … ihr betrachtet eure Stirn, eure Wangen und euren Mund. Euer Blick zieht wie ein Stift die Konturen nach … ihr fühlt euren Mund … ihr seht euer Kinn … euer Blick umwandert euer Gesicht, ganz langsam, fast im Zeitlupentempo, so langsam wie eine Schnecke kriecht."

Variante: Nehmt einen echten Spiegel zur Hilfe, die Erzieherin liest euch den Text vor und ihr entdeckt euch im Spiegel.

Legt oder stellt einen Spiegel in eure Mitte. Sprecht darüber, was ein Spiegel ist, wie er funktioniert, wo man ihn überall finden kann und was man damit macht. Erzählt euch gegenseitig, was ihr seht, wenn ihr in den Spiegel schaut.

Stellt euch dann zu zweit gegenüber. Einer verwandelt sich in einen Spiegel. Der andere bewegt sich ganz langsam, z.B. erst einmal nur die Arme, dann Arme und Beine zusammen, dann nur Bewegungen im Gesicht. „Der Spiegel" ahmt nun all diese Bewegungen nach, indem er probiert, die Bewegungen mitzumachen. Experimentiert damit, wie es ist, wenn das Tempo etwas schneller wird. Wenn „der Spiegel" nicht mehr mitkommt, werdet wieder langsamer. Ziel ist, dass es dem Spiegel gelingt, die Bewegungen nachzuahmen. Tauscht dann die Rollen.

Nun kombiniert ihr einen Vers dazu. Einer von euch sollte ihn auswendig sprechen können, der andere spricht wie ein Schatten leicht zeitversetzt mit. Danach tauscht ihr die Rollen. Ein Vorschlag für einen Vers:

Der Spiegel
Schaut euch mal den Spiegel an,
wie der Spiegel tanzen kann.
Auf den Fluren, auf dem Weg,
auf dem Wasser, auf dem Steg,
Sonnenstrahlen, helles Licht,
besser kann's ein Zeichner nicht.
Schaut euch mal den Spiegel an,
wie der Spiegel tanzen kann.

Organisiert dann aus dem Baumarkt und / oder Bastelgeschäft die folgenden Materialien für einen königlichen Spiegel.

Bastelanleitung „Königlicher Spiegel"
Ihr braucht:

- Spiegelfolie
- Fotokarton in Farben, die ihr mögt
- Gold- oder Silberfolie
- Ausstanzform für Papier
- Zusätzlich benötigt ihr eine Schere, einen Bleistift, einen Kugelschreiber und Kleber

1. Schneidet ein DIN A5-großes Rechteck aus dem Fotokarton und ein DIN A6-großes Rechteck aus der Spiegelfolie aus. Legt das kleinere Rechteck in die Mitte auf das größere und zeichnet mit einem Bleistift darum herum. Legt das Spiegel-Rechteck beiseite.
2. Stecht mit einem Kugelschreiber ein Loch in die Mitte des Rechtecks aus Fotokarton, fahrt mit der Schere in das Loch hinein und schneidet vom Loch aus an den Bleistiftlinien entlang, bis ihr das innere kleinere Rechteck ganz ausgeschnitten habt.
3. Schneidet drei Streifen Karton für die Unter- und Seitenkanten in passender Größe aus und klebt sie als Rahmen bzw. Rand auf dem Fotokartonrechteck fest. Die Oberkante bleibt frei.

4. Zeichnet auf dem Farbkarton nun einen Bogen, der aussieht wie die Kuppel einer Moschee (siehe Abb. 27), eines islamischen Gotteshauses. Dieser muss von der Größe genau auf den Rahmen passen. Schneidet ihn aus und klebt ihn an die Oberkante auf.
5. Nun stanzt ihr mit der Form mehrere Figuren aus der Gold- oder Silberfolie aus und klebt mit diesen ein beliebiges Muster auf den Rahmen. Jetzt klebt ihr die Spiegelfolie in die Mitte und fertig ist euer königlicher Spiegel!

Abb. 27: Moschee

9.5 Wettervorhersage

Kleine Entspannung: Wenn ein Regentropfen schwer wird

„Nachdem ihr es euch bequem gemacht habt, möchte ich euch etwas über Regentropfen erzählen, von denen ihr schon viele gesehen habt, auf der Fensterscheibe oder wenn sie auf die Erde gefallen sind. Regentropfen wachsen in den Wolken, dort wachsen viele kleine Wassertropfen bis sie schwer genug sind, dann wird daraus ein Regentropfen, der macht sich zusammen mit vielen anderen auf die Reise … Wenn sich die Regentropfen in den Wolken unterhalten würden, könnten sie einander erzählen, was es von oben alles unten auf der Erde zu sehen gibt … Sie sehen von oben kleine Spiegel, das sind die Seen, … die von oben ganz klein aussehen … in ihnen spiegeln sich der Himmel und die Wolken, während sie vorüberziehen.“ (Wilk 2006, 26f)

Habt ihr schon einmal beobachtet, wie Regentropfen auf den Boden fallen? Wisst ihr, woher sie kommen? Habt ihr schon einmal das Gewicht eines Tropfens auf eurer Haut gespürt? Überlegt gemeinsam, was es außer Regen noch für Wetter gibt. Sonnenschein, Wind, Hagel- und Schneefall, Gewitter und Nebel. Schaut euch dazu Bilder oder Fotos mit verschiedenem Wetter an. Sprecht darüber, wie welches Wetter entstehen kann.

Kleines Wetterlexikon

Die folgende Auswahl aus dem Lexikon kann Ihnen eine wissenschaftliche Hilfe beim Erkunden von Naturphänomenen im Gespräch mit den Kindern sein. Weitere Hinweise finden Sie im Lexirom Computerprogramm.

Regen: Kleine schwebende Wolkentröpfchen wachsen zu einem größeren Tropfen an. Dieser kann von der Luftströmung nicht mehr getragen werden und fällt auf die Erde. Bei Nieselregen haben die Tropfen einen Durchmesser von weniger als 0,5 mm, bei Regenschauer sind es größere Tropfen. Bei einem Wolkenbruch erreichen die Tropfen einen Durchmesser von über 8 mm.

Schnee: Kleine verzweigte Eiskristalle fallen bei Temperatur um 0° C vom Himmel auf die Erde. Trockener, feinkörniger Schnee wird auch Pulverschnee genannt, feuchter, großflockiger Schnee Pappschnee. Der frisch gefallene Neuschnee verändert sich unter Temperatur-, Wind- und Druckbedingungen.

Wind: Beim Wind handelt es sich um bewegte Luft als Folge des Ausgleichs von Luftdruckunterschieden, meistens in horizontaler Richtung. Sturm ist ein starker Wind, er kann von 20,8 bis 32,6 Meter pro Sekunde Geschwindigkeit erreichen. Ein Orkan ist ein sehr starker Sturm bzw. Wind und kann von 32,7 Metern pro Sekunde bis 118 Kilometer pro Stunde erreichen und große Schäden auf der Erde anrichten. (Lexirom Computerprogramm)

Dann setzt ihr euch zu zweit hintereinander. Die Erzieherin macht die Wetteransage und das Kind, das hinter dem anderen sitzt, führt die Bewegungen mit seinen Händen am vorderen Kind aus:
„Der Wind weht leicht, und die Blätter der Bäume rascheln *(mit den Händen leicht über den Rücken streifen)*
Die Sonne wärmt den Rücken
(beide Handflächen auf den Rücken legen und eine Weile liegen lassen)
Nun ziehen Wolken am Himmel auf und die Sonne verschwindet
(mit beiden Händen auf den Rücken drücken, ggf. auch auf Arme und Schultern)
Der Wind wird immer stärker, es stürmt
(mit den Händen schneller auf dem Rücken hin und her streichen)
Da beginnt es zu tröpfeln
(mit den Fingerspitzen sanft auf den Rücken tippen)
Immer mehr, immer mehr, tröpfelt es, bis der Regen schließlich fest auf die Erde prasselt
(immer schneller und fester mit den Fingerspitzen auf den Rücken tippen, ggf. auch auf Arme und Schultern)
Plötzlich ist ein lauter Donner zu hören und ein heller Blitz zieht sich durch den Himmel
(für den Donner leicht mit der Faust auf den Rücken schlagen und für den Blitz mit einem Finger im Zickzack eine Linie von oben nach unten über den Rücken ziehen)
Langsam legt sich das Gewitter, der Regen wird weniger und die Sonne kommt wieder heraus
(Bewegungen langsamer und weniger werden lassen und die Hände eine Weile zum Abschluss auf den Rücken legen)
Hinweis: Die einzelnen Punkte können mehrfach hintereinander wiederholt werden, bis zum nächsten weitergegangen wird. Nach einem Durchgang Rollenwechsel.
(nach einer Idee von Deister/Horn 1999, 22–25)

Abb. 28: Wahrnehmungsspiel zur „Wetteransage“

Nun könnt ihr gemeinsam den folgenden Vers sprechen und dazu bei euch selbst passende Bewegungen ausführen:

„Kille, kille, Kitzelspiel,
meine Finger können viel.
Kitzeln wie Sonne meine Nasenspitze,
dann auch zu den Öhrchen flitzen.
Streicheln wie Wind meinen weichen Schopf,
haben lieb den ganzen Kopf.
Weiter geht die Fingerreise,
regnen auf den Arm ganz leise,
schneien über meinen Bauch,
finden jetzt den Nabel auch.
Kille, kille, Kitzelspiel,
meine Finger können viel.
(nach einer Idee von Brauer 2004, 6)

Bewegungs-, Wahrnehmungs- und Spielerlebnisse sind für Kinder ein fundamentales Bedürfnis und haben ein großes entwicklungsförderndes Potenzial. Sie stehen in enger Wechselwirkung zur Sprachentwicklung. Bewegungshandeln lässt sich so spielerisch mit Kommunikation verknüpfen. Kinder können sich anhand dieser Erlebnisse die Umwelt erschließen und ihre Persönlichkeit entwickeln. Die Schaffung von sozialen, kommunikativ-anregenden Situationen auf der Basis von Bewegung und Wahrnehmung sind ein idealer Rahmen für ein positives Selbstkonzept und einen kreativen lustbetonten Spracherwerb.

Empfehlenswerte Literatur

Grüger/Weyhe (2007): Kinder in Bewegung mit NaturMotorik.
Herm (2006): Psychomotorische Spiele für Kinder in Krippen und Kindergärten.
Nienkerke-Springer (2003): Komm, wir spielen Sprache.
Zimmer (2007): So fördert Bewegung die Lust am Lernen.

10 Wörter und Sätze – Förderung von Wortschatz und Grammatik

Begriffe werden von Kindern in der aktiven Auseinandersetzung mit der Umwelt und aufgrund ihrer semantischen Merkmale erworben und gespeichert. So wird die Begriffsbildung aufgebaut, beständig verändert und erweitert. Kinder erfahren, dass Dinge einen Namen haben und klassifiziert werden. Sie lernen verschiedene Wortarten wie Nomen, Verben und Adjektive kennen. Beim Wortschatzaufbau (Semantik und Lexikon) kann in verschiedenen semantischen Feldern gearbeitet werden, wie die gewählten Übungen exemplarisch zeigen. Semantik und Lexikon und die Grammatik der Sätze sind nicht immer eindeutig trennbar und stehen auch im physiologischen Spracherwerb der Kinder miteinander in Verbindung. Bei der Auswahl der Übungen und Spiele war uns wichtig, dass die gewählten Themen die Kinder in ihrer Kreativität und Emotionalität ansprechen und die Wortschatzerweiterung sowie das Erzählen von Geschichten erlebnisorientiert sind.

10.1 Übungen zur Wortschatzerweiterung und zu gelenkten Sätzen

Farbige Wörter finden

Legen Sie verschiedene Papiere in den Farben blau, rot, gelb, grün, schwarz und weiß bereit. Legen Sie verschiedenfarbige Kreidestücke für ca. 30 Minuten in Zuckerwasser. Nun können Sie mit den Kindern farbige Wörter sammeln und diese werden mit der Zuckerkreide auf das entsprechende farbige Papier aufgezeichnet.

Blaue Wörter: Meer, Auge, Fisch, Pflaume, Regen, Himmel, Kornblume, Ruhe …
Rote Wörter: Mund, Erdbeere, Kirsche, Herz, Radieschen, Feuer, Liebe, Blut, Tomate, Apfel, Nikolausmantel, Mut …
Gelbe Wörter: Banane, Sand, Rapsfeld, Weizen, Haar, Freude, Sommer, Licht … ▸

Grüne Wörter: Gras, Kiwi, Blatt, Wald, Pflanze, Krokodil, Auge, Seerosenteich, Frühling …
Schwarze Wörter: Nacht, Dunkelheit, Kohle, Angst, Keller, Ruhe, Rabe, Schlaf, Traum …
Weiße Wörter: Schnee, Reinheit, Winter, Schaf, Eisbär, Milch, Brautkleid …

Farbige Geschichten erzählen

Blaue Geschichte
„Stell dir vor, du bist ein blauer Fisch. Du kannst schwimmen. Du schwimmst in einem See, der sich blau spiegelt. Nun schaust du auf den Grund des Sees, was kannst du alles sehen?"
(Antworten der Kinder sammeln)

Grüne Geschichte
„Geh in einen Wald hinein. Du siehst überall grüne Blätter und Pflanzen. Dann ziehst du deine Schuhe aus und läufst barfuß über das Moos. Wie fühlt es sich an?"
(Antworten der Kinder sammeln)

„Lehne dich dann an einen Baum an. Oben auf einem Ast sitzt ein Vogel. Er zwitschert grüne Wörter, er zählt lauter grüne Sachen auf, die er im Wald sieht. Welche könnten das sein?"
(Antworten der Kinder sammeln)

Reihensätze-Wörter ergänzen (nach Katz-Bernstein 1986)

Die folgenden Übungen erfolgen über das Spiel, in der Kommunikation und in der Bewegung. Ein Reihensatz besteht aus einem feststehenden Teil, der sich immer wiederholt, und einem variablen Teil. Der erste Teil gibt den Kindern Halt und Struktur und auch einen grammatisch korrekten Satzanfang, wodurch das Beenden bzw. Fortführen eines Satzes erleichtert wird. Der offene Teil ermöglicht selbstständiges

Denken, Wortauswahl und Wortfindung, zeitlichen Wortabruf und kreative Entscheidungsfähigkeit. Der Schwierigkeitsgrad kann schrittweise gesteigert werden. Es wird ein semantisches Feld vorgegeben, innerhalb dessen die Sätze gebildet werden. Der jeweilige Satzanfang stammt aus diesem semantischen Feld. Ein Ball wird zwischen den Sprechern hin- und hergerollt. Die Erzieherin gibt den Satzanfang vor und rollt mit Beginn des Sprecheinsatzes den Ball zu einem Kind. Der Satzteil sollte fertig gesprochen sein, wenn der Ball beim Kind ankommt. Nun wiederholt das Kind den Satzanfang und rollt den Ball mit dem Sprechbeginn koordiniert zum nächsten Kind. Solange der Ball rollt, kann gesprochen werden. Dann ist das nächste Kind an der Reihe. Dieses wiederholt den Satzanfang und beendet den Satz mit neuen Wortergänzungen, solange der Ball zum nächsten Kind rollt.

Beispiele für Reihensätze:

- Im Kindergarten spielt man …
- Im Zoo gibt es / gibt es kein(e) …
- In der Stadt gibt es / gibt es kein(e) …
- Im Supermarkt kauft man / kauft man kein(e) …
- In den Ferien will ich endlich mal …
- Kinder brauchen …
- Könige brauchen …
- Tiere brauchen …
- Zauberer brauchen …
- Ich bin …
- Ich kann gut …
- Wenn ich mal groß bin, würde ich …
- Mein kleinster Wunsch ist …
- Manchmal möchte ich nicht …
- Als Hexe würde ich …
- Als Pirat würde ich …

Präpositionen auf dem Spielplatz erfahren

- *„auf"*

Suchen Sie gemeinsam mit den Kindern Möglichkeiten, worauf sie sitzen können und benennen Sie diese Möglichkeiten in einem Satz: „Ich sitze auf der Wippe" oder … *auf* der Schaukel, *auf* der Wiese, *auf* der Rutsche, *auf* der Treppe, *auf* der Decke, *auf* der Bank usw. ▶

- *„in – im"*

Auch *in* etwas kann man sitzen oder spielen, z. B. „Ich spiele im Sandkasten", „Ich sitze im Indianerhäuschen" usw.

- *„über"*

Lassen Sie die Kinder über verschiedene Dinge hüpfen, rennen, kriechen, balancieren usw. Hier lassen sich eine Vielzahl von Bewegungsverben kombinieren: „Ich springe über die Pfütze", „Ich balanciere auf dem Brett" usw.

- *„neben"*

Die Kinder sitzen/stehen *neben* der Mauer, *neben* dem Baum, *neben* der Rutschbahn usw.

- *„hinter"*

Wie im Beispiel „neben" lässt sich auch diese Präposition gemeinsam erarbeiten.

Nun können Sie den folgenden Spielablauf einführen: Sie singen ein passendes Bewegungs-Lied oder spielen dieses mit einem batteriebetriebenen Kassettenrecorder ab (siehe z. B. Abb. 29).

Während der Spieldauer bewegen sich die Kinder entsprechend dem vorgegebenen Bewegungsverb (gehen, rennen, hüpfen usw.) auf dem Spielplatz. Dann stoppen Sie die Musik und geben vor, welche Präposition die Kinder ausführen sollen, z. B. „Hüpft auf dem Brett", „Stellt euch neben die Schaukel" usw.
Auch folgender Liedtext ist möglich:

Ich stehe hier im Zimmer und kann alles sehen,
kann auf dem Stuhl sitzen und hinter ihm stehen.

Wenn das Lied schon gut bekannt ist, kann auch ein Kind die Rolle der Erzieherin übernehmen und einen neuen Platz sagen.

Nun wird in einer weiteren Sprachfördereinheit das Angebot in der Einrichtung vertieft. Hierfür gibt es verschiedene Plakate, auf denen der Spielplatz mit den jeweiligen Objekten abgebildet ist. Jedem Plakat wird eine Präposition zugeordnet, ggf. werden die einzelnen Prä-

Bewegungslied zu den Präpositionen

Musik u. Text: Leonore Simang

Abb. 29: „Bewegungslied zu den Präpositionen“ (Leonore Simang)

positionen in mehreren Fördereinheiten erarbeitet und vertieft. Die Kinder malen sich auf den jeweiligen Plakaten entsprechend der Präposition in den Kontext zu einem Objekt, z.B. „Ich stehe neben dem Baum“.

In der Folge können auf diese Weise die erarbeiteten Präpositionen auch anhand von Bilderbüchern vertieft werden. Hier kann man auf den Bildern Personen, Gegenstände oder Tiere finden, deren Beziehung zu anderen abgebildeten Objekten beschreiben und damit die Präpositionen einüben.

Mein Fahrrad

Die Kinder dürfen in einer Projektwoche zum Thema Fahrrad ihr eigenes Rad mitbringen. Die Räder werden gemeinsam betrachtet und beschrieben. Aus welchen Einzelteilen besteht das Rad und wie sehen diese genau aus?

Da die Räder gleich fotografiert werden, putzen die Kinder nun ihr Rad. Hierbei können handlungsbegleitend die einzelnen Schritte versprachlicht werden (siehe Kap. 11). Dann werden die einzelnen Räder fotografiert und die Fotos umgedreht in einen Kreis gelegt. Nacheinander decken die Kinder jeweils ein Foto auf und beschreiben das Fahrrad, sodass die anderen Kinder erraten müssen, wem das Rad gehört.

Nun stellen sich die Kinder vor, dass ihre Räder gestohlen wurden. Die Polizei benötigt von jedem Rad ein Fahndungsbild, das von den Kindern gezeichnet werden soll. Auch hierbei kann erinnert werden, wie das Rad genau aussieht. Gegebenenfalls kann das Foto als Vergleich dienen.

Abb. 30: Kinderfahrrad

Vielleicht kann hier zusätzlich ein Ausflug organisiert werden, sodass ein Polizist über die Registrierung von Fahrrädern berichtet und mit den Kindern bespricht, wie im Falle eines Diebstahls vorgegangen wird. Oder dieses Angebot lässt sich mit einem weiteren zum Thema „Sicherheit im Straßenverkehr" verknüpfen.

Sammeln Sie in unterschiedlichen Büchern, Zeitschriften und Katalogen Abbildungen von Fahrrädern und besprechen Sie, was es für Gemeinsamkeiten und Unterschiede gibt (siehe Abb. 30). Weiterhin lassen sich hier entsprechende Bilderbücher zum Thema Fahrrad integrieren.

In einer abschließenden Kreisgeschichte erzählen die Kinder von einer ungewöhnlichen Fantasiereise mit ihrem Fahrrad. Jedes Kind trägt einen Teil zur Geschichte bei. Hierzu darf jedes Kind ein Kärtchen herstellen, worauf es ein Objekt malen darf, das in der Kreisgeschichte vorkommen soll. Die Erzieherin schreibt den jeweiligen Begriff unter das Bild oder die Kinder schreiben ihn selbst, wenn sie schon schreiben können. Nun sitzen die Kinder im Kreis und jedes hat anfangs sein Bild umgedreht vor sich. Es wird vorab besprochen, dass jedes Kind nicht zu kurz, aber auch nicht zu lang erzählen darf, eine Sanduhr kann hier als visuelle Hilfestellung dienen. Falls erforderlich, gibt die Erzieherin den Start der Geschichte vor. Die Kinder kommen der Reihe nach dran, drehen ihr Bild um und erzählen die Geschichte weiter, bis sie ein Ende gefunden hat. Aus der Erzählung lässt sich nun als Vertiefungsmöglichkeit ein Bilderbuch herstellen. Die Fotos und Zeichnungen der Kinder können eingeklebt und der entsprechende Text von der Erzieherin dazugeschrieben werden.

Kinder erleben Gedichte (nach Kohl 2006)

Kohl führt die Übungen mit Gedichten ein, indem Wörter aus dem Kopf geschüttelt werden: Hinter der Stirn ist ein großer, wunderbarer Vorratsschrank. Wie in einem Küchenschrank werden dort diverse Dinge aufbewahrt, z.B. Nudeln, Mehl, Zucker, Gewürze usw. So lagern auch im Kopf die Wörter und warten darauf, dass sie herausgeholt und verwendet werden. Allerdings müssen manche Wörter erst entstaubt, geputzt und geordnet werden, da sie schon länger durcheinander herumlagen und nicht benutzt wurden.

Dann beugen die Kinder die Köpfe herunter und schütteln den Kopf, sie schütteln die Wörter heraus, z.B. Sommerwörter oder Winterwörter (verschiedene semantische Felder sind hier einsetzbar). Mit den

Wörtern eines semantischen Feldes lässt sich eine Geschichte erzählen. Oder die Kinder schauen gemeinsam aus dem Fenster und sammeln Wörter, die sie sehen können. Eine weitere Möglichkeit: Sie schauen sich im Raum um und sammeln die Wörter der Objekte, die sich in diesem Raum befinden. Dann schließen die Kinder die Augen und werden dazu angeregt, dass auch hinter den Lidern Dinge zu sehen sind, zu denen sich Wörter sammeln lassen, mit denen eine Geschichte erzählt werden kann: „Hinter den Lidern ist es wie nachts in den Träumen, es treten Dinge und Wörter auf, die uns überraschen können. Die Sachen kommen auf leisen Sohlen angeschlichen, Gegebenheiten, die einmal früher passiert sind und die wir uns gemerkt haben oder die wir in unserer Fantasie weiterentwickeln."

Dann können Papiere verteilt werden, sodass die Kinder ihre Erinnerungen und Wörter aufmalen können, die Erzieherin kann das Schriftbild des Wortes dazu aufschreiben. Mit den gefundenen Wörtern können gemeinsame Themen der Kinder herausgearbeitet werden. Hierzu werden gemeinsam Verse aus kindgemäßen Gedichtbänden herausgesucht oder eigene neue Verse erarbeitet.

Gedichte sind nach Kohl keine alltäglichen Angelegenheiten, sie sind das „Festkleid der Sprache" – Poesie als das Herzstück der Literatur. Ähnlichkeiten zu Liedern lassen sich ebenfalls suchen und finden. Beim Thema Winternacht bietet Kohl Kindern in einer Sprachfördereinheit ein Gedicht von Eichendorff an:

Verschneit liegt rings die ganze Welt,
ich hab' nichts, was mich freuet,
verlassen steht der Baum im Feld,
hat längst sein Laub verstreuet.
Der Wind nur geht bei stiller Nacht
und rüttelt an dem Baume,
da rührt er seine Wipfel sacht
und redet wie im Träume.
(Eichendorff 1962)

Im ersten Moment mag die Melancholie oder auch Traurigkeit des Verses anrühren und es stellt sich die Frage: Ist das Gedicht geeignet für Kinder? Dass es sich um ein etwas trauriges Gedicht handelt, kann man eingangs entsprechend einführen. Eine Vielfalt unterschiedlicher Gefühle entspricht der emotionalen Erfahrungswelt der Kinder, wozu neben Gefühlen der Freude, Zuneigung, Liebe und Begeisterung auch die der Traurigkeit, des Ärgers oder der Angst gehören. Eine Vielfalt von Emotionen gehört zum Leben, wenn man eine tiefere Gefühlsebene und –wahrnehmung im Leben für sich selbst und bei den Kindern zulässt und Gefühle nicht in „gut oder schlecht“ unterteilt, bewertet oder manche Nuancen abwehrt. Auch einmal diese Seite der Emotionen zu beleuchten, kann eine Chance für Kinder darstellen, all ihre Gefühle zu äußern oder bei anderen wahrzunehmen.

Vertonung des Gedichtes von J. Eichendorff

Musik: Leonore Simang

Abb. 31: „Vertonung des Gedichtes von Eichendorff“ (Leonore Simang)

In der oben genannten Einheit lenkt Kohl den Fokus der Kinder nach dem Wahrnehmen der Melancholie, die im Gedicht enthalten ist, dann auf den letzten Teil des Verses, auf den Traum. Welchen Traum könnte ein Baum träumen? Es ist Winter, er hat gar keine Blätter mehr. Wovon mag der Baum nachts wohl träumen, wenn der Wind über seine Äste streicht? Die Verszeile „Der Wind streicht über den Baum" wird betont mit einer dazugehörenden Bewegung wiederholt. Spontan fällt einem Kind eine Zeile dazu ein: „Und der Baum hat noch einen Traum." Das ist der Anfang eines neuen Gedichtes, er wird aufgegriffen und weitergeführt, im Beispiel mit der Zeile „Wenn der Wind vorüber zieht und über die Blätter streicht ...". Ein weiteres Kind ergänzt: „Dann rüttelt sich der Baum und hat noch einen Traum ...". So kann die Übung fortgesetzt werden. Es bietet sich an, die gefundenen Verse gemeinsam mit den Kindern zu notieren bzw. eine kleine themenspezifische Sammlung anzulegen. Vertiefungsangebote können die Gestaltung von Klappkarten mit Bildern der Kinder und dazugehörende Verse sein. Oder die Gedichte werden vertont, indem mit Instrumenten improvisiert wird. Es können jedoch auch neue eigene Melodien zu den Versen komponiert werden, sodass das Gedicht am Ende in ein Lied umgewandelt werden kann. Abb. 31 ist eine Möglichkeit, Inhalt und Stimmung des Gedichtes musikalisch umzusetzen.

10.2 Gemeinsames Gestalten in freien Satzübungen und Erzählungen

Freie Sätze setzen gegenüber der gebundenen Satzebene von Reihensätzen eine größere Eigenleistung des Kindes voraus, da der Satzbeginn nicht vorgegeben ist. Das Kind muss den Inhalt gedanklich vorformulieren, in kleine Einheiten gliedern, die Länge des Satzes bestimmen und den Satz alleine mit entsprechender semantischer, grammatischer und phonologischer Formulierungsfähigkeit erzählen. Um diese Leistung zu erleichtern, helfen Signale für die Länge des Satzes bzw. die Dauer der Sprechphrase(n) und ein eng umschriebenes Thema (themenorientierte Sprachförderung / thematisches Arbeiten). Die Übungen geschehen in der Kommunikation mit anderen Kindern und mit der Erzieherin. Die Erzieherin trägt als sprachliches Modell und durch die vertraute Beziehung zu den Kindern ihren Teil bei. Die Sätze werden in Bewegung oder in einer gemeinsamen Handlung erzählt (siehe Kap. 9 und 11). Handlungsbegleitende Sprache ist leichter zu erfassen als abstrakte Sprache, jedoch können auch hier Elemente wie Bewegung, Gestik und Mimik die Sprache zum Fließen bringen und die Sprechfreude und Kommunikationsfähigkeit anregen.

Themenvorschläge für freie Satzübungen mit Handlungen

- Eine gemeinsame Reise organisieren
- Einen tollen Spielplatz errichten
- Ein Schiff für eine lange Reise beladen
- Eine Zirkusvorstellung organisieren
- Eine Geburtstagseinladung organisieren
- Ein Zauberschloss bauen
- Sich ein Schlaraffenland ausmalen
- Sich das schönste Zimmer einrichten
- Einen Zoo oder Bauernhof bauen
- Eine Wunderstadt bauen
- Einen Musikladen oder ein sonstiges Geschäft einrichten
- Zelten und Picknicken gehen
- Einen Garten bepflanzen und gestalten
- Geschenke für bestimmte Anlässe vorbereiten

(Katz-Bernstein 1986, 119)

Die Handlungsübungen können mit Spielfiguren und entsprechenden Materialien unterstützt werden, Teile davon können auch mimisch und gestisch ohne Material dargestellt und versprachlicht werden. Wie oben beschrieben können Bewegungen eingebunden werden.

Ich bin ich und ich kann mich auch verwandeln

Für die folgende Übung wird als Vorstufe das Körperschema erarbeitet: Das Kind legt sich auf ein großes Papier, ein anderes zeichnet mit einem Stift die Umrisse des Körpers nach. Die einzelnen Körperteile werden benannt und an die entsprechende Stelle geschrieben oder es werden Schriftkärtchen hergestellt und am entsprechenden Körperteil an die Kleidung des Kindes befestigt. Massagen mit Igelbällen fördern die taktile Wahrnehmung der einzelnen Körperteile während der Erarbeitung der Begriffe.

Mittels Verkleidung und einem Zauberspiegel schlüpfen die Kinder dann in eine andere Rolle: ein Tier, eine Gestalt aus einem Märchen oder einer Fantasiegeschichte. Hierbei hilft eine Umwandlung wie in einem Märchen: Das Kind wird als Kind (Namen des Kindes benennen) in einen tiefen Schlaf geschickt und wacht am nächsten Morgen in einer neuen Rolle wieder auf oder es sieht in den Zauberspiegel und wird verwandelt. Nun erzählen die Kinder nacheinander, was sie als diese Figur erleben. Danach geben sie ihrer Geschichte eine Überschrift. Als Vertiefungsangebote kann jedes Kind ein Bild oder mehrere Bilder zu seiner Geschichte malen und der Text wird als Kinderdiktat dazu geschrieben. Wenn die Kinder selbst schreiben können, notieren sie ihre Geschichte selbst. Am Ende können die Bilder und Texte geheftet bzw. gebunden werden.

Zauberfarbklecks-Geschichten

Die folgende Übung kann mit einer kleinen Erzählung eingeführt werden:

Der kleine Junge Martin legte sich abends in sein Bett. Sein Vater gab ihm einen Gutenachtkuss und wünschte ihm einen schönen Traum. Martin schlief ein und begann zu träumen. Er sah ein weißes Heft vor sich, in dem lauter leere weiße Blätter waren. Eine Fee kam hinzu und fragte: „Wo sind die Farben denn geblieben?" Martin wusste es nicht, er wunderte sich selbst darüber. „Du musst sie wieder herzaubern, liebe Fee!" meinte er. „In Ordnung, das werde ich tun, jedoch besorge mir dafür viele bunte Farbtöpfchen mit flüssiger Farbe!" Das tat Martin, und die Fee befahl ihm dann, die Augen zu schließen und zauberte. Als Martin die Augen wieder öffnete, staunte er nicht schlecht! Im Heft waren viele bunte lustige Formen, auf jeder Seite eine! Er sah ganz viele verschiedene Sachen in den Klecksen.

Wollt ihr wissen, wie das geht?

Gebt einen dicken Klecks Farbe auf die eine Hälfte eines Zeichenblattes oder auf die rechte Seite in einem Heft. Faltet das Blatt zusammen oder drückt das Heft zu. Reibt kräftig auf der Stelle, wo sich der Farbklecks befindet. Dann öffnet das Heft oder faltet das Blatt wieder auseinander und seht den Zauberfarbklecks!

Erzählt nun, was ihr in eurem Klecks seht, woran euch seine Form und Farbe erinnert. Wenn ihr mögt, könnt ihr auch eine Geschichte zu eurem Zauberfarbklecks erfinden.

10.3 Verschiedene Erzählformen

Erzählanfänge

Diese Übung ist mit diversen Geschichten denkbar. Die Erzieherin beginnt, eine Geschichte vorzulesen oder den Beginn zu erzählen und stoppt an einer spannenden Stelle. Die Kinder setzen die Geschichte bis zu ihrem Ende fort.

Erzählungen zu bestimmten Motiven

Aus diversen Materialien wie Bilderbüchern, Reisekatalogen, Zeitschriften oder Bildbänden können thematisch orientiert verschiedene Motive zu einem Thema ausgewählt werden. Nun gehen die Kinder „gedanklich im Bild spazieren" und entwickeln eine Geschichte dazu, z. B. Abbildungen von Wolken: Wie sehen die Wolken aus, auf welche Reise gehen sie, wenn sie am Himmel vorüberziehen, was erleben sie auf ihrer Reise?

Geschichten aus anderen Kulturen

Sehr spannend für Kinder können Bildbände oder Bücher aus anderen Kulturen in anderen Sprachen sein. Wenn man die Sprache beherrscht, kann man eine Geschichte auswählen, und sie in Übersetzung vorlesen oder erzählen (siehe Kap. 6). Die Kinder können die Geschichte dann nacherzählen. Besonders interessant wird es, wenn keiner die Sprache beherrscht. Was könnten sich für Geschichten hinter den Abbildungen und dem Text verbergen?

Empfehlenswerte Literatur

Kohl (2006): Spielzeug Sprache. Ein Werkstattbuch.

11 Denken und Sprechen – Forschergeist in Windeln

Wie lernen Kinder? Die aktuelle Gehirnforschung, in diesem Kapitel vertreten durch Forschungen des Neurophysiologen Manfred Spitzer, kann auf diese Fragen zum Teil verblüffende Antworten geben. Lernen funktioniert vielfältig und benötigt förderliche Lernumgebungen (siehe Kap. 5) sowie fundierte Fördermethodik und -kenntnis. In diesem Kapitel gehen wir auf einige wichtige Prinzipien in der Sprachförderung ein, die für das Erwerben neuer Inhalte von Bedeutung sind. Zudem wird das Modell der handlungsorientierten Sprachförderung dargestellt.

Der bekannte Neurowissenschaftler Manfred Spitzer widmet seine Arbeiten neuen Erkenntnissen der Prinzipien des Lernens. Im Folgenden gehen wir auf seinen Vortrag „Erfolgreich lernen in Kindergarten und Schule“ (2006) ein.

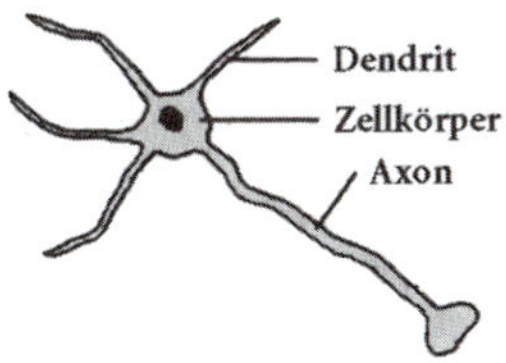

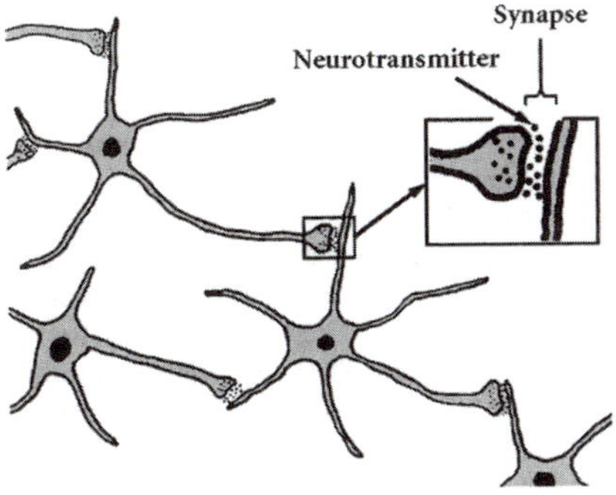

Abb. 32 a+b: Aufbau einer Nervenzelle (Solms/Turnbull 2007, 24 f)

Wenn man sich den Aufbau einer Nervenzelle im Gehirn ansieht, kann man die Erhöhungen (Synapsen) ersehen (siehe Abb. 32a+b). Die Nervenzellen im Gehirn unterscheiden sich von anderen Zellen im Körper dadurch, dass sie für etwas stehen, da sie für die Weiterleitung von Impulsen verantwortlich sind (Aktionspotenziale). Reize der Außenwelt geben Impulse ans Gehirn bzw. an die Nervenzellen. Die Synapsen bewerten den Impuls. Männer haben 23 Mrd. Synapsen, Frauen 19 Mrd. Es gibt aber keine geschlechtsbedingten Intelligenzunterschiede zwischen Männern und Frauen. Somit scheint das weibliche Gehirn effizienter zu arbeiten. Synapsen verändern sich durch den Gebrauch, sie werden stärker, die Überleitungen bzw. Impulsweiterleitung und -verarbeitung verbessern sich. Hier ist also der Input wichtig – Kinder sollten viele und ähnliche Erfahrungen machen können. Die Feinstruktur im Gehirn verändert sich in Abhängigkeit von den täglichen Aktivitäten der Kinder, jedoch spielen natürlich auch genetische Einflüsse in der Entwicklung eine Rolle.

Allgemeine Gesetzmäßigkeiten der Welt erfährt ein Kind durch wiederholte Handlungen, z.B. lässt ein Kleinkind gerne Sachen von einer Erhöhung auf den Boden fallen. Um Abstände richtig einzuschätzen, benötigt es viele Wiederholungen der Handlung. Auch das Laufen „lernt man nur von Fall zu Fall", das Kind versucht es, fällt hin und versucht es wieder, bis es klappt. Wachstum, Reifung und Entwicklung stehen mit dem Lernen in einem engen Zusammenhang.

Ein Beispiel von Manfred Spitzer: Manche Vögel haben einen großen Hypocampus, das ist das Areal im Gehirn, das für die räumliche Orientierung zuständig ist. Ein Vogel versteckt bis zu 10.000 Nüsse für seinen Wintervorrat. Der Hypocampus ist dafür verantwortlich, dass er die Nüsse, wenn er sie braucht, wieder findet. Diese Entwicklung verläuft zwischen dem 35. und 50. Lebenstag, es gibt also eine bestimmte günstige Zeit für diese Entwicklung, wie man auch bei Kindern von gewissen Entwicklungsfenstern oder sensiblen Perioden für bestimmte Entwicklungsprozesse oder – stufen spricht. Die Neurowissenschaftler stellten sich nach dieser Beobachtung die Frage, ob der Hypocampus unter dem Einfluss der Aktivität wächst. Sie gaben im Versuch den Vögeln ab dem 30. Tag gemahlene Nüsse zu fressen und der Hypocampus blieb klein. Biologische Wachstumsprozesse und Förderung und Umgebung sind also von Bedeutung. Wenn ein Kind zu dem Zeitpunkt, wenn sein Entwicklungsfenster für bestimmte Prozesse „offen ist", die entsprechenden Anreize und Förderung erhält, gelingen diese – vorausgesetzt das Kind ist gesund entwickelt – gut.

11.1 Der Kindergarten – Entwicklungschance für Kinder

Es ist seit PISA bekannt, dass die Zeit, die ein Kind im Kindergarten verbracht hat, mit seinen guten oder weniger guten Schulleistungen in Zusammenhang steht, wenn es 15 Jahre alt ist. Sprich die Kinder, die mehrere Jahre im Kindergarten waren, haben in diesem Alter bessere Leistungen als diejenigen, die den Kindergarten gar nicht oder kürzer besucht haben. Es ist hierfür jedoch nicht erforderlich, dass in Kindertagesstätten schulisches Lernen stattfindet – nein, dass im Kindergarten Aktivitäten, Erfahrungen und Erlebnisse stattfinden, ist von Bedeutung. Zum Beispiel sind gemeinsames Lieder singen oder anderen zuhören lernen ganz wesentliche Aktivitäten. Mit Musik bzw. Singen werden Zentren im Gehirn, die für Angst zuständig sind, abgeschaltet, Zentren, die für Belohnung und Lernen verantwortlich sind, werden dagegen aktiviert. Mit einem gemeinsamen Lied werden über eine gewisse zeitliche Erstreckung (Dauer des Liedes mit innerhalb der Lieder üblichen Wiederholungen) positive Belohnung und soziales Miteinander „trainiert“. Mit 7 Monaten bereits können Kinder gehörte und gefühlte Rhythmen wahrnehmen und miteinander in Beziehung setzen, z. B. wenn sie zu einer Melodie auf dem Schoß geschaukelt werden.

Auch Sprache wird durch das Hören von Sprachlauten (Phonemen) eingeübt. Auf der ganzen Welt gibt es nur 70 Phoneme, wobei jede einzelne Sprache kaum mehr als je 40 Phoneme benutzt. Anfangs können Kinder auch Phoneme anderer Sprachen produzieren, später jedoch bilden sich diese, die nicht ihrer unmittelbaren Umgebungssprache entsprechen, zurück. Wie „verhindert“ man nun z. B., dass ein anderssprachiges Kind als ein chinesisch Sprechendes die Laute aus dem chinesischen Lautinventar vollständig „verliert“? Versuchspersonen lasen den Kindern zwei Monate lang einmal pro Woche 30 Minuten lang Geschichten in chinesischer Sprache vor. Auch danach reagierten die Kinder weiterhin positiv darauf, wenn sie chinesische Sprache hörten, sie waren offener und zugänglicher dafür als Kinder, die vorab die chinesische Sprache nicht gehört hatten. Dann gab es noch eine spannende Entdeckung. Der Effekt war nicht derselbe, wenn die Kinder die chinesischen Geschichten auf Band hörten, er war quasi gleich Null. Hier ist also die Person, die vorliest und die damit verbundene Zuwendung relevant und nicht die klangliche Berieselung. Die Interaktion ist von Bedeutung, wie und ob Informationen aufgenommen werden. Das liefert uns auch eine Aussage über den Einsatz von Tonbandkassetten oder CDs in der Förderung. Es heißt nicht, dass diese gar nicht in der Förderung eingesetzt werden können, aber sie ersetzen auf keinen Fall das Vorlesen oder Erzählen von Geschichten durch eine Person bzw. leisten nicht dasselbe.

11.2 „Wohnzimmer-Atmosphäre" in der Sprachförderung

Interessant ist auch eine weitere Studie, von der Manfred Spitzer berichtete. Hierfür wurden 200 Interaktionen von bildungsfernen Müttern mit ihren 8 Monate alten Kindern aufgenommen. Als die Kinder 2 Jahre alt waren, wurden sie dahingehend untersucht, wie sie spielen und sprechen. Die Studie kam zu dem Ergebnis, dass nicht der soziale Status oder die Bildung der Mütter für eine gute Spiel- und Sprachentwicklung ausschlaggebend war, sondern wie gut die Mütter in der Lage waren, sich in die Gefühlswelt der Kinder einzufühlen, sie zu „verstehen" und adäquat zu handeln. Wo diese Interaktion mit 8 Monaten gelang, zeigten die Kinder mit zwei Jahren bessere intellektuelle Leistungen. Eine positive Atmosphäre ist also ein zentraler Schlüssel für Lernen. Wenn Angst vor negativen Konsequenzen oder (Leistungs-) Druck herrschen, wird der Lerninhalt mit dem für Angst zuständigen Areal im Gehirn verknüpft (Mandelkern). Ein klassisches Beispiel ist die Prüfungsangst, wo wir, wenn wir unter ihr leiden, maximal nur noch auswendig gelerntes Wissen abspulen können, manchmal versagt jedoch auch das und wir haben den berühmten „Blackout". Wir sind meistens nicht mehr in der Lage, auf Fragen mit kreativer Lösungsanwendung noch einzugehen, wenn uns diese Angst erfasst hat. Angst blockiert also unsere Kreativität bzw. verhindert sie. Auch das gibt uns eine Aussage für die Förderung, dass eine wohlwollende, warmherzige Atmosphäre ohne übertriebene Korrektur und Kritik, Druck oder Defizitorientierung herrschen sollte.

Bauen Sie die Förderung ressourcenorientiert an den Fähigkeiten und Stärken sowie Interessen der Kinder auf, dann sind die Lernerfolge sicherer. Auch eine zu starke Steuerung und Lenkung der Kinder ist nicht unbedingt sinnvoll. Die positive Beziehung, die Sie zu den Kindern aufbauen, ist sogar von größerer Bedeutung als die Methode, mit der Sie in der Förderung arbeiten, und ausschlaggebend dafür, ob die Kinder neue Informationen aufnehmen.

11.3 Wiederholungen als wichtiges Prinzip in der Sprachförderung

Lernprozesse verlaufen in früherem Alter sehr schnell und nehmen dann kontinuierlich ab. Ältere Menschen, und hierzu zählen aus neurophysiologischer Sicht schon Menschen ab ca. 20 Jahren, lernen langsamer und anders. Am stärksten werden in frühem Alter soziale Aspekte erworben, wie z. B. Sprache. Wie eingangs schon erwähnt wurde, verstärken sich die Synapsen der Nervenzellen, wenn etwas durch Wiederholung passiert bzw. Impulse durch wiederholte Aktivitäten gesteuert werden. Dadurch werden Regeln hinter den Dingen, die geschehen und die die Welt ordnen, erfasst. Dieses gelingt nicht durch einmalige Aktivität, denn dies reicht für Lernerfahrung nicht aus. Allgemeingültige Regeln können so nicht vom Kind erfasst werden. Das ist ein Beleg dafür, wie wichtig Wiederholungen in der Förderung sind. Bieten Sie neue Inhalte deswegen nicht nur einmal an, sondern mehrmals und in verschiedenen Kontexten. Bleiben Sie eine Weile bei neuen Inhalten und wechseln Sie nicht zu schnell zum nächsten neuen Inhalt über. Regeln hinter „Einzelheiten" der Welt werden von den Kindern erfasst und auf Neues angewendet. Dadurch unterscheidet es sich von auswendig Gelerntem und nicht erfahrenem Wissen. Wenn nur Einzelheiten gelernt werden und kein dahinter liegendes Regelwerk erkannt wird, stellt das praktisch nutzloses Wissen dar. Hierfür sind Wiederholungen wichtig. Ein Gleichnis von Manfred Spitzer als Beispiel:

„In einem Park gibt es hohen Neuschnee, wo der Wind Fußspuren von Fußgängern immer wieder verweht. Es gibt eine Glühweinbude auf der einen Seite des Parks und eine Toilette auf der anderen. Einige Menschen, die Glühwein getrunken haben, gehen auch zur Toilette. Als Regel dieser Benutzung entwickelt sich ein Trampelpfad, denn wenn mehrere Personen einen bestimmten Weg gehen, verhält sich der Schnee so. Es gibt also eine gebrauchsabhängige Spur. Interessanterweise laufen die Menschen nicht völlig unterschiedliche oder ständig neue Wege durch den Tiefschnee, sie benutzen den Trampelpfad. Würden alle chaotisch durcheinandergehen, gäbe es keine Spur. Die Welt ist aber nicht chaotisch angelegt, sondern regelhaft, das kann man an Sprache oder auch am Verhalten ersehen. Dieses Bild können Sie mit Gedächtnisspuren vergleichen bzw. mit Synapsen, die die Impulse weitervermitteln (Aktionspotenziale). So entstehen auch Vernetzungen im Gehirn. Nehmen wir einmal an, um das oben genannte Gleichnis weiter zu spinnen, es würde die alte Glühweinbude geschlossen und eine neue an einem

anderen Platz im Park eröffnet werden. Interessanterweise gehen auch hier die Menschen nicht neue Wege durch den Tiefschnee, sondern benutzen, selbst wenn dieser Weg nicht so effizient wäre wie ein neuer Weg, da er z.B. länger ist, den alten Trampelpfad. Auch das ist wichtig für das Lernen zu wissen, dass falsche oder nicht so geeignete Spuren schlechter umgelernt werden. Es ist also wichtig, von Beginn an sinnvolle Spuren zu aktivieren."
(Spitzer 2006)

Nach Humboldt „kann der Mensch aus endlichen Mitteln unendlichen Gebrauch machen" (1836). Wenn man den oben genannten Punkt aufgreift, bedeutet dies für die Sprache, dass das Kind die verschiedenen Äußerungen, die es wahrnimmt, speichert, wiedererkennt und neue Kenntnisse hinzufügt. Jede kommunikative Handlung und jedes täglich erlebte Ereignis stellen neue bzw. sich wiederholende Ereignisse für das Kind dar. Diese fordern es darin, Fragen zu stellen, Antworten zu geben, zu erzählen und zu erklären. Somit eignen sich Kinder im Spracherwerb ein komplexes System von Wortbedeutungen, Wortschatz und grammatischen Regeln an.

Wie bei den genannten Medien wie Tonbandkassetten oder CD kann man in diesem Zusammenhang auch den „Fernseher als Kommunikationspartner" hinterfragen. Welche Spuren werden hier aktiviert?

Abb. 33: Wiederholung und Übung – bis man es kann!

Da dieser nur Bild- und Klangeindrücke liefert, lernen Kinder keinen realen Umgang mit der Objektwelt. Das Gehirn nimmt ja Strukturen aus der Realität auf und bildet diese in sich ab. Da der Fernseher weniger reale Strukturen anbietet, kann das Gehirn auch nur wenige übernehmen, um sich selbst zu strukturieren.

11.4 Kognitive Fähigkeiten

An kognitiven Fähigkeiten allgemein lassen sich Bereiche wie Denkstrategien, abstraktes Denken, Wissen, Aufmerksamkeit, Verständnis, Merkfähigkeit, Kreativität, logisches Schlussfolgern, Problemlöseverhalten und Reflexionsfähigkeit nennen. Auf einer spezifischeren Ebene erkennt man, dass die kognitive Entwicklung mit anderen Entwicklungsbereichen wie z. B. der motorischen, musischen oder sprachlichen Fähigkeiten in einem Zusammenhang steht. So ist es für die semantische Entwicklung erforderlich, dass Kinder sogenannte Kategorien bilden können, also Unterbegriffe / Objekte zu Oberbegriffen / Kategorien zuordnen lernen. Eine praktische Übung dafür ist es, die Kinder beim Aufräumen nach Kategorien sortieren zu lassen, sodass in der Puppenecke das Besteck in die eine Schublade kommt, das Geschirr in eine andere, die Puppen in ein Regal, oder dass Materialien nach ihrer Größe oder Breite sortiert werden. Auch Mengen zu erfassen und zu vergleichen ist eine kognitive und sprachliche Ebene, wenn das Kind beispielsweise alle Bleistifte, fünf gleich große gelbe Klammern oder vier gleiche Murmeln in einen Behälter legen soll.

Abzählreime, Fingerspiele, Gedichte und Lieder sind eine weitere Ebene sprachlicher und kognitiver Entwicklung, sie sprechen auch die Merkfähigkeit an. Geometrische Formen, Muster legen, Zählen, Bilder wiedererkennen, etwas Bauen und Alltagssituationen, wie ein gemeinsames Frühstück planen, gehören in diesen Entwicklungsbereich. Die engmaschige Vernetzung zur Sprachentwicklung wird auch bei Nacherzählungen von Geschichten, bei Abläufen wiedergeben, Reihenfolgen aufbauen und einhalten, beim Spiele erklären, Bildergeschichten ordnen und erzählen deutlich. Hierbei handelt es sich um in sich geschlossene, zeitlich und logisch strukturierte Einheiten, die zum einen kognitiv erfasst, zum anderen sprachlich wiedergegeben werden müssen.

Auch die drei funktionellen Gedächtnistypen sind für den Spracherwerb von Bedeutung: das Ultrakurzzeitgedächtnis (UKZG), auch sensorischer Informationsspeicher genannt, das Kurzzeitgedächtnis (KZG) und das Langzeitgedächtnis (LZG). Das UKZG erfasst über die Sinneskanäle eingehende visuelle, akustische, taktile, gustatorische und olfaktorische Informationen. Aus dieser Vielzahl an Sinnesinformationen wird ein Teil ausgewählt und an das KZG weitergeleitet. Im KZG spiegeln sich kognitive Prozesse wieder, wie das Entschlüsseln der eingehenden Sinnesreize, was eine zentrale Bedeutung für die Sprachentwicklung einnimmt. Im sprachlichen Kurzzeitspeicher werden neben dem Inhalt auch Reihenfolgepositionen verarbeitet. Ein Teil der Informationen wird in das LZG übernommen. Das LZG beinhaltet alle verhaltensrelevanten angeborenen oder erlernten Informationen, was nicht statisch abläuft, sondern aktive Prozesse erzeugt und Aktivitäten mit der Umwelt steuert.

11.5 Handlungs- und erlebnisorientierte Sprachförderung

Eine Handlung, wie einen Koffer packen oder eine Speise zubereiten, ist ein kognitiv-psychischer Akt, da er bewusst und zielgerichtet aufgrund von Zielen, Motiven und Aufgaben vollzogen wird. Die motorische Umsetzung der dazugehörenden Bewegungsaufgaben verläuft in unbewussten, automatisierten Ausführungen. Wenn Erwachsene vorhaben, mit dem Wagen irgendwohin zu fahren, nehmen sie sich dieses zielgerichtet vor. Die Bewegungsabläufe beim Autofahren nehmen wir in der Regel jedoch nicht mehr bewusst wahr, sofern wir sicher Autofahren können. So bildet eine Handlung eine Einheit von kognitiven, psychischen und sensomotorischen Prozessen. Bei den psychischen Anteilen spielen auch Bedürfnisse, Emotionen und Interessen eine Rolle.

In der handlungsbezogenen Alltagssituationen „Das Kind wäscht sich“ unterscheidet das Kind, wer etwas tut bzw. bewirkt (Subjekt und Objekt). Das Objekt wie auch das Subjekt kann verändert werden: „Das Kind wäscht die Puppe“ oder „Die Mutter wäscht sich“. Die Handlung kann variieren: „Das Kind bürstet sich“. Das Kind erfährt also, wer etwas tut oder bewirkt, worauf sich das Tun richtet, was auf wen einwirkt, wer womit etwas tut und wann mit wem etwas passiert. Bevor das Kind die passenden Wörter in korrekter Position in einem Satz sprechen kann, muss es diese Handlungen zunächst erfahren und gedacht haben. Zudem erfolgt die Verankerung der grammatisch korrekten Form des Satzes. Im ersten Lebensjahr entsteht das kognitive Schema Subjekt-Prädikat-Objekt oder Akteur-Handlung-Gegenstand.

Für die handlungsorientierte Sprachförderung sind Alltagshandlungen und deren Abläufe sowie die kreative Erstellung von Produkten gut geeignet. Diese beinhalten in der Regel „ein Skript“ wie bei einem Theaterstück, da folgerichtige Tätigkeiten bzw. Teilschritte einer Handlung aufeinander aufbauen, damit das Ergebnis gelingt, z.B. beim Zubereiten einer Speise (siehe Weigl / Reddemann-Tschaikner 2002). Die Sprachfördersituation ist optimal strukturiert, wenn sie reale Lebenssituationen aus der Erfahrungswelt des Kindes beinhaltet, auf seinen Interessen aufbaut und wenn der sprachliche Fokus der Erzieherin zielgerichtet eingesetzt wird, sodass das Kind seine Aufmerksamkeitsleistung dahingehend bündeln und gezielt einsetzen kann. Handlungsorientiert bedeutet auch, dass kooperativ miteinander eine Aktion ausgeführt und auch versprachlicht wird, sodass der interaktive und kommunikative Aspekt deutlich wird. Rollen können getauscht werden, die Handlungsabfolge innerhalb eines bestimmten kognitiven Schemas sollte jedoch gleich bleiben und durch Wiederholungen erst einmal gefestigt werden, bevor man zu Neuem übergeht. So können durch lebendige und natürliche Interaktionen sprachliche Muster wiederholt angeboten werden, ohne dass dieses künstlich oder „schulisch“ wirkt (siehe Tab. 12).

Tab. 12: Handlungsorientierte Sprachförderung

Planen	**Handeln**	**Reflektieren**
Sprache als ordnende Vorwegnahme	Sprache als Begleiter	Sprache als ordnende Sicherung

Selbstgebackenes türkisches Fladenbrot
Die folgende Einheit wird so vorgestellt, dass sie mit den Kindern innerhalb der Einrichtung in der Küche im Sinne der handlungsorientierten Sprachförderung durchgeführt werden kann.

Zutaten:
- 600 g Weizenmehl
- Ein Würfel Backhefe
- Ein TL Zucker
- 0,25 L lauwarmes Wasser

- 50 G Butter
- 1 TL Salz
- Sesamsamen
- 3 EL Olivenöl

(siehe Abb. 34 a)

Außerdem wird benötigt:
- Küchenwaage
- Teelöffel
- Messbecher
- Küchentuch
- Kleiner Kochtopf
- Große Schüssel
- Messer
- Wellholz
- Großes Holzbrett
- Backpinsel
- Schutzhandschuhe

1. Schritt: Einführung des Handlungsthemas „Backen eines türkischen Fladenbrotes".
2. Schritt: Die Zutaten und die Geräte, die benötigt werden, werden mit den Kindern gemeinsam vorüberlegt. Die Materialien sind hierbei für die Kinder noch nicht ersichtlich. Dann wird besprochen, welche Handlungen mit den Geräten, die benötigt werden, durchgeführt werden, dass also z.B. das Mehl aus der Tüte in die Schüssel geschüttet wird. Danach werden die Materialien hervorgeholt und auf den Tisch gestellt.
3. Schritt: Die Kinder erhalten Bildkärtchen der entsprechenden Objekte. Beim Aufkleben der Kärtchen auf einen Handlungsplan kann in semantische Ober- und Unterkategorien unterteilt werden: Lebensmittel, Fette, Gewürze, Besteck, Geschirr sowie das Benennen der einzelnen Begriffe der Objekte.
4. Schritt: Nun wird die sinnvolle zeitliche Abfolge der Handlung vorbesprochen und es werden auch einzelne Teilschritte erklärt, wie z.B. das Gehen der Hefe und das Verdoppeln des Teigvolumens. Auch Problemlöseverhalten kann hierbei thematisiert werden, z.B. dass der Teig mit einem Tuch abgedeckt und an einen warmen Ort gestellt werden muss, sodass sich die Hefekultur entwickeln kann.

5. Schritt: Die Kinder führen die einzelnen Arbeitsschritte einzeln bzw. abwechselnd oder miteinander durch. Die Erzieherin steuert die Vorgänge möglichst diskret, unterstützt das Problemlöseverhalten und begleitet die einzelnen Handlungsvorgänge sprachlich. So werden Zusammenhänge demonstriert, es können sprachlich im Modell der Erzieherin gezielte Strukturen verwendet, fokussiert und wiederholt werden. Das Kind erlebt sinnhaft die einzelnen Handlungsschritte und speichert die Abfolge besser durch das konkrete Tun. Ist die Handlung beendet, so kann das Ergebnis bewundert und gemeinsam genossen werden.
6. Schritt: Die Kinder erinnern und schildern im Rückblick die einzelnen Handlungsschritte in der zeitlich korrekten Abfolge und geben diese sprachlich wieder. Die Erzieherin unterstützt diesen Prozess durch gezielte Fragestellungen. Der Handlungsplan mit den aufgeklebten Bildkärtchen dient als Erinnerungshilfe. Es kann auch ein zweiter Plan als Wiederholungseinheit gestaltet werden. Wenn möglich, führt das Kind anhand seines eigenen Handlungsplans die Handlung zuhause unter Anleitung von Bezugspersonen nochmals durch. Diese sollten vorher von der Erzieherin im Hinblick auf ihr sprachliches Modell und die sprachlichen Zielstrukturen für das handlungsbegleitende Sprechen angeleitet werden.
7. Schritt: In einer erneuten Sprachfördereinheit wird die Handlung sprachlich wiederholt. Es kann erprobt werden, ob die Kinder in der Lage sind, die Abfolgen ohne Bildmaterial zu erinnern und zu versprachlichen. Das würde bedeuten, dass sich die Sprache bereits von der Anschauung und Handlung gelöst und die Abstraktionsfähigkeit der Kinder erweitert wurde. Oder wie Barbara Zollinger es einmal mündlich in einem Seminar bemerkte: „Die Kinder sind in der Lage, Abwesendes anwesend zu machen, sie stellen ein Theater im Kopf her" (Weigl / Reddemann-Tschaikner 2002, 88–90).

Handlungsschritte beim türkischen Fladenbrot
1. Schritt: Mehl abwiegen und in die Schüssel schütten.
2. Schritt: In das Mehl mit dem Teelöffel eine Mulde rühren.
3. Schritt: Hefe in die Mulde bröckeln.
4. Schritt: Zucker mit dem Teelöffel auf die Hefe streuen.
5. Schritt: Lauwarmes Wasser mit dem Messbecher abmessen und etwas davon zur Hefe geben.

6. Schritt: Die Hefe-Zucker-Mischung mit dem Wasser auf dem Mehl mit dem Teelöffel leicht miteinander verrühren.
7. Schritt: Butter abwiegen und im Topf schmelzen.
8. Schritt: Olivenöl und Salz mit der Butter vermischen.
9. Schritt: Die Mischung aus dem Topf um die Hefe herum auf das Mehl in die Schüssel geben.
10. Schritt: Mit dem restlichen Wasser alle Zutaten in der Schüssel zu einem Teig verkneten. So lange kneten, bis der Teig Blasen wirft.
11. Schritt: Die Schüssel mit einem Tuch abdecken und an einem warmen Ort gehen lassen, bis sich das Teigvolumen verdoppelt hat.
12. Schritt: Den Teig nochmals durchkneten und weitere 30 Minuten ruhen lassen.
13. Schritt: Aus dem Teig handgroße Kugeln formen.
14. Schritt: Die Kugeln mit einem Wellholz auf einem mit Mehl bestreuten Brett zu ca. 2–3 cm dicken runden Küchlein ausrollen.
15. Schritt: Mit dem Messer ein Gitter in die Küchlein ritzen.
16. Schritt: Die Küchlein mit Wasser bepinseln.
17. Schritt: Sesamsamen auf die Küchlein streuen.
18. Schritt: Die Küchlein nochmals 20 Minuten gehen lassen.
19. Schritt: Die Küchlein auf ein Backgitter legen und im Ofen backen.
20. Schritt: Die Küchlein mit Schutzhandschuhen aus dem heißen Ofen holen und genießen, wenn sie etwas abgekühlt sind.

Abb. 34 a–f: Handlungsschritte Türkisches Fladenbrot

Fahnen-Girlande für ein internationales Fladenbrotfest

1. Nehmt ein rechteckiges Stück Karton. Markiert an allen Seiten den Mittelpunkt. Verbindet mit Bleistift und Lineal die Punkte zu einer Raute. Schneidet sie aus.
2. Legt die Raute auf weißes Ton- oder Krepppapier und zeichnet mit Bleistift die Kanten nach. Schneidet die Form dann aus.
3. Wenn ihr viele Rauten habt, faltet ihr sie jeweils in zwei Hälften, sodass doppelte Dreiecke entstehen, deren Spitzen nach unten zeigen.
4. Nun könnt ihr die Dreiecke in den Farben der Fahnen anmalen, aus deren Ländern ihr oder eure Eltern stammen, z.B. rot-gelb-schwarz gestreift für die Deutschlandfahne oder weiß-grün-rot gestreift für Italien.
5. Nun könnt ihr die Fahnen zudem verzieren, z.B. mit Pailletten, Herzen, kleinen Steinchen usw.
6. Nehmt eine Schnur und legt sie in die Mitte der Flaggen, aber auf deren Rückseite. Dann klebt ihr die beiden Flaggenhälften über der Schnur zusammen und könnt die Girlande aufhängen.

Alltagshandlungen

Nicht immer sind Handlungsschritte aufwändig, auch einfachste Handlungen des Alltags bestehen aus mehreren Handlungsschritten, die sprachlich begleitet werden können, wie auf den vorangegangenen Seiten beschrieben. Alltagshandlungen können z.B. das tägliche An- und Ausziehen, das Baden oder Duschen, das Essen sein. Sinnvolle Übungen sind auch sogenannte Faltgeschichten, bei denen die Kinder gleichzeitig Papier zu verschiedenen Figuren falten und eine Geschichte dazu erzählen. Anregungen dazu findet man zahlreich im Internet.

Empfehlenswerte Literatur

Spitzer (2007): Lernen. Gehirnforschung und die Schule des Lebens.

Agazzi + Graemiger (2007): Praxisbuch Sprechen und Handeln in Kindergarten und Therapie.

12 Wir lauschen und sind ganz Ohr – Phonologische Bewusstheit

In diesem Kapitel gehen wir auf die Bedeutung der phonologischen Bewusstheit als eine Grundlage für regelgemäßen Spracherwerb und als Vorläuferfertigkeit für den Schriftspracherwerb ein. Die phonologische Bewusstheit im weiteren Sinn entwickelt sich bereits ab dem vierten Lebensjahr, wo Kinder mit Übungen zur auditiven Aufmerksamkeit und Differenzierung angeregt werden können. Dazu erfolgen in diesem Kapitel vielfältige Spielvorschläge. Übungen zur phonologischen Bewusstheit im engeren Sinne, deren Förderung sich für das letzte Kindergartenjahr anbietet, runden das Kapitel ab.

Hören ist für den Spracherwerb zentral: Zum einen muss das Organ Ohr intakt sein, zum anderen muss die Verarbeitung der Höreindrücke über das zentrale Nervensystem adäquat funktionieren (auditive Wahrnehmung). Töne, Geräusche und Sprachlaute werden über das Ohr aufgenommen und vom Gehörnerv zur Entschlüsselung an das Hör- und Sprachzentrum im Gehirn weitergeleitet. Diese ist Voraussetzung für regelgemäßen Spracherwerb. Spiele, bei denen die Kinder bewusst zuhören und unterscheiden lernen, schulen das Gehör und die auditive Wahrnehmung für Geräusche und Klänge der Umgebung (auditive Aufmerksamkeit und Differenzierung). Sprache ist etwas, worauf man hören und lauschen muss. Spiele und Übungen zur auditiven Aufmerksamkeit und Differenzierung auf Geräusch- oder Klangebene reichen jedoch nicht aus. Es muss auch auf sprachliche Strukturen und Angebote in der Sprachförderung eingegangen werden: Laute, Silben, Worte und Sätze.

Phonologische Bewusstheit im weiteren Sinn bezieht sich auf größere Einheiten der gesprochenen Sprache, wie Reime, Sätze, Wörter und Silben. Im engeren Sinn bezieht sie sich auf die kleinste sprachliche Einheit, den Laut (Phonem). Die phonologische Bewusstheit gilt neben anderen als Vorläuferfertigkeit für den Schriftspracherwerb (siehe Kap. 13) (Mannhard 2007).

12.1 Spiele für auditive Aufmerksamkeit und Differenzierung

Spaziergang mit den Ohren

Die Kinder sitzen im Kreis und schließen die Augen. Die Erzieherin gibt eine Zeitdauer vor, etwa eine Minute. So lange lauschen die Kinder, welche Geräusche sie wahrnehmen können. Hinterher erzählen sich alle gegenseitig, was sie gehört haben.

Körperkonzert

Die Kinder sitzen im Kreis und erkunden gemeinsam, welche Geräusche man mit dem eigenen Körper machen kann, z. B. auf die Schenkel schlagen, mit der Zunge schnalzen, mit den Lippen schmatzen, mit den Fingern schnipsen. Dann beginnt ein Kind, ein Geräusch mit dem eigenen Körper zu machen, die anderen Kinder schließen die Augen. Sie müssen dann raten, wie das Geräusch entstanden ist. Das Kind, das richtig geraten hat, ist als nächstes an der Reihe.

Geräusch-Memory

Die Kinder bringen verschiedene Dinge wie Erbsen, Linsen, Reis, kleine Steinchen, Perlen usw. mit. Diese werden in mehrere kleine Döschen, z. B. in schwarze Filmdöschen gefüllt. Jeweils zwei Döschen werden mit derselben Menge des gleichen Materials gefüllt. Nun wird Memory damit gespielt, jedoch wird hier nicht das Sehen angesprochen, sondern das Hören. Welche beiden Döschen klingen gleich? Diese bilden dann ein Paar. Wer ein Paar gehört hat, darf – wie beim Original-Memory – noch einmal raten.

Rätselland

Im Rätselland hat sich in den folgenden Sätzen jeweils ein Wort mehrfach versteckt – welches ist es?

- Der Hase sitzt auf der Wiese. Ein Hase hat ganz lange Ohren. Unser Hase frisst gerne Salat.

- Anna streichelt einen kleinen Hund. So ein Tier wünscht sich Anna auch. Anna weiß, dass es ein guter Kamerad ist.
- Lars sitzt auf dem Sofa und liest. Lars sitzt aber nicht gerne auf einem Kaktus, weil der sticht! Lars langweilt sich nicht, wenn er einfach aus dem Fenster hinaus in den Himmel schaut.
- Kommst du mit? Spielst du mit mir? Nimm die Tasche bitte mit.

Variante: Die Kinder können eigene Sätze erfinden, in denen ein Wort immer wieder vorkommt.

Wir suchen den neuen Superstar!
Die Erzieherin stellt die Handpuppe Kasper vor. Sie ist ein singender Superstar geworden. Und ganz schön hochnäsig und überheblich ist der Kasper nun! Wegen seines Erfolges behauptet er nämlich, dass er viel besser als die Kinder singen kann. Na, dem zeigen es die Kinder aber! Der Kasper singt ein Stück eines neuen Liedes vor und die Kinder singen es gemeinsam nach.

Ristorante – presto, presto!
Fleißige Kellner bringen ihren Gästen die Bestellungen schnell an den Tisch. In die Mitte eines Kreises werden drei Karten gelegt, auf denen verschiedenfarbige Tische und Tischdecken gemalt sind. Jedes Kind erhält fünf Karten, auf denen jeweils ein Glas Apfelsaft, eine Tasse Kaffee, ein Stück Kuchen, ein Stück Pizza und ein Eisbecher abgebildet sind. Die Abb. 35 kann als Kopiervorlage dienen. Nun müssen die Kinder gut zuhören, was bestellt wird, z.B. „Bitte eine Tasse Kaffee, ein Stück Kuchen und einen Eisbecher an den roten Tisch mit der blauen Tischdecke!". Wer zuerst die richtigen Karten zeigt, darf die Bestellung an den richtigen Tisch bringen.

Abb. 35: Bestellkarten für „Ristorante – presto, presto!"

Klangkonzert

Die Erzieherin führt diverse Instrumente ein, die Kinder hören genau auf den Klang (z.B. Triangel, Trommel, Rassel, Glocke). Ein Kind spielt dann ein Instrument an, während die anderen Kinder mit dem Rücken dazu sitzen, sodass sie das Instrument nicht sehen können. Nun müssen die Kinder raten, welches Instrument gespielt wurde. Zuerst wird mit einem Instrument gespielt, dann wird die Anzahl stückweise gesteigert. Als nächste Schwierigkeitsstufe soll auch die Reihenfolge der angespielten Instrumente entsprechend erkannt werden.

Variante: Eine Serie von Klängen wird wiederholt und ein Instrument dabei ausgelassen. Welches Instrument hat gefehlt?

Echo

Die Kinder stellen sich vor, dass sie in den Bergen sind, ggf. stehen alle auf Stühlen oder auf einer Bank. Bei einem Echo in den Bergen schallt ja das Wort so zurück, wie man es gerufen hat. Bei diesem Echo passieren aber jetzt manchmal Fehler und es ruft nicht immer das gleiche Wort zurück. Die Erzieherin ruft jetzt Wortpaare und die Kinder müssen erkennen, ob sie gleich oder unterschiedlich waren. Wenn das Wortpaar gleich war, rufen die Kinder laut „Echo"!

Variante: Neben Realwörtern können auch Unsinnswörter oder Reimpaare eingesetzt werden.

12.2 Geschichten und Texte

ANNA

Nach einem Vorschlag von Weinrebe (2005) steht das Kürzel ANNA für:
A Anhören
N Nacherzählen
N Nachbearbeiten
A Auswendig lernen

Nicht alle vier Aktivitäten kommen immer bei allen Geschichten passend zum Zug, v. a. die letzte Stufe eignet sich eher für Gedichte, Liedtexte oder Rollenspiele (Kinder- oder Puppentheater). Das Vertiefen (Nachbearbeiten) von Geschichten wurde bereits in Kapitel 10 beschrieben.

Fragen zu Texten – Ein Beispiel: Drei Hamburger und ein Schokoriegel
„Ein Kind hatte einmal einen Bärenhunger. Es kaufte sich einen großen Hamburger und aß ihn auf. Das Kind hatte immer noch Hunger. Es kaufte sich noch einen Hamburger und aß auch ihn. Das Kind hatte immer noch Hunger. Es kaufte einen dritten Hamburger und aß ihn ebenfalls. Das Kind hatte immer noch Hunger. Da kaufte es sich Schokoriegel. Und kaum hatte das Kind den ersten Schokoriegel gegessen, war es satt. Das Kind schlug sich mit der Hand an den Kopf und sagte: ‚Was bin ich doch für ein Esel! Nun habe ich ganz umsonst so viel Geld für die drei Hamburger ausgegeben! Ich hätte gleich am Anfang den Schokoriegel essen sollen! Dann wäre ich gleich satt gewesen.'"

Mögliche Fragen zur Geschichte:
- Was für einen Hunger hatte das Kind?
- Was hat das Kind zuerst gegessen?
- Was hat das Kind als zweites gegessen?
- Was hat das Kind als drittes gegessen?
- Wovon ist das Kind dann satt geworden?
- Welches Tier wird in der Geschichte erwähnt?

(Weinrebe 2005, 146, 148)

12.3 Über Sätze nachdenken

Wörter und Sätze
Pro Wort wird ein Bauklotz gelegt, z.B. drei Klötze für „Anna spielt Ball". So können Sätze vorgegeben werden und die Kinder sollen wahrnehmen, wie viele Wörter im Satz enthalten sind, diesen mit Bauklötzen legen und nachsprechen. Kurze und lange Sätze können miteinander verglichen werden. Anfangs sollten einsilbige Wörter verwendet werden, da ansonsten die Kinder mehrsilbige Wörter ggf. als mehrere Wörter wahrnehmen und zählen (nach Küspert/Schneider 2000)

Satz oder nicht?
- Hund, aber Katze
- Der Mann Haus
- Das Kind spielt
- Zwei Tier Mann gehen
- und bis mal an weg
- Die Brille sitzt auf der Nase
- Anna und Ben sind Freunde
- Das Baby freut sich
- viele wenige dort oder nicht
- Leiter, Stuhl, Fenster
- Frau die Wiese
- Der Fernseher läuft schon lange
- Tarek isst gerne Suppe

(Weinrebe 2005, 129)

So ein Quatsch!
Die Kinder massieren sich selbst oder in einer Partnerübung sanft und vorsichtig die Ohren, denn sie sollen aufgeweckt werden, damit sie besser hören können. Die Erzieherin spricht Sätze vor, die mal sinnhaft, mal sinnlos sind. Wenn der Satz stimmt, z.B. „Im Wald wachsen viele Bäume", ▶

klatschen die Kinder einmal in die Hände und rufen: „Ja!“ Ist der Satz sinnlos, klatschen die Kinder dreimal in die Hände und rufen: „So ein Quatsch!“

Frühling, Sommer, Herbst und Winter
Die Kinder bekommen Papier und Buntstifte. Die Erzieherin beschreibt in Teilschritten und langsamem Sprechtempo ein Bild, das zur derzeitigen Jahreszeit passt. Die Kinder zeichnen, was sie hören. Ein Beispiel für ein Frühlingsbild: „Auf der einen Seite steht ein Haus. Daneben gibt es ein Blumenbeet, in dem die ersten roten Tulpen und gelben Primeln wachsen. Hinter dem Haus und dem Blumenbeet auf dem grünen Rasen steht eine Wäscheleine. Auf der Leine hängen ein grüner Rock, eine blaue Hose und ein weißes T-Shirt.“

12.4 Silbenspiele

Bei den folgenden Übungen ist es wichtig, zwischen unbetonten und betonten Silben zu unterscheiden, denn die Betonung von Silben gibt den Kindern prosodische Unterscheidungsmöglichkeiten für sprachliche Strukturen. Wörter können so besser abgespeichert und die Grammatik von Sätzen analysiert werden. Für die deutsche Sprache typisch ist der Trochäus, hierbei liegt die Betonung von zweisilbigen Wörtern auf der ersten Silbe, wie das z. B. bei der Pluralbildung deutlich wird: Kind – *Kin*-der.

Prosodische Merkmale der gesprochenen Sprache sind unabhängig von Schriftsprache bzw. Rechtschreibregeln. In der Schrift bestehen Silben aus Vokalkern und Konsonant(en) (Kro-ko-dil), in Bezug auf Sprechmelodie und Sprechrhythmus kann eine Silbe jedoch auch nur aus einem einzelnen Laut bestehen (A-mei-se). Silben können mehr oder weniger stark betont werden (betonte Silbe = schwere Silbe). Deshalb ist es beim Klatschen oder Hüpfen erforderlich, die gesteigerte Dynamik bei den betonten bzw. schweren Silben hervorzuheben, z. B. durch lauteres Klatschen der betonten Silbe oder durch andersfarbige Kennzeichnung beim auf dem Boden hüpfen von Silben: *Au*-to, Kro-ko-*dil*.

Namenhüpfen
Die Kinder setzen sich im Abstand von zwei großen Schritten in zwei Reihen gegenüber. Dazwischen wird eine Bahn aus Teppichfliesen, die zwei unterschiedliche Farben haben, gelegt. Je nach Farbe stehen die Fliesen für betonte oder unbetonte Silben. Der Reihe nach nennen die Kinder ihre Vornamen und hüpfen die Silben entsprechend. So können kurze und lange Namen unterschieden werden. Die Namen können zudem auch geklatscht werden.

Tiere hören
Aus einem Tier-Memory werden Tiere mit zwei Silben ausgewählt und geklatscht bzw. gehüpft: Kat-ze. Danach folgen dreisilbige Tiere, wie Kro-ko-dil, dann viersilbige, wie Di-no-sau-rier.

Kaiser, wie weit darf ich reisen?
Dieses Spiel eignet sich für draußen oder einen großen Raum wie den Turnraum. Die Kinder werden in zwei Gruppen aufgeteilt und stehen sich in größerem Abstand gegenüber. Zuvor wird ein semantisches Feld verabredet, beispielsweise Städte- und Ländernamen. Das erste Kind aus Gruppe 1 ruft: „Kaiser, wie weit darf ich reisen?" Ein Kind der Gruppe 2 antwortet: „Bis nach Pa-ris". Die Kinder der Gruppe 1 dürfen dann so viele Schritte gehen, wie das Wort Silben enthält. Dann ist Gruppe 2 mit Anfragen an der Reihe und Gruppe 1 bestimmt das Ziel. So geht es immer im Wechsel hin und her. Die Gruppe, die zuerst bei der anderen ankommt, muss ganz schnell zum eigenen Platz zurücklaufen, damit sie nicht von der anderen Gruppe eingefangen wird.

Gu-ten Mor-gen!
Zum folgenden Vers kann ein Guten Morgen-Ritual im Stuhlkreis eingeführt werden: ▶

1–2–3–4 (1)
1–2–3–4 (2)
1–2–3–4 (3)
Gu-ten Mor-gen! (4)

(1) Die Kinder sitzen auf den Stühlen und stampfen mit den Füßen auf den Boden
(2) Die Kinder klatschen auf ihre Oberschenkel
(3) Die Kinder klatschen in die Hände
(4) Die Kinder stehen auf und sprechen im Tempo eines neuen gedachten „1–2–3–4“ ihren Gruß „Gu-ten Mor-gen“!
(nach Weinrebe 2005, 81)

12.5 Reime, Fingerspiele und Sprechzeichnen

Gereimte Flüsterpost

Das Spiel „Flüsterpost“ wird vermutlich immer wieder einmal in Kindertageseinrichtungen eingesetzt. Probieren Sie einmal die Variante mit Reimpaaren:

- Kind/Wind
- Rad/Bad
- Ohr/Tor
- Brett/Bett
- Wagen/Kragen
- Zahn/Hahn
- Nase/Hase/Vase
- Hand/Sand/Land
- Dach/Bach/Fach
- Haus/Maus/Klaus

Abb. 36: Die „Flüsterpost“ in allen Varianten schult die phonologische Bewusstheit

Reimpaare hüpfen

In einem Raum werden zwei Reihen mit Bild- oder Schriftkarten gelegt. In einer zweiten Reihe liegen parallel dazu in ganz anderer Reihenfolge die entsprechenden Reimkarten. Ein Würfel zeigt an, zu welcher Karte der ersten Reihe gehüpft werden soll. Dann muss in der anderen Reihe das entsprechende Reimwort gefunden und dorthin gehüpft werden.

Tick-tack

Das folgende Spiel kann mit Armen und Händen oder auch mit Beinen und Füßen durchgeführt werden. Je zwei Kinder bilden eine Gruppe. Ein Kind hält die Hände oder Füße des anderen und bewegt sie im Rhythmus des folgenden Verses: ▸

„Große Uhren machen tick-tack, tick-tack,
kleine Uhren machen ticke-tacke, ticke-tacke,
Taschenuhren machen ticketacke-ticketacke-ticketacke-tick!"

Sprechtempo und Bewegungen werden dabei immer schneller. Am Ende werden die Hände oder Füße behutsam wieder abgelegt. Dann können die Rollen getauscht werden.

Rutschbahn

Je zwei Kinder bilden eine Gruppe. Ein Kind sitzt auf einem Stuhl, das andere steht hinter ihm. Zum folgenden Text werden die entsprechenden Bewegungen ausgeführt:

Es steigt ein Kind die Rutschbahn rauf,
(mit den Fingern den Arm des Kindes zur Schulter hinauf spazieren)
es klettert bis ganz oben drauf,
(mit den Fingern „auf den Kopf steigen")
da stellt es sich ganz mutig hin,
(Finger stehen auf dem Kopf)
und guckt sich um – wo will es hin?
(Finger drehen sich auf der Stelle).
Es setzt sich – schwupps – auf seinen Po,
(flache Hand auf den Kopf legen)
und rutscht herunter, johoho!
(flache Hand gleitet mit einem Jauchzer über Gesicht und Körper des Kindes nach unten).

Pommes Frites

Hier soll mit den Kindern das Sprechzeichnen eingeübt werden, d.h. die Kinder fahren mit dem Stift eine Figur nach (siehe Abb. 36) und sprechen gleichzeitig einen kurzen Vers. Hierbei wird auf den Startpunkt geachtet. Zuerst wird die Form eingeübt. Sie kann von der Erzieherin vorgezeichnet werden, bis die Kinder die Form sicher beherrschen. ▶

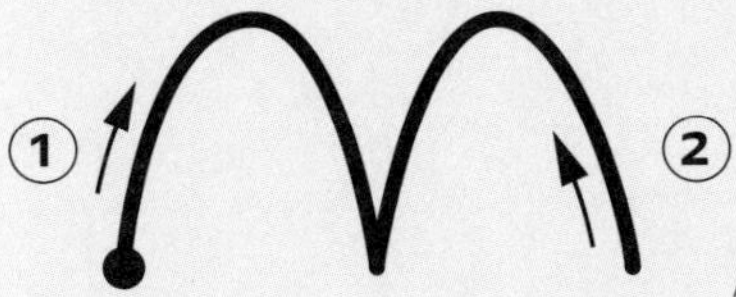

Abb. 37: Figur 1 Sprechzeichnen

Dann wird der folgende Vers eingeübt:

„Fuchs, du hast die Gans gestohlen,
willst nun auch noch Pommes holen!“

Nun werden Form und Vers kombiniert. Hierbei soll die Stiftführung dem Takt des Sprechrhythmus entsprechen. Es kann auch probiert werden, mal mit rechts, mal mit links, mal mit beiden Händen gleichzeitig zu malen. Oder auch großflächig zu malen, mit Fingerfarbe an der Fensterscheibe oder mit Stöcken im Sand.

Geburstag
Vorgehen wie bei „Pommes Frites“, mit folgendem Vers kombiniert (siehe Abb. 38):

„Wie schön, dass du geboren bist,
wir hätten dich sonst sehr vermisst!“

Abb. 38: Figur 2 Sprechzeichnen ▶

Toooor!
Vorgehen wie bei „Pommes Frites“, mit folgendem Vers kombiniert (siehe Abb. 39):

„Fliegt auf dem Feld der Ball ins Tor,
schreien alle volles Rohr!“

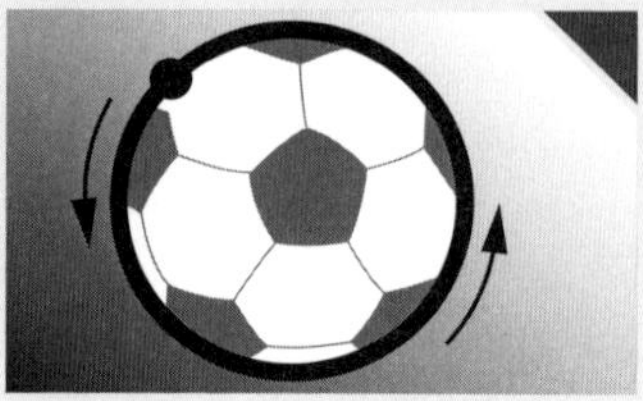

Abb. 39: Figur 3 Sprechzeichnen

12.6 Laute wahrnehmen

Dosenwerfen – einmal anders
Aus alten Dosen wird eine Pyramide gebaut. Die Kinder erhalten je einen Softball. Ein bestimmter Laut wird vorgegeben, z.B. /a/. Reihum nennen alle Kinder ihre Namen. Wenn der entsprechende Laut im Namen gehört wird, versuchen die Kinder so schnell wie möglich, so viele Dosen wie möglich abzuwerfen.

Rot oder grün?
Die Kinder stellen sich hintereinander auf und legen die Hände auf die Schultern des Vorderkindes. Als Zug bewegt sich „die Schlange“ nun durch den Raum und artikuliert wie eine Lokomotive „sch-sch-sch“. An einer Stelle liegen vorbereitete Bildkarten aus einem semantischen Feld, z.B. Fahrzeuge, Blumen oder Spielsachen usw. Eine verabredete Stelle im Raum ist der Bahnhof, an dem der Zug stoppen ▶

muss. Ein Kind spielt den Bahnhofsvorstand und hat eine Kelle in der Hand. Das Kind, das die Lokomotive am Beginn des Zuges darstellt, nimmt „im Vorbeifahren“ die oberste Bildkarte vom Stapel und sagt laut, was darauf zu sehen ist. Hört der Bahnhofsvorstand den entsprechend vorab verabredeten Laut, beispielsweise /sch/, zeigt er die grüne Seite der Kelle und der Zug darf weiterfahren. Hört er den entsprechenden Laut nicht, zeigt er Rot und der Zug stoppt am Bahnhof. Beim Stoppen des Zuges schließt sich der Bahnhofsvorstand hinten am Zug an und das erste Kind wird neuer Bahnhofsvorstand. Wer jetzt vorne am Zug ist, zieht eine neue Bildkarte und sagt laut, was darauf zu sehen ist. So geht der Ablauf weiter, bis alle Bildkarten aufgebraucht sind.

Eine Fee tanzt auf dem See

Je zwei Kinder nehmen einen Reifen. Es wird sich auf zwei bestimmte Laute geeinigt, die wahrgenommen werden sollen. Ein Kind sagt anhand von Bildkarten, auf denen Wörter mit den verabredeten Lauten als Anfangslaute abgebildet sind, nacheinander die Wörter vor. Hört das andere Kind am Wortanfang den einen entsprechenden Laut, legt es den Reifen als See auf den Boden, springt hinein, stellt sich auf ein Bein und macht Schwimmbewegungen mit den Armen. Hört es den anderen Laut, spielt das Kind eine Fee und tanzt im Reifen, den sein Spielpartner auf Hüfthöhe hält, ohne am Reifen anzustoßen (nach Monschein in Mannhard 2007).

Empfehlenswerte Literatur

Bestle-Körfer/Stollenwerk (2005): Sehen, hören, schmecken … Mit Kindern alle Sinne entdecken.

Goldbrunner (2006): Phonologische Bewusstheit im Rahmen der Sprachentwicklung.

Mannhard (2007): Sprachförderrallye.

Martschinke et al. (2004): Diagnose und Förderung im Schriftspracherwerb. Anlaute hören, Reime finden, Silben klatschen.

Weinrebe (2005): ABC – wohin ich seh. Wörter, Laute und Buchstaben entdecken.

13 Von Zeichen und Symbolen – Förderung der Schriftsprache

Kindertageseinrichtungen sind keine „Zulieferbetriebe" für Grundschulen, sondern haben eigene Aufgaben und ein eigenes Profil. Dennoch durchlaufen Kinder bereits im Vorschulalter Entwicklungsprozesse der Vorläuferfertigkeiten des Lesens und Schreibens, die es aufzugreifen gilt und der Unterstützung und Förderung bedürfen (siehe Kap. 13). Man kann bei vielen Kindern auch vor der Einschulung schon ein natürliches Interesse an Schrift wahrnehmen. Hinzu kommt, dass Kindertageseinrichtungen und Grundschulen kurz vor und nach der Einschulung recht ähnliche Aufgaben haben. Durch interdisziplinären Austausch kann hier eine Brücke zwischen Kindertageseinrichtung und Grundschule gebaut werden. In diesem Kapitel gehen wir darauf ein, wie das natürliche Interesse an Schrift von Kindern in Kindertagesstätten aufgegriffen und gefördert werden kann. Wichtige methodische Hinweise für die Arbeit mit Schrift im Vorschulalter runden das Kapitel ab.

Wenn Kinder zu Autoren werden, jedoch selbst noch nicht schreiben können, man in ihnen aber ein Interesse an Schrift wecken will, ist das Kinderdiktat eine hervorragende Erfahrungschance. Wenn Geschichten und das Vorlesen von Texten einen hohen Stellenwert haben, können die Kinder angeregt werden, eigene Erlebnisse zu „diktieren". So erfahren sie konkret, dass Buchstaben Zeichen für die gesprochenen Laute sind und wie sich mündliche Sprache in Schriftsprache verwandelt. Sie werden angeregt, über ihre Formulierungen nachzudenken, und da diese ja notiert werden, bekommen sie einen größeren Stellenwert. So korrigieren sich Kinder beim Erzählen dann häufig selbst, um die noch geeigneteren Wörter und Sätze zu finden. Sie arbeiten weniger mit Füllwörtern bzw. sogenannten Passepartout-Wörtern, die überall passen und doch unspezifisch sind, wie „das da" oder „das Ding". Wenn die Erzieherin sich durch Wiederholen oder Nachfragen vergewissert, ob sie alles richtig verstanden hat und den Text so schreiben kann, gibt sie den Kindern eine indirekte Korrektur und nimmt ihnen nicht die Erzählfreude bzw. den Spaß am Diktieren. Sie kann die Kinder so auch bei alternativen Formulierungen gut unterstützen. Geschichten können mit der Hand auf ansprechendem Papier und mit schönen Stiften, auf alten, manuellen Schreibmaschinen oder mit dem Computer geschrieben werden.

13.1 Welche Entwicklungsphasen durchlaufen die Kinder vor dem eigentlichen „Schreiben lernen"?

Es geht nicht darum, dass die Kinder bereits im Kindergarten Lesen und Schreiben lernen, es ist wichtig, die Vorläuferfertigkeiten zu fördern, die dem Schriftspracherwerb im engeren Sinne vorausgesetzt sind sowie das natürliche Interesse an Schrift bei den Kindern aufzugreifen und zu fördern. Ansonsten bestünde die Gefahr einer zu frühen „Intellektualisierung" und Didaktisierung der Kinder in den ersten Lebensjahren. Wenn wir das natürliche Interesse der Kinder beobachten, imitieren sie bereits mit ca. vier Jahren von sich aus das Schreiben der Erwachsenen (Kritzelphase). Hier sind Buchstaben Zeichen und unterscheiden sich von den gemalten Bildern der Kinder. Oftmals sind die Zeichen erst in einem Durcheinander auf dem Papier, man kann später dann jedoch erkennen, dass die Kinder versuchen, die Zeichen in einer Linie zu gestalten. Manchmal nehmen sie bereits Elemente von Schrift auf, wie z.B. die Ecke beim/L/. Gerne fahren die Kinder in dieser Phase auch Buchstaben nach. Dieses können Sie wie in Abbildung 40 fördern. Die Buchstaben stehen häufig noch kreuz und quer auf dem Papier, spiegelverkehrt oder auf dem Kopf und auch die Beziehung von Raum und Lage stimmt noch nicht immer.

Abb. 40: Buchstaben übereinander

Abb. 41: Vorläuferfertigkeiten des Schreibens werden z.B. durch „Kritzelbriefe“ gefördert

Eine weitere Fördermöglichkeit in dieser Entwicklungsphase sind Kritzelbriefe: Sammeln Sie mit den Kindern Unterschriften von Erwachsenen. Auch diese können wie Kritzeleien aussehen und die Kinder motivieren, eigene Kritzeltexte „zu schreiben“ und diese mit Unterschriften zu versehen.

Mit ca. 4,5–5 Jahren (manche auch früher) schreiben Kinder bedeutende Wörter wie den eigenen Namen, „Mama“, „Papa“, „Oma“ usw. (logographische Phase). Hierbei wird das Wortbild als Ganzes gespeichert und aufgeschrieben; Wörter, die das Kind noch nie gesehen hat, kann es in dieser Entwicklungsphase auch noch nicht schreiben. Vor einigen Jahren wurde nach dieser Methode in vielen Grundschulen unterrichtet: Die Kinder lernten, ganze Wörter zu schreiben und daraus Buchstaben zu entnehmen (Analyse) und mit ihnen neue Wörter zu bilden. Noch früher wurde alphabetisch unterrichtet, die Kinder lernten das ABC und fügten die Buchstaben zu Wörtern zusammen (Synthese). Derzeit wird oftmals die lautgetreue Methode unterrichtet: Die Kinder schreiben in der 1. und teilweise 2. Klasse die Wörter, wie sie sie hören und lernen später die Rechtschreibregeln bzw. gleichen das lautgetreu geschriebene Wort mit dem Schriftbild des korrekt geschriebenen Wortes ab. Teilweise bieten Lehrkräfte auch von Beginn an das korrekt geschriebene Wort mit an. Diese Lehrmethode baut auf einer Entwicklungsphase auf, die die Kinder mit ca. 5–6 Jahren durchlaufen.

Hier erfahren sie, dass Buchstaben Zeichen für Laute sind und gesprochene Sprache in Schriftzeichen übersetzt wird (phonemische Strategie). Die Verarbeitung der Hör- und Klangeindrücke über das Gehirn ist hierbei von zentraler Bedeutung (auditive Wahrnehmung), wie es auch in Kapitel 12 genauer ausgeführt wird.

13.2 Welche Entwicklungsphasen durchlaufen die Kinder vor dem eigentlichen „Lesen lernen"?

„Beim Lesen entstehen in meinem Kopf viele schöne Bilder. Ich reihe Buchstaben aneinander, bilde Wörter und sammle Wörter. Mama und Papa lesen mir vor, in der Hängematte, im Zimmer, am Abend. Ich mag gerne Bücher."
(Chiara, 7 Jahre)

Lesen ist ein aktiver Prozess, sowohl beim Zuhören, als auch beim Selbst-Lesen. Hier findet eine aktive Wortschatzentwicklung statt, es fördert das Sprach- und Satzsinnverständnis, es weckt die Fantasie und zeigt Problemlösemöglichkeiten auf, wenn die Literatur altersentsprechend gewählt ist. Konzentration und Ausdauer werden gefördert. Lesen unterstützt die Fähigkeit, zu nicht Gegenständlichem, also losgelöst von der konkreten Anschauung, Gedanken und Vorstellungen bzw. innere Bilder zu Begriffen zu entwickeln. Texte, die nicht durch Bildmaterial visualisiert werden, erfordern von der konkreten Anschauung losgelöste Abstraktion zum Verständnis des Inhalts. Schreiben und Lesen sind elementare Kulturtechniken und für den Bildungsprozess unerlässlich, Lesen bedeutet auch, eigene Bildung und Lernen planen und steuern zu können. In der Schule ist das Buch schließlich eine der wichtigsten Informationsquellen für den Schüler.

Auch mit dem Erwerb des Lesens gibt es vorausgehende Entwicklungsphasen. So zeigen die Kinder hier ihr natürliches Interesse an Schrift, indem sie „so tun als ob" sie lesen würden. Sie „lesen" anderen vor, halten teilweise dabei sogar das Bilderbuch verkehrt herum, können aber bekannte Texte wiedergeben. Sie bemerken in dieser Phase häufig auch, wenn Sie beim Vorlesen Textstellen „vergessen", was auch eine gute Fördermöglichkeit ist: Lassen Sie Teile des Textes bei bekannten Geschichten aus und die Kinder diese ergänzen.

Zwischen dem ca. 4.–5. Lebensjahr erkennen sie Logos, z.B. das / m / -Zeichen von Mc Donalds oder der Schriftzug von Coca-Cola. Zwischen 5 und 6 Jahren können sich die Kinder dann mit Anlauten orientieren, wenn Sie Übungen anbieten, wo herausgefunden werden muss, welche Wörter mit dem gleichen Laut beginnen.

Wenn die Kinder lesen lernen, erlesen sie erst Buchstabe für Buchstabe: E-s-e-l. Dann verbinden sie die Buchstaben teilweise miteinander (Es-el) und schließlich gelingt das Lesen des ganzen Wortes (Esel), erst langsam, dann aber immer schneller. Später werden mehrere Worte auf einmal erfasst und gelesen, so automatisiert sich das Lesen. Solange die Kinder mit dem Leselernprozess beschäftigt sind, verstehen sie meist nicht gleichzeitig, was sie gelesen haben. Erst wenn sich das Lesen automatisiert hat, können die Kinder den Sinn von Texten entnehmen und parallel mit dem Lesen verstehen, was sie lesen (sinnentnehmendes Lesen).

Schaffen Sie Voraussetzungen, in denen die Kinder Lesen als schön und lustvoll erleben können, mit Literatur, die am Interesse der Kinder ansetzt und wo der Ort des Vorlesens ansprechend gestaltet ist (siehe Kap. 14).

13.3 Buchstaben und Laute im Kindergarten?

Wie man an der Entwicklung der Kinder ersehen kann, beginnen die Voraussetzungen für den Schriftspracherwerb also nicht erst mit der Einschulung, sondern bereits davor. Der eigentliche Schriftspracherwerb baut auf vorhandenen Fähigkeiten auf. Die Kinder benötigen eine gute visuelle Wahrnehmung, um ähnliche Zeichen voneinander unterscheiden zu können (d-b). Sie müssen von ihrer auditiven Wahrnehmung her die Laute vom Höreindruck und der Klanggestalt des Lautes unterscheiden können (d-t). In der motorischen Entwicklung sind die Stifthaltung (Pinzettengriff), die eindeutige Händigkeit (mit rechts oder links malen, schneiden und schreiben), Auge-Hand-Koordination und die Kraftdosierung wichtig. Auch die kognitive Entwicklung ist von Bedeutung, das Gedächtnis bzw. Kurzzeitgedächtnis, um sich Worte vorsprechen und merken zu können, um sie aufzuschreiben oder davor das Wortbild als Ganzes abspeichern und wiedergeben zu können. Mit Förderung von Schrift- und Buchkultur (Literacy, Kap. 14), dem Aufgreifen und Fördern des natürlichen Interesses der Kinder an Schrift, indem Sie die Eigenaktivität und die Neugier anregen, leisten Sie hier einen guten Beitrag zur Entwicklung der Vorläuferfertigkeiten für den Schriftspracherwerb.

13.4 Ein paar wichtige allgemeine methodische Hinweise

Wir haben bei der Schrift die Möglichkeit der Druck- und Schreibschrift, es ist jedoch nicht sinnvoll, den Erwerb der Schreibschrift vor dem Grundschulalter anzustreben oder vorzubereiten. Diese erfolgt erst im Verlauf der ersten Klassen. Da es unterschiedliche Schulschreibschriften gibt, ist es sinnvoll, mit Druckbuchstaben zu arbeiten. Hier sind Groß- und Kleinbuchstaben möglich, manche Grundschullehrer bevorzugen es auch, dass im Kindergarten nur mit Großbuchstaben gearbeitet wird. Ein Austausch mit der Grundschule ist empfehlenswert.

Bei Druckbuchstaben gibt es verschiedene Linienverläufe: kreisförmige wie beim / o /, runde bzw. halbrunde wie beim / e /, waagerechte oder senkrechte wie beim / H /, schräge wie beim / A /. Diese Linienverläufe begegnen uns auch bei Zahlen wieder, weshalb die Erzieherin gut mit Zahlen und mit Buchstaben in der Förderung der Schriftsprache arbeiten kann. Hinzu kommt, dass Kinder im Vorschulalter sowohl an Buchstaben als auch an Zahlen sowie generell an Schriftzeichen ein natürliches Interesse haben, das Erzieherinnen aufgreifen können. Manche Kinder erfinden und gestalten auch sehr kreativ eigene Schriftzeichen, z. B. indem sie Kritzelbriefe schreiben. Später kann man durchaus in Zahlen und Buchstaben unterscheiden und diese z. B. gemeinsam sortieren.

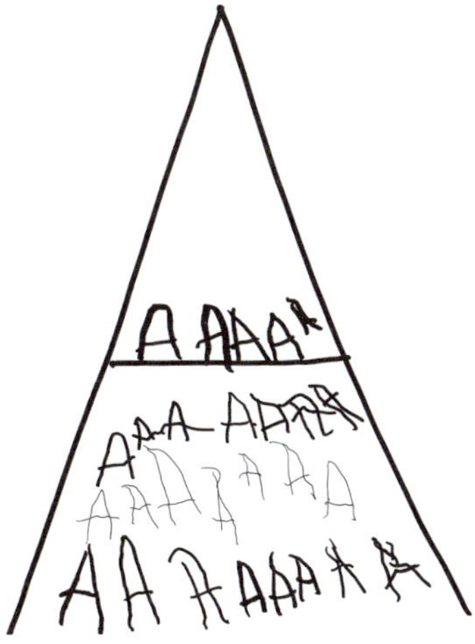

Abb. 42: Buchstaben-Muster 1

Abb. 43: Buchstaben-Muster 2

Zur visuellen Differenzierung können Teigbuchstaben gelegt und gebacken, Buchstaben auf Zaubertafeln entdeckt oder bestimmte Buchstaben in der Buchstabensuppe gefunden und verspeist werden. Auch Muster mit Buchstaben zu malen ist denkbar (siehe Abb. 42 und 43). Spannend können auch Buchstaben aus anderen Sprachen sein (siehe Abb. 44).

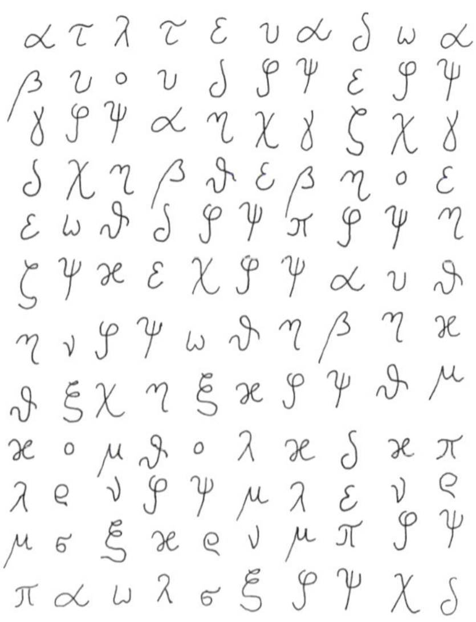

Abb. 44: Buchstaben aus anderen Sprachen

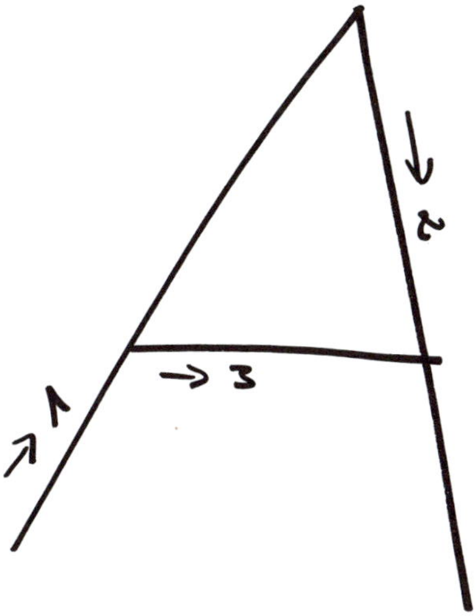

Abb. 45: Linienführung Buchstabe A

Bitte achten Sie auf eine lockere, unverkrampfte Stifthaltung bei den Kindern, sowohl beim Malen als auch beim Schreiben und informieren Sie auch die Eltern darüber. Fehlhaltungen entwickeln sich meistens schon im Vorschulalter und können später schwer korrigiert werden. Experimentieren Sie hier auch einmal mit ganz unterschiedlichen „Schreibgeräten“: Kleinere Äste, Pflanzenstiele oder Gemüsestifte können Spuren nicht nur auf dem Papier hinterlassen, sondern auch im Sand, Matsch, Schnee oder in einer Speise. Kinder sollten von Beginn an erfahren, dass die Buchstaben *ein* Zeichen sind, also deshalb beispielsweise das kleine / a / nicht aus einem / o / und einem Strich zusammensetzen, sondern die Linienführung in einem Zug schreiben (siehe Abb. 45).

Wenn Sie in der Sprachförderung gezielte Angebote machen, wäre es sinnvoll, in der Hochlautung zu sprechen. Dialekte sind eine Bereicherung und eine Vielfalt der Sprache. Wenn Sie die Hochlautung und einen Dialekt sprechen, sind Sie zweisprachig, denn viele Dialekte haben einen eigenständigen Code, was Lautinventar, Wortschatz und Grammatik angeht und gelten somit als eigene Sprache. Jedoch sind es gerade diese Abweichungen bzw. Unterschiede, die den Umgang mit der Hochlautung bzw. Schriftsprache in der Sprachförderung oder später in der Schule erschweren können. Deshalb bietet sich an, Sprachförderangebote in Hochlautung anzubieten, die Alltagssprache darf der Dialekt sein.

13.5 Der Buchstabe der Woche

Die folgenden Übungen sind exemplarisch am Buchstaben / A a / dargestellt. Sie sind abgewandelt natürlich mit weiteren Buchstaben denkbar. Führen Sie z. B. jede Woche einen anderen Buchstaben als „Buchstabe der Woche" ein.

Eine Geschichte zum A
Bevor Sie die Geschichte vorlesen, verstecken Sie einen Korb mit Äpfeln – für jedes beteiligte Kind einen Apfel – unter einem Tuch und stellen den Korb in die Mitte des Kreises. Auf dem Korb liegt sichtbar ein großes A aus Pappe.

Ach, der Apfelbaum ist leer
Als ich zum ersten Mal im schönen Buchstabenland spazieren ging, fiel mir sogleich die lange Buchstabenstraße auf, die ins Innere des Landes führt. Neugierig machte ich mich auf den Weg und kam nach 26 Schritten im ABC-Land an. Es war still auf dem Marktplatz, denn es war Abend und die Buchstaben hatten es sich in ihren Häusern gemütlich gemacht. Auf einmal hörte ich jemanden rufen: „Ach, was kann man da machen, ach!" Sofort ging ich der Stimme nach. Sie kam aus einem Garten hinter einem Haus. Ich schaute vorsichtig um die Ecke. Da sah ich einen kleinen Apfelbaum. Vor dem Baum stand ein Buchstabe – das A *(Pappkarton-Buchstabe hochheben und den Kindern zeigen).* Der Buchstabe jammerte laut vor sich hin. „Kann ich dir helfen?", fragte ich. „Das glaube ich kaum, wer bist du überhaupt?", fragte der Buchstabe. Höflich stellte ich mich vor: „Ich bin … *(Name)* und zum ersten Mal im ABC-Land. Und wer bist du?" „Ich bin das A", antwortete der Buchstabe. „Ich würde dich gerne in mein Haus einladen, aber ich kann dir leider überhaupt nichts anbieten. Adam hat meinen allerletzten Apfel geklaut!" Traurig zeigte das A auf den leeren Apfelbaum. „Das ist ein Rabauke! Im letzten Jahr stahl Adam mir eine Ananas, im Jahr davor eine Aprikose, und nun holte er sich den letzten Apfel!" „Lass mich dir helfen, ich kann nämlich einen prima Zauberspruch sprechen." „Toll", sagte das A und sah mich gespannt an. Ich sagte: „Adam – welch ein Schreck – zaubert mir die Buchstaben weg! Komm herbei, Vergissmeinnicht, jage fort den Bösewicht!"

Auf einmal stand die gute Fee Vergissmeinnicht vor uns. „Ihr habt mich gerufen?", fragte sie. Das A erzählte der Fee, was passiert war. „Das haben wir gleich, schließt eure Augen!", rief die Fee. Sie schwang ihren Zauberstab und sprach: „Abra, kadabra, simsalabim! Abra, kadabra, Simsalabim!" Als wir die Augen wieder öffneten, war die Fee Vergissmeinnicht verschwunden und am obersten Ast des kleinen Apfelbaums hing ein prächtiger, glänzender, roter Apfel. „Sagenhaft, fantastisch!", rief das A voller Freude. „Prima!", rief ich. Wir verspeisten zusammen den Apfel und er schmeckte sehr lecker. Das A lud mich ein, es bald wieder besuchen zu kommen. Das versprach ich ihm und machte mich auf den Heimweg.
(abgewandelt nach Friedrich/de Galgoczy 2006, 24)

Methodischer Hinweis: Nach der Geschichte lüften Sie das Geheimnis der Äpfel unter dem Tuch. Verbinden Sie hier das Wort Apfel (Schriftbild zeigen) und den Wortanfang, das große A, mit dem gesprochenen Laut „A-pfel". Dann dürfen die Kinder die Äpfel essen. Greifen Sie die beiden Zauberverse, die in der Geschichte enthalten sind, im Laufe der Woche bei anderen Spielen auf.

Zwei Auszählverse für die A-Woche

Am Abend aß Adam einen Apfel. Einen Apfel aß Adam am Abend.

Aus dem ersten Buchstabenhaus schaut Abrakadabra das A heraus. Aber ach, der Baum ist leer, hat gar keinen Apfel mehr!

Detektive auf A-Spurensuche

Teilen Sie die Kinder in Zweier- oder Dreiergruppen auf. Jede Gruppe erhält ein Blatt Papier, auf dem je 10-mal das große A und das kleine a notiert sind. Die Kinder gehen als Detektive auf Spurensuche, z.B. im Kindergarten, im Außengelände und zuhause. Immer, wenn sie einen entsprechenden Buchstaben entdeckt haben, haken sie ihn auf dem Papier ab. ▶

Geben Sie den Kindern einen Text, der entsprechend größer kopiert ist. Auch hier gehen die Kinder auf Spurensuche nach dem A oder a und kreisen den Buchstaben ein.
Nun lassen Sie die Kinder ihren Namen schreiben. Wer das noch nicht kann, darf Sie um das Aufschreiben des Namens bitten. Wer findet ein A in seinem Namen? So kann man auch beim Spiel „Mein rechter, rechter Platz ist leer ...“ im Verlauf der Woche einmal darauf achten, in welchen Namen ein A zu hören ist.
Lassen Sie die Kinder Buchstaben-Muster mit dem A gestalten (siehe Abbildung 42 und 43).

Auch auf einer alten mechanischen Schreibmaschine oder auf dem Computer lässt sich das A finden und es lässt sich sogar damit experimentieren, durch welche Schaltungen dieses klein oder groß geschrieben werden kann. Auch der eigene Name kann so geschrieben (und ggf. ausgedruckt) werden.

Versehen Sie gemeinsam mit den Kindern Objekte Ihrer Einrichtung, die mit A beginnen, mit Schriftkärtchen und gestalten Sie diese gemeinsam.

Turnen einmal anders
Lassen Sie die Kinder im Turnraum mit ihrem Körper den Buchstaben A oder a darstellen. Als Vorübung können Sie die Kinder den Buchstaben mit Wollfäden oder Seilen auf den Boden legen lassen. Als Vorlage dienen Ihre selbst hergestellten Pappbuchstaben oder ein Computerausdruck, auf dem die Buchstaben groß abgebildet sind. Auch Holzbuchstaben, wenn vorhanden, sind möglich.
Lesen Sie die eingangs eingeführte Geschichte „Ach – der Apfelbaum ist leer“ vor. Während des Lesens bewegen sich die Kinder leise und schleichend durch den Raum. Wenn sie ein Wort mit einem A am Anfang hören, stellen sie sich schnell auf oder neben einen am Boden liegenden A-Buchstaben (hier entsprechend der Anzahl der Kinder die Anzahl der am Boden liegenden Buchstaben auswählen).
Wählen Sie Wortmaterial aus einem semantischen Feld aus, in dem die Wörter alle mit A beginnen. ▶

Beispiele:

- Semantisches Feld „Tiere“: Afghane, Ameise, Amsel, Adler, Aasgeier, Aal, Affe, Antilope …
- Semantisches Feld „Obst und Gemüse“: Artischocke, Avocado, Ananas, Aprikose, Apfel …
- Semantisches Feld „Berufe“: Apotheker, Arbeiter, Architekt, Anstreicher, Arzt, Arzthelferin …

Legen Sie entsprechend der Silbenanzahl der gewählten Wörter Teppichfliesen oder Reifen auf dem Boden aus, z. B. im semantischen Feld „Tiere“: 1 Fliese (Aal), zwei Fliesen in eine Reihe (Am-sel), 3 Fliesen in eine Reihe (Af-gha-ne), 4 Fliesen in eine Reihe (An-ti-lo-pe). Wenn möglich, gestalten Sie zum jeweiligen semantischen Feld Bild- und Schriftkärtchen. Die Kinder setzen sich neben die Fliesen. Das Kind, das an der Reihe ist, nimmt ein Bild- bzw. Schriftkärtchen und benennt den Begriff. Dann klatscht es die entsprechende Silbenanzahl des Wortes und sucht sich die Reihe der Fliesen aus, die mit dieser Silbenanzahl übereinstimmt. Hier werden die Silben gehüpft und dabei artikuliert (achten Sie beim Silbenklatschen und –hüpfen auf die Unterscheidung zwischen betonten und unbetonten Silben (siehe methodische Hinweise Kap. 12).

Abb. 46: Die Kinder formen mit ihrem Körper den Buchstaben „B“

Sprechzeichnen 1

Wenn die Kinder ein großes A schreiben können, lassen Sie diese mit Bleistift den Buchstaben auf ein DIN A4-Papier groß vorzeichnen oder zeichnen Sie vor. Dann wählen die Kinder einen Stift in ihrer Lieblingsfarbe aus. Achten Sie auf entsprechende Sitz- und Schreibhaltung. Führen Sie die Form in der Linienführung wie auf Abb. 45 ein. Wenn die Kinder in der Stiftführung der Form sicher sind, führen Sie getrennt den folgenden Vers in Teilschritten ein, bis dieser ebenfalls sicher beherrscht wird:

1 Guten Tag Frau Hagen,
2 darf ich's wagen,
3 Sie zu fragen,
1 welchen Kragen
2 Sie getragen
3 in den Tagen,
1 als Sie lagen,
2 krank am Magen
3 in der Hauptstadt Kopenhagen?

Nun kombinieren Sie Form und Vers entsprechend der Linienführung in der Abbildung und den entsprechend nummerierten Zeilen des Textes, bis die Kinder Form und Vers miteinander verbinden können, also gleichzeitig den Buchstaben schreiben und den Vers dazu sprechen.

Sprechzeichnen 2

Hier können Sie den Kindern erst einmal die Form vorzeichnen und den Text vorgeben bzw. mitsprechen, damit die Kinder beim letzten Punkt erraten können, um welches Tier es sich handelt (siehe Abb. 47/1–6): ▶

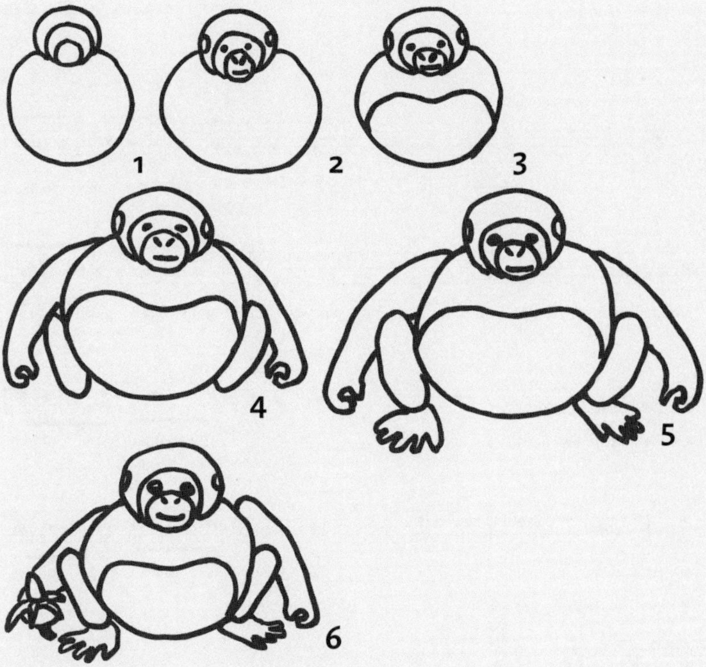

Abb. 47/1: Vier Kreise, jeder kugelrund
Abb. 47/2: dazu nun Augen, Ohren, Nase, Mund.
Abb. 47/3: Dann malst du eine Bohne, das ist die dicke Bauch-Melone.
Abb. 47/4: Die Arme sind recht lang und schwer, die Beine eher weniger.
Abb. 47/5: Wir sind schon gleich am Ende, statt Füße malst du Hände.
Abb. 47/6: Der Affe, wie du siehst, ist ein ziemlich kluges Biest.
(Vers leicht abgeändert nach Gondolino 2004, 32f; Zeichnungen: Katja Maile)

Dann können Sie die Kinder dabei unterstützen, den Affen selbst zu zeichnen. Wenn dieses gelingt, kann der Text dazu kombiniert werden (siehe Sprechzeichnen 1).

Aramsamsam

Melodie u. Text: traditionell

Abb. 48: „Aram sam sam“

Aram sam sam

Dieses bekannte Lied lässt sich gut mit den folgenden Bewegungen kombinieren, die Kinder stehen sich dazu in einer Partnerübung gegenüber. Führen Sie jedoch erst das Lied (siehe Abb. 47) in Melodie und Text ein und kombinieren Sie dann, wenn die Kinder das Lied beherrschen, die Bewegungen dazu.

Aram sam sam *(rechte Hand auf rechte Schulter des Partners)*
Aram sam sam *(linke Hand auf linke Schulter des Partners)*
gulli gulli *(einander die rechten Hände reichen und schütteln)*
gulli gulli *(einander die linken Hände reichen und schütteln)*
ram-sam-sam *(rechte Hand auf rechte Schulter, linke Hand auf linke Schulter bei sich selbst)*

arafi *(Hände vor dem eigenen Körper überkreuzen und sich verbeugen)*
gulli gulli *(rechte Hände schütteln)*
gulli gulli *(linke Hände schütteln)*
ram-sam-sam *(rechte Hand auf rechte Schulter, linke Hand auf linke Schulter bei sich selbst)*

Dieser Unsinnstext eignet sich auch zum lautgetreuen Schreiben einzelner Wörter, vorausgesetzt, die Kinder können die Buchstaben bereits schreiben, die im Text enthalten sind. Dieses geht nun in die ersten beiden Klassen der Grundschule über.

Anlautmethode

Stellen Sie Bildmaterial kombiniert mit Schrift mit kurzen einfachen Wörtern zusammen, wie beispielsweise Apfel, Affe, Anna, Aal, Amsel, Ameise, Abend. Mischen Sie diese Bildkarten, die mit A beginnen, mit anderen Bild- und Schriftkärtchen. Spielen Sie mit den Kindern „Mein rechter, rechter Platz ist leer …“. Das Kind, das sich ein anderes herbeiwünscht, gibt nach der Frage „Als was soll ich kommen?“ einen Begriff mit A im Anlaut zur Antwort. Die Begriffe, die nicht mit A beginnen, dürfen nicht „mitspielen“.

Auch möglich ist es, ein Schiff oder einen Zug nur mit A-Wörtern bzw. -Bildern zu beladen. Wenn die Kinder mögen, können sie nach den Spielen die kurzen Wörter auch schreiben und das Bild dazu malen. Sie können auch anregen, dass einzelne Begriffe in eine Bastelarbeit umgesetzt werden. Weiter können Sie mit den Kindern ein A-Plakat, das Bilder und Wörter mit A oder a enthält, gestalten.

Empfehlenswerte Literatur

Blumenstock (2007): Spielerische Wege zur Schriftsprache im Kindergarten.
Bünting (2005): Timo und der Tanz der Buchstaben. Eine Geschichte über die Schrift.
Friedrich/de Galgoczy (2006): Komm mit ins Buchstabenland.
Haider (2007): Kinder fördern leicht gemacht. Bild-Laut-Buchstabe richtig kombinieren.
Heitmann (2005): Kindergartenkinder entdecken die Schrift.
Raab (2005): Schlaumacher Kindergarten – Buchstaben und Formen.
Suhr (2006): Zahlen hüpfen – Buchstaben springen. Bewegungsspiele zur ganzheitlichen Schulvorbereitung.

Tenta (2002): Schrift- und Zeichenforscher. Was Kinder wissen wollen.
Weinhold (2007): Wir entdecken Buchstaben (Wieso, Weshalb, Warum?).
Weinrebe (2005): ABC – wohin ich seh. Wörter, Laute und Buchstaben entdecken.

14 Wie ein Bilderbuch lebendig wird – Literacy

Literacy-Erfahrungen umschreiben gezielte Angebote wie Bilderbuchbetrachtungen, das Vorlesen von Geschichten und Angebote zum Umgang mit Schrift (siehe Kap. 13). Hierbei spielt die anregende Raumgestaltung eine Rolle wie auch das Initiieren gezielter motivierender Angebote (siehe Kap. 5). Als Beispiele werden der „Lesekoffer“ und die „Bilderbuchwoche“ vorgestellt, die als Projektarbeiten von zwei Facherzieherinnen für Sprachförderung (Informationen zu dieser Zertifizierungsmaßnahme unter www.bagage.de oder www.anjalingua.de) erstellt wurden. Weitere kreative Ideen wie Buchstabenzauber, das Vertiefen der Inhalte von Bilderbüchern mittels Rollenspielen sowie die Pommes-Frites-Schrift bieten eine Fülle von Anregungen für praktische Angebote, um Literacy-Erfahrungen zu ermöglichen.

Das Ergebnis einer am 19.11.07 vorgestellten Studie des Instituts für Demoskopie Allensbach im Auftrag der Stiftung Lesen, der Deutschen Bahn und der Wochenzeitung „Die Zeit“ lautete, dass 42 Prozent der Eltern ihren Kindern im besten Vorlesealter unter zehn Jahren nicht mehr regelmäßig oder gar nicht vorlesen. Nur 30 Prozent der Eltern lesen täglich vor. In der frühen Kindheit lesen nur 21 Prozent der Eltern ihren unter dreijährigen Kindern gelegentlich vor, 21 Prozent tun dies nie. Jedoch sind Vorlese-Rituale bereits in diesem Alter für die Sprachentwicklung und emotionale Entwicklung von großer Bedeutung. 42 Prozent aller Eltern nutzen diese Chance und die Möglichkeit einer preiswerten Investition in die Zukunft ihrer Kinder nicht. Selbst im Kindergartenalter, wo es auch um die Vorbereitung auf die Schule geht, lesen 33 Prozent aller Eltern nicht regelmäßig vor und benachteiligen damit ihre Kinder. Nach der Einschulung passiert ein regelrechter „Vorlese-Knick“, offensichtlich, weil die Kinder ja nun selbst lesen können. Hierbei aber wird außer Acht gelassen, dass auch hier das Vorlesen für die Kinder eine weitere Entwicklungschance ist. Schulkinder benötigen mehr und nicht weniger Vorlese-Engagement ihrer Eltern.

„Ihr müsst dem Kind den Weg zum Buch weisen. Denn findet es den Weg als Kind nicht, findet es ihn nie und wird auch nie ein Weltverbesserer. Nehmt zehn jetzt lebende Menschen, die Ihr hoch schätzt und von denen Ihr meint,

dass sie wirklich etwas für die Menschheit geleistet haben, geht zurück bis in ihre Kindheit, und ich bin überzeugt, Ihr findet zehn kleine Leseratten. Denn alles, was geschieht, muss zunächst einmal in der Fantasie eines Menschen Gestalt annehmen, wie sonst soll es geschehen?"
(Lindgren 2000, 24)

Warum lesen manche Eltern nicht vor? An Gründen werden Zeitmangel, die eigene Einschätzung, ein schlechtes Vorlesemodell zu sein und „die Kinder würden lieber mit dem Computer spielen oder fernsehen" angegeben. Bei bildungsfernen Eltern und je geringer das Einkommen, je niedriger der Berufskreis oder der Schulabschluss, desto weniger lesen Eltern vor. Wer die Vorlesekultur in Familien mit Migrationshintergrund stärken möchte, muss die facettenreiche Sprachpraxis in den Familien berücksichtigen (siehe Kap. 6) (Vorlesen in Deutschland. Eine Forschungsinitiative der Deutschen Bahn AG, der ZEIT und der Stiftung Lesen, 2007).

14.1 Was bedeutet Literacy?

Literacy-Erfahrungen umschreiben gezielte Angebote wie Bilderbuchbetrachtungen, das Vorlesen von Geschichten und Angebote zum Umgang mit Schrift, also die Integration von Buch- und Schriftkultur in Kindertageseinrichtungen. Lesen und Schreiben sind elementare Kultur- und Bildungstechniken. Das Buch bietet Entdeckungen, Wissenserweiterung, Eröffnung von Fantasiewelten, Identifikationsmöglichkeiten. Geschichten aus Kinderbüchern, Märchen oder Erzählungen enthalten einen reichhaltigen Wortschatz, auch mit selteneren Ausdrücken, die nicht dem Alltagsvokabular entsprechen oder auch Aneinanderreihungen von Synonymen für einen Begriff: „… es krachte und knallte und klapperte …". Auch die Sätze sind teilweise komplexer gebaut als in der mündlichen Sprache, die oft auch unvollständige Sätze oder Satzabbrüche enthält, und sie enthalten mehr grammatische Varianten und Nebensatzkonstruktionen. Kinder erfahren den Aufbau und die Struktur von Geschichten, so enthalten diese in der Regel Figuren bzw. Personen, die etwas erleben, es gibt einen logischen Aufbau mit einem Anfang, der fortschreitenden Handlung und einem Ende. Oftmals strebt die Handlung auf einen Höhepunkt zu, womöglich auf einen Konflikt und es gibt eine Lösung. Ein „roter Faden" wird erkennbar. Die Sprechmelodie mit der unterschiedlichen

Betonung unterstützt beim Vorlesen das Aufnehmen und Verarbeiten der Geschichte, des Inhalts.

Wenn Geschichten losgelöst von Bildern sind, sind die Kinder zudem in ihrer Abstraktionsfähigkeit gefordert. Sie entwickeln ohne konkrete Anschauung eine Vorstellung, ein Verständnis, sie „machen Abwesendes anwesend" und „stellen einen Film im Kopf her", indem sie eigene Bilder zur verbalen Sprache entwickeln und diese mit Sprache verknüpfen, also ein Textsinnverständnis ausbilden.

„Ja, das grenzenloseste aller Abenteuer der Kindheit, das war das Leseabenteuer. Für mich begann es, als ich zum ersten Mal ein eigenes Buch bekam und mich da hineinschnupperte. In diesem Augenblick erwachte mein Lesehunger, und ein besseres Geschenk hat das Leben mir nicht beschert."
(Lindgren 2000, 26)

14.2 Raumgestaltung für Literacy-Erfahrungen

Literacy-Erfahrungen in Kindertageseinrichtungen benötigen einen ansprechenden Rahmen (siehe Kap. 5). Die Bücher- und Leseecke kann von der Raumgestaltung her klar abgegrenzt, ggf. thematisch wechselnd umdekoriert werden. Ein entsprechender Stuhl, z.B. ein attraktiver Sessel, würdigt den Vorleser. Hierbei können auch externe Personen in die Einrichtung kommen und den Kindern vorlesen: das Grundschulkind, das in diesem Kindergarten war und nun den Kindern vorliest, nachdem es Lesen gelernt hat, der Pfarrer als Träger der Einrichtung, der den Geschichten durch seine Person und sein Amt Bedeutung verleiht, der Bürgermeister der Gemeinde, der Ortspolizist, Vorlesepaten wie Großeltern oder sonstige Angehörige.

Im Literacy-Bereich können neben Büchern Tonbandaufnahmen stetig durch Kopfhörer und Kassettenrekorder zugänglich gemacht werden, die themenorientiert wechselnd besprochen sind. Die Buchauswahl sollte verschiedene Genres enthalten und für die Kinder stets zugänglich sein: Bilderbücher, Bücher mit kurzen Texten ohne Bilder, Sachbücher, Bücher mit längeren Texten, die in mehreren Einheiten vorgelesen werden, Märchenbücher (hier gibt es z.B. Bücher, die fast so groß sind wie die Kinder selbst und dadurch einen tieferen Eindruck hinterlassen), Zeitschriften, Lexika, Bilderbücher in zwei Sprachen sowie Bücher und Tonbandaufnahmen von Geschichten aus anderen Kulturen.

Eltern können vielfach eingebunden werden: für das Sammeln von Bücher-Spenden, für das Binden von selbst erlebten, erzählten und diktierten Geschichten der Kinder zu Büchern, für das Reparieren von Büchern. Eltern können auch zur Organisation von Leseveranstaltungen oder Lesenächten herangezogen werden. Weiter sind individuelle Fotobücher zur Einschulung, die Bilder aus der Zeit vor dem Schuleintritt beinhalten und mit den Eltern gemeinsam vorbereitet und mit ersten Wörtern beschriftet werden, anregend und motivierend.

Ein Ausleihesystem kann gemeinsam überlegt und gestaltet werden, damit die Kinder Bücher auch mit nach Hause nehmen können. Hier helfen gemeinsame Besuche in Stadtbüchereien oder Buchhandlungen, um zu sehen, wie Sortierung und Ausleihe funktionieren können. Es kann auch eine Buchhandlung zu einer Buchausstellung in die Kindertagesstätte eingeladen werden.

In der Raumgestaltung können

- kleine Schreib- und Druckwerkstätten,
- Leseecken,
- Bücherhöhlen oder
- Lesesessel als „Bücherthron" sehr motivierend sein.

- Das Vorlesen im abgedunkelten Raum,
- das Einladen eines einheimischen Schriftstellers,
- die eigene Kindergarten- oder Klassenzeitung,
- Klassenbrieffreundschaften,
- der persönliche Briefkasten (Wandbehang mit Namensfächern) oder
- die Buchstabensuche im und um die Kindertagesstätte,
- der Geschichtensack mit Requisiten zu einem Bilderbuch,
- zweisprachige Bilderbücher (siehe Kap. 6),
- ein Namen-Memory, wobei die Namen mit aufgeklebten Schnüren geschrieben werden und zu den Fotos der entsprechenden Kinder zugeordnet werden sollen sowie
- die tägliche Fortsetzungsgeschichte

sind Angebote, die Lese- und Schreibkompetenz lustvoll fördern.

14.3 Buchstabenzauber und Pommes-Frites-Schrift

Einen Buchstabenzauber der besonderen Art bietet das Schreiben auf einer Acrylplatte oder das Spiegellesen. Wenn Sie ein / p / oder ein / d / mit dickem schwarzen Filzstift auf die Acrylplatte schreiben und diese dann wenden, können Sie sehr einfach die Raumlageveränderung von / d / und / b / respektive von / p / und / q / verdeutlichen (Heitmann 2005). Für Verblüffung sorgt auch das spiegelverkehrte Lesen. Erste eigene geschriebene Wörter mit einem kleinen Handspiegel verkehrt herum zu betrachten und dann zu erraten ist eine sehr unterhaltsame Spielart des Lesens (analog der Vielfalt von Geheimschriften). Eine weitere lustvolle Form der Entdeckung von Buchstaben ist das Schreiben und Lesen mit Lebensmitteln: Angefangen mit der bekannten Buchstabensuppe, dem Russischbrot in Buchstabenform oder dem Schreiben mit Sahne, Smarties oder Ketchup findet diese Form der Leseförderung ihren Höhepunkt in der Pommes-Frites-Schrift (siehe Abb. 49).

„An dem Tag, da die Fantasie der Kinder nicht mehr die Kraft besitzt, sie zu erschaffen, an diesem Tag wird die Menschheit arm. Die Bücher brauchen die Fantasie der Kinder, das ist wahr. Aber noch wahrer ist es, dass die Fantasie der Kinder die Bücher braucht, um zu leben und zu wachsen. Alles Große, das in der Welt vollbracht wurde, spielte sich zuerst in der Fantasie eines Menschen ab, und wie die Welt von morgen aussehen wird, hängt zum großen Teil vom Maß der Einbildungskraft jener ab, die heute lesen lernen. Deshalb brauchen Kinder Bücher."

(Lindgren 2000, 23)

Abb. 49: Pommes-Frites-Schrift

14.4 Lesekoffer für die Grundschule

Die Idee: Jedes Kind einer Klasse leiht für ein Jahr dem Lesekoffer sein mit Name und Anschrift versehenes Lieblingsbuch. Aus diesem Koffer können sich nun alle Kinder der Klasse Bücher ausleihen. Für jedes Buch wird eine Ausleihkarte angelegt, die im Buch liegt. Wenn ein Buch aus dem Koffer ausgeliehen wird, muss auf die Karte das Datum und der Name eingetragen werden. Die Karte wird in ein Ringbuch abgeheftet. Ein Merkzettel, der neben den Koffer gehängt wird, erklärt das Ausleih-System:

So leihe ich ein Buch aus:

- Ein Buch auswählen
- Die Lesekarte ausfüllen
- Die Lesekarte in das Ringbuch heften
- Das Ringbuch zurück in den Koffer legen
- Den Koffer schließen
- Das Buch zum Lesen mit nach Hause nehmen
- Lesen und Spaß haben
- Das Buch wieder zurückbringen!

Die Kinder verwalten den Lesekoffer nach entsprechender Einführung und Anleitung selbstständig. Die Einführung kann folgendermaßen gestaltet werden: An einem Montag, am besten nach Ferienzeiten, wird in drei Schulstunden der Koffer als Schatztruhe mit seinen inliegenden Schätzen vorgestellt. Der Schlüssel zu diesen Schätzen ist die Lesekompetenz. Die Kinder stellen reihum die mitgebrachten Bücher vor. Die Sprachförderkraft erklärt in Teilschritten das Ausleihsystem und gestaltet mit den Kindern gemeinsam den Merkzettel, indem sie die einzelnen Schritte schriftlich festhält oder sich von den Kindern diktieren lässt. Nun werden die Bücher gemeinsam mit Karten versehen. Jedes Kind kann für sein mitgebrachtes Buch die Karte selbst schreiben. Die Bücher werden mit den Karten in den Koffer gelegt. Der Lesekoffer bekommt einen festen Platz im Raum, der für die Kinder frei zugänglich ist (verändert nach einer Idee von Astrid Rombach, unveröffentlichte Abschlussarbeit 2007).

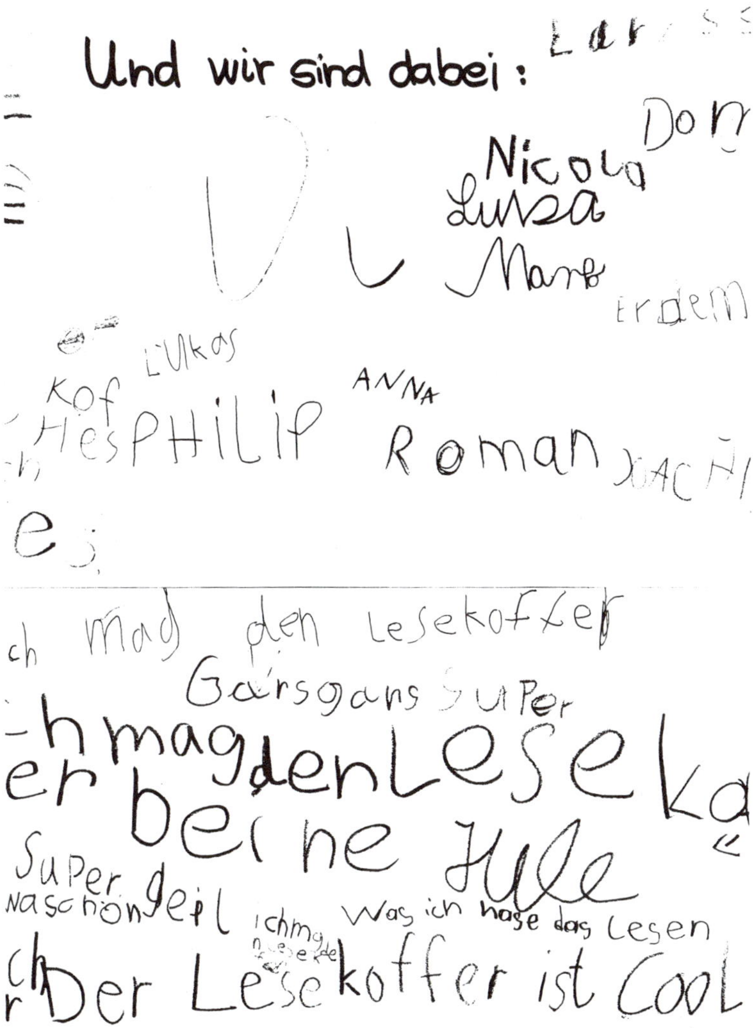

Abb. 50: „Und wir sind dabei" - Unterschriften der Kinder

14.5 Gute Bücher von Anfang an

Die Lust am Vorlesen und Selbst-Lesen zu wecken, war das vorrangige Ziel des Projektes von Doris Mack und Andrea Schaum, das im Kindergarten St. Walburga in Baden-Baden durchgeführt wurde (Mack / Schaum, unveröffentlichte Abschlussarbeit 2007). Angesprochen wurden alle Kinder und deren Angehörige der Einrichtung. Die Bilderbuchwochen bestanden aus folgendem Rahmenprogramm:

Elternabend

Die Projektwochen wurden an einem Elternabend eingeführt, wobei es einen Informationsflyer zum Mitnehmen gab, mit dessen Hilfe auf die Bedeutung der Literacy-Erziehung eingegangen wurde. Frau Wasserburger, Inhaberin des Kinderbuchladens „Max und Moritz" (ausgezeichnet als beste Kinderbuchhandlung des Jahres 2005, Buchmesse Leipzig) stellte neue Bücher vor und gab Tipps zur Buchauswahl.

Buchausstellung

Am Morgen nach dem Elternabend fand im Foyer des Kindergartens unter Mitwirkung der Kinder die feierliche Eröffnung der Buchausstellung statt. Es standen nun den Kindern und ihren Angehörigen sowie sonstigen Interessierten, die z. B. aufgrund des Zeitungsinserates kamen, die Bücher zum Anschauen, gegenseitigen Vorlesen und Schmökern zur Verfügung. Personal aus dem Kindergarten wechselte sich mit der Aufsicht ab und war auch für Vorlesewünsche bzw. Fragen ansprechbar. Ergänzt wurde das Sortiment mit Lieblingsbüchern aus der Einrichtung selbst.

Vorleseclub

Jeden zweiten Tag gab es den Vorleseclub, auf den die Kinder sich freuen durften. Dafür gewann man Vorlesepaten wie den Pfarrer der Gemeinde, den Schuldirektor der Grundschule, den Ortsvorsteher. Für die Kinder waren diese Paten natürlich sehr beeindruckend und sie lauschten aufmerksam den Geschichten.

Bilderbuchkino

Im täglichen Wechsel zum Vorleseclub wurde zum Ende des Kindergartenvormittags das Kino angeboten. Hierbei konnten sich die Kinder in Begleitung eines Erwachsenen, damit diese auch in die Literacy-Erfahrungen integriert wurden, im Vorfeld durch eine kostenlose Eintrittskarte einen Platz sichern. Ein Plakat als Aushang gab über eine Inhaltsangabe zum „Kinoprogramm“ Auskunft.

Fertige Serien zum Bilderbuchkino sind käuflich im Kindergarten- oder Schulbuchhandel zu erwerben, in Bibliotheken ausleihbar oder können selbst hergestellt werden, wobei mit einem Diafotoapparat die Bilder aus einem Bilderbuch abfotografiert werden können. Die Bilder werden mit dem Diaprojektor auf eine Leinwand oder weiße Wand projiziert. Eine oder mehrere Erzieherinnen lesen den jeweiligen Text zu den Bildern, ggf. nach Rollen verteilt, vor. Sehr spannend wird das Kino, wenn der Text auch mit Geräuschen oder Klängen untermalt wird.

Wahl des beliebtesten Buches

Zum Abschluss der Projektwochen durften die Kinder ihr Lieblingsbuch wählen. In den darauffolgenden Wochen wurde dieses Buch dann intensiv zur Sprachförderung im Kindergarten eingesetzt und vertieft. So gab es Mal- und Bastelangebote zur Geschichte und es wurden Lieder bzw. Gedichte oder Reime aus dem Buch vertieft. In Rollenspielen wurde die Handlung der Geschichte nachgestellt.

14.6 Leseratten im Kindergarten

In Klasse 4 der Heinrich-König-Schule in Mühlenbach im Kinzigtal wird das Lesen großgeschrieben. Viertklässler lesen ein halbes Jahr lang einmal in der Woche nachmittags im Kindergarten eine halbe Stunde lang Geschichten vor. Dabei achten sie darauf, dass sie deutlich sprechen, langsam vorlesen und dabei nicht nur ins Buch sehen, sondern die Kindergartenkinder immer wieder einmal ansehen. Die dazugehörenden Bilder im Buch werden auch gezeigt. Die Kindergartenkinder dürfen sich einen Lesepaten aussuchen und man setzt sich zu zweit in eine gemütliche Ecke zum Vorlesen.

In der Schule kann man sich am nächsten Tag gegenseitig erzählen, was jedes Schulkind im Kindergarten erlebt hat. Stephan war zunächst nicht begeistert, weil er von einem Mädchen als Lesepate ausgewählt worden war. Dann fand er jedoch, dass sie ganz nett gewesen ist. Alexander berichtete, dass sein Lesefreund ihn schon nach fünf Minuten fragte, ob er ihm auch das Rechnen beibringen könne. Alle Kinder sind gespannt, was sie im nächsten Jahr beim Vorlesen im Kindergarten erleben werden (Badische Zeitung 62. Jahrgang Nr. 284/49 08.12.07).

14.7 Internetportal „Antolin"

Das Internetportal „Antolin – Lesen nach Punkten" (www.antolin.de) bietet Schülern ab der ersten Klasse die Möglichkeit, selbstständig zu gelesenen Büchern Fragen zu beantworten. Es braucht vorgängig eine kostengünstige Registrierung durch den Schulträger. Via Benutzername und Passwort können Schüler 15 Fragen zu einem von ihnen gelesenen Buch beantworten. Mit jeder richtigen Antwort erhält der Schüler Punkte auf seinem „Lesekonto". Bei jedem Besuch auf dieser web-basierten Plattform für die Leseförderung kann der Schüler seinen aktuellen Punktestand einsehen. Klasseninterne „Antolin-Meisterschaften", Urkunden mit der Punktezahl am Schuljahresende sowie fortlaufend aktualisierte Buchempfehlungen auf der Website sind zusätzliche Anreize.

Lehrkräfte haben einen eigenen Zugang, der einen detaillierten Überblick über die Lesevorlieben und das Lesesinnverständnis ihrer Schüler ermöglicht. So kann die Lehrkraft gezielt die Leseförderung gestalten. Das breit gefächerte Angebot deckt eine immense Breite an Interessensgebieten und Altersgruppen ab. Teilweise sind Bücher, die auf der Plattform vertreten sind, in öffentlichen Bibliotheken und in Schulbibliotheken speziell gekennzeichnet.

„Antolin" für die Kindertagesstätte

In abgewandelter Form kann dieses Leseförderungsprinzip auch in der Kindertagesstätte umgesetzt werden: In einer im Wochenprogramm fixierten Stunde wird den Kindern die Möglichkeit gegeben, eigene oder Bücher aus der Kindertagesstätte den anderen Kindern kurz vorzustellen. Für jedes von den Kindern vorgestellte Bilder- oder Erstlesebuch gibt es eine „Lesekrone“. Auf einem kleinen Gruppenposter werden die Lesekronen dem jeweiligen Kind zugeordnet und nach einer fixierten Zeit (z. B. im Halbjahresturnus) werden der Lesekönig respektive die Lesekönigin in einer kleinen Zeremonie gekrönt.

Kinder bauen einen großen Bezug und Stolz zu selbst produzierten Büchern auf. Dies können
- Erlebnisbücher mit Fotos oder Ausmalbildern sein,
- Lückentexte, die sie selber ausfüllen,
- Bücher, die sie selber gebunden haben oder
- Geschichtenbücher, bei denen der Anfang gegeben ist und die Kinder das Ende selber malen oder schreiben (Open-end-Geschichten).

Auch Portfolios können eine wertvolle Annäherung an die Welt der Bücher sein (siehe Kap. 3). Ein Besuch in einer Druckerei oder Buchbinderei vermittelt den Kindern Einblicke in die hohe Kunst der Buchherstellung.

„Hat das Buch eine Zukunft?, fragt man immer wieder. Ja, das kann man ja fragen, aber ebenso oft: Hat das Brot eine Zukunft? Und die Rose? Und das Kinderlied? Und der Mairegen? Wie steht es denn damit, hat das alles eine Zukunft? Die eine Frage ist ebenso vergeblich wie die andere. Frag doch stattdessen: Hat denn der Mensch eine Zukunft? Daran kann man ja in traurigen Stunden zweifeln. Aber hat er das, dann hat es das Buch auch. Denn haben wir uns nur mal daran gewöhnt, unsere Freude und unseren Trost aus Büchern zu holen, dann können wir sie nicht mehr entbehren. Alle Menschen wollen ja nicht lesen, aber für viele, viele sind die Bücher genauso notwendig wie Brot und Salz und werden das auch bleiben, egal wie pfiffige Kassetten oder Fernsehapparate und andere Ersatzmittel wir auch erfinden werden.“
(Lindgren 2000, 25)

14.8 Wie ein Bilderbuch lebendig wird

Das folgende Beispiel ist exemplarisch. Mit jeder beliebigen Geschichte oder jedem Buch ist diese Methode umsetzbar.

Das Spiel der Prinzessinnen

Material:

- Zarte Vorhänge für einen Baldachin, Tücher in verschiedenen Farben: Wasser- und Wüstenfarben (blau, grün, türkis-orange, beige, sand, braun, rost), Tiger- oder Leopardenstoff
- Kissen
- Kindervioline, Kindertrompete, Kindertrommel, Triangel, Rassel, Tröte
- Fächer
- edler Sessel oder Stuhl mit glänzendem Stoff
- Schmuck wie Ketten, Ringe, Ohrringe
- Schatzkästchen, Schatztruhe oder Koffer mit edlen „Schätzen“
- (Edel-)Steine
- Spiegel, Wanne, Blütenblätter
- Schirme
- Eis (Sorbet)
- Krone
- Gebastelter Juchhu-Orden
- Tagebuch
- Abbildung mit Himmel und Sternennamen

Einstieg:
Als Einstieg in das Spiel kann eine Geschichte über (eine) Prinzessin/Prinzessinnen dienen. Die Erzieherin erzählt nun die Geschichte und die Kinder machen die einzelnen Spielanweisungen mit.

Spielhandlung:
Prinzessin Wölkchen liegt im Bett (ein aus Vorhängen drapiertes „Bett“) und träumt. Sie folgt der obersten Regel: Nichts tun, was anstrengender sein könnte als zu ruhen. Sie geht früh schlafen und steht spät auf. Zwischen diesen Ruhepausen räkelt sie sich entspannt auf ihren Kissen, deren wolkengleiche Weichheit sie nicht mag missen.

Prinzessin Doremi spielt die erste Geige (Kindervioline) im königlichen Hoforchester, und die anderen Prinzessinnen singen dazu. Singen bedeutet, Worte mit Farbe zu füllen. Wenn die Prinzessinnen singen, reden sie nicht, sie schimpfen nicht – sie klingen. Wenn Doremi die erste Geige spielt, klimpert sie dabei mit den Wimpern. Die singenden Prinzessinnen wollen Prinzessin Wölkchen erwecken. Dazu benötigen sie: Die Prinzessinnen Boogie und Woogie, die beim

Tanzen wie über den Boden schweben. Sie machen gerne einen drauf, lieben die Fiesta, die Fete, die Sause. Dabei tröten sie falsche Töne mit der Trompete oder Tröte, sie trommeln, klingeln und rasseln. Sie zirpen einen Zwitscherer. Da wacht Prinzessin Wölkchen auf!

Prinzessin Larifari ist dabei völlig ungehemmt, wilde Ausdrücke sind ihr nicht fremd. Sogar ihre Eltern tragen Mützen, um ihr Trommelfell zu schützen. Sie redet über alles und über nix, viel Blabla und Tralala. Aber sie ist darin sehr gut, die Ritter zum Angriff zu treiben, wenn ihnen fehlt der Mut. Sie wurde für ihren Mut mit dem Juchhu-Orden ausgezeichnet. Aber: Nicht lächeln ist, als vergäße man, die Blumen zu gießen.

Der Fächer von Prinzessin Eszett ist ein sehr nützlicher Gegenstand. Er ermöglicht zu sprechen, ohne ein einziges Wort zu sagen. Aber vor allem lässt es sich gut dahinter verstecken, um Streiche auszuhecken. Leise Worte, verrückte Worte, kleine Worte, wilde Worte, warme Worte, lustige Worte, windelweiche Worte. Prinzessin Eszett ist schnell beleidigt und sie schmollt. Bei einer kleinen Schmollerei wird sie dann von den anderen Prinzessinnen „beleidigte Bratwurst" genannt, bei heftiger Schmollerei „beleidigte Leberwurst".

Prinzessin Kapriziosa spricht nicht, sie flüstert. Sie ist verwöhnt und unbefangen, wenn es darum geht, Unmögliches zu verlangen: Schnee im Sommer, ein kaltes Plätzchen in der Wüste, Erdbeeren im Winter. Die Badewanne ist ihr Heiligtum, darin liegt sie den ganzen Tag: mit Eselsmilch, Blütenblättern, wohliger Wärme und duftendem Schaum und schaut sich im Spiegel an. Manchmal vergisst sie die Zeit, sie erscheint dann schnell auf einem Ball und vergisst, sich anzukleiden, oder sie schläft bei Tisch ein und ihr Kopf versinkt im Teller mit Kartoffelbrei. Es verstößt gegen die Etikette, mit den Füßen auf dem Tisch zu speisen oder während des Königsballs den Prinzen die Zunge raus zu strecken.

Prinzessin Kleptomarie schlüpft überall hindurch, sie öffnet Tresore und Schatztruhen im Nu und hinterlässt nicht die geringste Spur. Auf Bällen stibitzt sie den anderen Prinzessinnen ihren Schmuck. Es hat noch immer geklappt, sie wurde niemals geschnappt. Wenn ihr sie seht, macht, dass ihr geht!

Diademe, Armbänder, Halsketten und Ohrringe, all das und noch viel mehr, schätzen Prinzessinnen sehr. Die Welt der Prinzessinnen ist voller Geheimnisse. Sie haben geheime Pläne, geheime Treppen, geheime Schubladen, Tresore und Koffer. Auch schreiben sie in geheime Tagebücher.

Die Prinzessin des Dschungels trägt ein Kleid aus Tiger-/Leopardenfell und nachts legt sie sich zur Ruhe schnell. Ihre Krone aus Knochenklein ist ganz famos. Sie verbringt ihre Abende mit ihrer liebsten Freundin Papota von Banane auf den Bäumen, um zu erzählen von ihren Träumen. Sie sucht einen Prinzen, der schwindelfrei ist und so gerne wie sie Ameisenbrei isst. Der Dschungel ist ein ungeheuer großer Raum ohne Ordnung. Leichtfüßig, wie im Traum, schwingt sich die Prinzessin von Baum zu Baum.

Prinzessin Wüstenkind trägt einen Schleier, so müssen andere raten, welche Prinzessin sich dahinter verbirgt. Sie ist die Tochter der Königin von Saba. Sie lebt in einem Schloss aus Sand und zieht, wohin die Winde wehen, durch's Wüstenland. Sie badet in den Oasen, kennt die Namen der Sterne und trägt den Schleier zum Schutz gegen Sandstürme. Sie pflanzt Wüstenrosen an. Von klein auf übt die Prinzessin, wie sie mit ihrem Schleier würdevoll die Treppen hinaufschreitet.

Die Prinzessin vom See trinkt gerne Tee. Sie treibt elegant durch die Tiefen der Seen. Sie schwimmt gegen den Strom die Wildbäche hinauf. Tochter von Meerbarbe, Schwester der Prinzen Karpfen und Kabeljau. Im See ist der geheime Garten der ganzen Welt: Fische, Pflanzen, Steine. Alle Prinzessinnen besitzen mindestens einen Stein. Sie haben ihn an einem Strand, an einem Weg oder in einer Höhle aufgelesen. Sie legen ihn als Glücksbringer in ihre Tasche, halten ihn in ihrer Faust verborgen oder heben ihn in ihrer Schatztruhe auf. Keine Prinzessin wird euch je ihren Stein zeigen, da sind sie eigen. Es hat keinen Sinn, darauf zu bestehen, er ist geheim. Einzige Ausnahme: Prinzessin Kannibalosa und ihr Felsen, den sie von ihren Füßen rollen lässt.

Prinzessinnen kennen sich auch mit Edelsteinen aus, sie meinen, dass sie wunderbare Kräfte besitzen: Der Mondstein vertreibt Schluckauf, böse Gedanken und schlechte Noten in Mathematik. Der Aquamarin bringt die Müden zum Aufstehen und die Schlaflosen zum Einschlafen. Der Diamant ist von Nutzen, braucht man sich dann doch nie mehr die Zähne zu putzen. Der Amnethyst gibt Energie beim Treppenhinaufsteigen und der Smaragd beim Wiederhinabsteigen. Der Bernstein soll die Blicke der Prinzen anziehen, während andere behaupten, er ließe sie wieder von dannen ziehen. Ein schwieriges Feld. Den Experten zufolge ist es ein wenig von allem und nix, viel Blabla und Trara.

Zum Schluss nehmen die Prinzessinnen in der königlichen Küche ein gemeinsames Mahl ein: spezialisiert auf wahrhaft Königliches, ganz bestimmt nichts Durchschnittliches. Die bekanntesten Gerichte: Königinhappen, königliches Sauerkraut, Kaiserpastete und Prinzessin auf der Erbse. Aber am liebsten mögen die Prinzessinnen das königliche Sorbet: leichtes Eis auf Wassergrundlage, bestehend aus Fruchtfleisch von verbotenen Früchten. Guten Appetit!
(abgewandelt nach Ideen aus Lechermaier/Dautrenner 2008)

Was man über Prinzessinnen wissen muss – Schlussworte:

- Eine echte Prinzessin trägt niemals Socken, nicht mal im Winter.
- Eine echte Prinzessin nimmt ihre Krone niemals ab, (…) auch nicht im Schwimmbad.
- Prinzessinnen singen – ohne jede Ausnahme – wenn sie ein Bad nehmen.
- Eine Prinzessin kaut keine Nägel (zumindest nicht in der Öffentlichkeit).
- Prinzessinnen sind manchmal gemein.
- Sie sind nicht alle schön.
- Eine echte Prinzessin isst das Hühnchen nicht mit den Fingern (mit den Füßen ist es erlaubt)
- Um eine Prinzessin zu wecken, scheint der Kuss die radikalste Methode zu sein, die wirkungsvollste. Man denke nur an Dornröschen oder Schneewittchen. Es gibt jedoch auch Prinzessinnen mit einem sehr festen Schlaf. In diesem Fall hilft nur ein Mittel: die Tröte. Auch der Wassereimer ist eine Lösung. Man hüte sich aber vor jenen, die schwer aufwachen. Ein naiver Prinz fiel darauf herein. Während er gerade einen zärtlichen, sanften Kuss auf die Lippen einer schlafenden Schönen hauchte, versetzte ihm diese einen Kinnhaken, verärgert darüber, aufgeweckt zu werden. Man sagt, auch der Beruf des Prinzen sei schwierig.
- Bis heute gibt es kein Mittel, um eine Prinzessin zum Schweigen zu bringen. So ist es eben.
  (Lechermeier/Dautrenner 2008, 84)

14.9 Rollenspiele

Rollenspiele sind hervorragende Lernfelder für erste Schrifterfahrungen: Für das Kaufmannsspiel braucht es z. B. Preisschilder, Einkaufszettel, Kassenzettel, man muss Packungen lesen, bezahlen und „Aktionen" kennzeichnen. Weitere Rollenspielthemen, die sich für Literacy eignen, sind Schule, Arztbesuch, Restaurant, Weihnachtswunschzettel und die Politesse, die Strafzettel ausstellt.

In ihrem Buch „Die Abenteuer der kleinen Hexe im Buchstabenland" vertreten die Autorinnen S. Schönrade und R. Limbach (2005) einen psychomotorischen Zugang zum Lernen von A bis Z. Die einzelnen Laute werden hier mit allen Sinnen und vielen Bewegungsangeboten vermittelt. Die einzelnen Buchstaben werden in Geschichten und Bildern angeboten und sprechen so die kindliche Vorstellungswelt an. Eine Hinführung zur Welt der Buchstaben auf einem kreativen und sinnlichen Weg!

Empfehlenswerte Literatur

Biermann (2003): Wir spielen Geschichten.
Füssenich / Geisel (2008): Literacy im Kindergarten.
Heitmann (2005): Kindergartenkinder entdecken die Schrift.
Näger (2005): Literacy – Kinder entdecken Buch-, Erzähl- und Schriftkultur.
Rau (2007): Literacy. Vom ersten Bilderbuch zum Erzählen, Lesen und Schreiben.
Tenta (2007): Literacy in der Kita.
Schönrade / Limbach (2005): Die Abenteuer der kleinen Hexe im Buchstabenland.

15 Erziehungs- und Bildungspartnerschaft mit den Eltern

Im Orientierungs- und Bildungsplan (siehe Kap. 2) wird auf die Mitwirkung von Eltern in Kindertageseinrichtungen eingegangen. Gemeinsames pädagogisches Handeln von Erzieherinnen und Eltern stellt die Erziehungs- und Bildungspartnerschaft dar. Pädagogische Fachkräfte können die besonderen Fähigkeiten, Interessen und Kenntnisse sowie Bedürfnisse der Eltern aufgreifen und sie motivieren, diese in die Arbeit mit den Kindern einzubringen. Zudem kann so der Transfer und die Fortsetzung pädagogischer bzw. (sprach-)fördernder Inhalte ins häusliche Umfeld der Kinder gewährleistet werden (siehe Kap. 4).

In diesem Kapitel gehen wir auf die mögliche Gestaltung eines Informationsabends ein, der von Erzieherinnen und Logopädin gemeinsam geplant und durchgeführt wird. Der erlebnis- und erfahrensorientierte Aspekt steht auch hier im Vordergrund. Ein weiterer Punkt dieses Kapitels ist der Transfer von Inhalten aus Weiterbildungsmaßnahmen in das Team einer Kindertagesstätte (Intervision). Es gibt die Situation, dass eine Erzieherin eines Teams sich in der Sprachförderung weiterbildet, oder dass eine externe Sprachförderkraft in die Einrichtung kommt. Diese Ideen sollten vom Team mitgetragen und umgesetzt werden, sodass eine fachliche Vernetzung stattfindet.

Durch die gute Vernetzung und Zusammenarbeit mit den Eltern können zusätzliche Ressourcen erschlossen werden, wie wir es vergleichsweise in Kapitel 4 anhand der Kooperation von Erzieherinnen und Sprachtherapeuten beschrieben haben. Hierzu schreibt auch der Minister für Bildung, Kultur und Wissenschaft (2004): „… Das Netzwerk vergrößert sich, wenn Eltern und Erzieherinnen gemeinsam weitere Experten für einzelne Themen zu gewinnen suchen".

Es gibt mannigfaltige Formen, Angebote und Möglichkeiten für die Zusammenarbeit mit Eltern, wie das Anmeldegespräch, Orientierungsabende, Hausbesuche, Telefonkontakte, Anwesenheit der Eltern während der Eingewöhnungszeit des Kindes in der Kindertagesstätte, Elterncafe, Tür- und Angelgespräche, Ausflüge, Feste, Elternbriefe und -befragungen, Informationsabende, Termin- bzw. Entwicklungsgespräche, offene Elternsprechstunden, Elterngruppen, Homepages mit der Möglichkeit des Gästebuches, „Meckerkasten", Foto- und

Pinnwände, die der Information und Transparenz dienen. In Mannhard / Scheib (2007) fand das Elterngespräch eine besondere Berücksichtigung unter dem Fokus „Früherkennung von Spracherwerbsstörungen – kooperative Elternberatung und Weitervermittlung“, in diesem Kapitel konzentrieren wir uns auf den Informationsabend.

15.1 Informationsabende gemeinsam erleben

Informationsabende können mit diversen thematischen Schwerpunkten erfolgen. Interesse bei den Eltern wird durch praktisches Tun und Selbsterfahrung eher als durch Vorträge einer Person und Zuhören im Publikum geweckt, es sei denn, es handelt sich um kurze anschauliche Vorträge. Hier können ähnliche Prinzipien des Lernens und Erfahrens neuer Inhalte wie bei den Kindern, wenn man von sprachfördernden Prinzipien ausgeht, zugrunde gelegt werden. Lernen kann erlebnis- und erfahrensorientiert sein, kann Interesse und Neugier wecken und Spaß machen – das gilt auch für Erwachsene. So können beispielsweise (Rollen-)Spiele, anregende Filmsequenzen und praktische Übungen eingebaut sowie zwischen Klein- und Großgruppenangeboten gewechselt werden. Auch Elternworkshops können abwechslungsreich gestaltet sein (siehe auch Bender-Körber / Hochlehnert 2006).

Abb. 51: Ein Informationsanlass stärkt die Bildungs- und Erziehungspartnerschaft mit den Eltern

Beispiel eines handlungsorientierten kooperativen Informationsabends oder -workshops

Die Eltern werden schriftlich gemeinsam von Erzieherin und Logopädin eingeladen. Die Inhalte, Ziele und der Zeitrahmen werden im Schreiben kompakt aufgezeigt. Der darin auch formulierte ressourcenorientierte Gedanke – Eltern agieren unbewusst oft richtig und sollen darin bestärkt werden – soll die Eltern zur Teilnahme ermuntern. Es werden explizit beide Elternteile eingeladen. Die Eltern sollen ferner durch diese Vorabinformationen eine Vorstellung über die Inhalte und den Zeitrahmen erhalten. Der Informationsabend ist dreigeteilt: Begrüßung und Erstinformationen, Parcours mit 3 Stationen, Schlussrunde mit Fragerunde.

15.1.1 Begrüßung und Erstinformation

Vor dem Eintreffen der Eltern werden vertiefende schriftliche Ausführungen (Erstinformation / Kurzskript und auf der Rückseite der Ablaufplan für den Parcours) auf drei verschieden farbigen Blättern auf den Stühlen verteilt. Die Farben dienen dann der Gruppeneinteilung bei dem Parcours (alle Eltern mit roten Blättern bilden eine Gruppe usw.).

Bei der Begrüßung wird den Eltern die Komplexität des Sprechens verdeutlicht. So wird z. B. die Runde mittels Handaufheben gefragt, wie viele Muskeln wohl bei der Produktion des Lautes / a / koordiniert werden müssen: bis zu 60 Muskeln, bis zu 80 Muskeln, bis zu 120 Muskeln oder bis zu 150 Muskeln?

(Bei der Produktion des Lautes / a / werden bis zu 150 Muskeln koordiniert. Muskeln aus den Bereichen Atmung, Stimmgebung und Artikulation werden in kürzester Zeit vom Gehirn aus angesteuert.)

Die Bedeutung der Nachahmung in Lernprozessen kann den Eltern auf eindrückliche Art und Weise bewusst gemacht werden. Laden Sie die Eltern zu einem kleinen Experiment ein: Sie sollen bitte kurz aufstehen, dann geben Sie selbstsicher folgende Anweisung: „Bitte strecken Sie den rechten Arm senkrecht in die Luft“ und gleichzeitig halten Sie ihren eigenen rechten Arm *horizontal* zur Seite – der Effekt ist erstaunlich. Fast alle Eltern achten nicht auf Ihre verbale Anweisung und strecken wie Sie selber den Arm auch seitlich (anstatt senkrecht) in die Luft. Nach einer kurzen Verblüffung kommen meist Lachen und Erstaunen auf. Hier ist dann ein Hinweis auf die „Macht

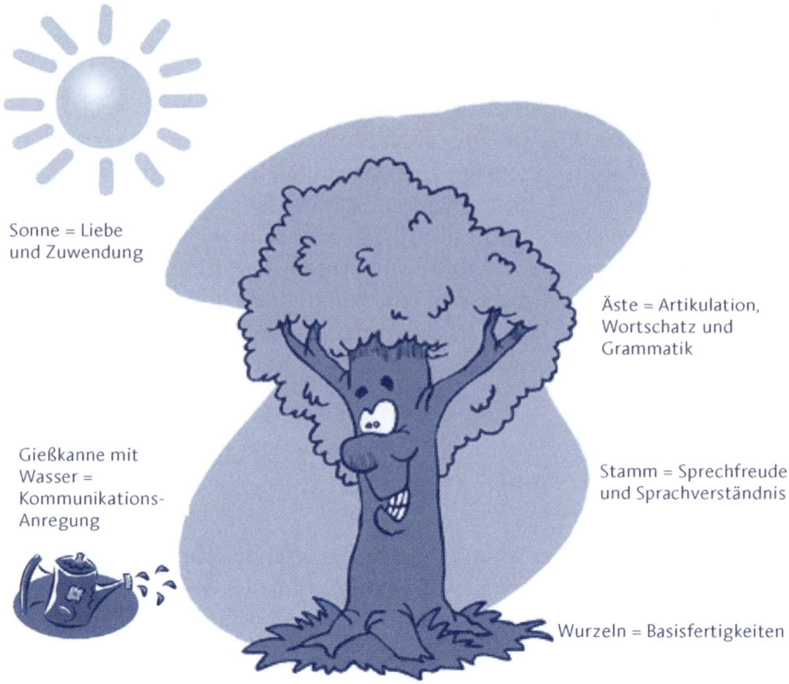

Abb. 52: Vereinfachtes Sprachbaummodell nach Wendlandt (2006)

der Nachahmung" sinnvoll, denn diese Macht ist auch in der Sprachförderung ein wertvoller Ansatzpunkt. Nebenbei haben Sie durch den verblüffenden Effekt als Rednerin schon klar „gepunktet".

Die Voraussetzungen des Spracherwerbs lassen sich gut durch den „Sprachbaum" (Wendlandt 2006, 9) aufzeigen (siehe Abb. 52). Kein Baum gleicht dem anderen, und Sprache entwickelt sich ebenso individuell. Sie braucht ein Umfeld (Boden), Basisfertigkeiten wie Sinnesleistungen, motorische und geistige Entwicklung (Wurzeln), aus denen sich dann Sprechfreude und Sprachverständnis entwickeln (Stamm). Auf der Basis eines starkes Stammes entwickeln sich dann die Bereiche Artikulation, Wortschatz und Grammatik (Äste). Entwicklung (Wachstum) braucht Liebe und Zuwendung (Sonne) und Kommunikationsanregung (Gießkanne mit Wasser).

In dieser ersten Sequenz des Informationsabends, die nicht länger als 20 Minuten dauern sollte, ist ein abwechselndes Leiten von

Erzieherinnen und Logopädin empfehlenswert. Die „Begrüßung" und „Erstinformation Komplexität und Nachahmung" könnte von der Erzieherin als Rednerin übernommen werden. Der Sprachbaum könnte dann von der Logopädin präsentiert und erläutert werden. Die Eltern erleben Sie mit diesem Rednerwechsel als ein Team.

15.1.2 Parcours mit 3 Stationen

Für den Parcours werden die Eltern in drei Gruppen (nach Farbe des Skriptes) eingeteilt. Die Stationen sind thematisch wie folgt getrennt (leitende Personen in Klammer):

- Sprachförderung im Alltag (Erzieherin)
- Sprachförderung beim Bilderbuchbetrachten (Erzieherin)
- Sprachauffälligkeiten und Tipps für Eltern (Logopädin)

„Sprachförderung im Alltag" thematisiert die mannigfaltigen Möglichkeiten von Wahrnehmungs- und Sprachangeboten im Alltag. Eine kurze Videosequenz eines Waldspazierganges kann die Vielfältigkeit an Sinneseindrücken verdeutlichen: das Klettern über Wurzeln, das Riechen an Blättern, die Unterschiedlichkeit von Baumrinden erspüren, das Beobachten von Käfern und der Austausch über das gemeinsam Erlebte. Danach sollen die Eltern eine „Wandzeitung" gestalten. Sie werden aufgefordert, auf kleinen vorbereiteten Zetteln Alltagssituationen mit Sprachförderoptionen aufzuschreiben: Sandkastenspiel, Abwaschen, Gute Nacht-Geschichten, Roller fahren, Karotten schälen, im Garten mithelfen … Nachdem die Eltern die Zettel an eine Pinnwand (oder alternativ mit Kreppklebeband an die Wand) geheftet haben, wird die Sammlung thematisch von der Erzieherin geordnet: Bewegungsangebote, Handlungsangebote, Wahrnehmungsangebote, Kommunikationsrituale. Den Eltern wird aufgezeigt, dass sie bereits intuitiv viele Förderangebote anbieten. Sie sollen darin bestärkt werden, „Richtiges" vermehrt zu tun. Die Eltern werden ernst genommen und in ihren Aktivitäten wertgeschätzt.

Die Station **„Sprachförderung beim Bilderbuchbetrachten"** zielt auf das sprachliche Modellierverhalten der Eltern ab (siehe Kap. 5). In einem Rollenspiel mit einem Elternteil zeigt die Erzieherin sprachliche Anregungsstrategien auf: Die Aussagen des Kindes bestätigen („Kuh?" – „Ja, eine Kuh"), erweitern („Die Kuh frisst Gras") und richtig fürs Kind wiederholen („Duh" – „Ja, eine Kuh"). Bei

Benennungsschwierigkeiten können Alternativfragen („Ist es eine Kuh oder ein Schaf?“) motivierender sein als Vor- und Nachsprechangebote. Nach diesem Einstieg sollen die Eltern gegenseitig die genannten Strategien im Rollenspiel ausprobieren und die Erfahrungen austauschen. Eine schriftliche Zusammenfassung der Strategien am Ende der Station rundet diesen Bereich ab.

Es bedarf fachspezifischen Wissens für die Gestaltung der Station **„Sprachauffälligkeiten und erste Tipps“** und sollte daher von der Logopädin betreut werden. Eine Grafik über die Einteilung von möglichen Störungsbildern im Bereich der Kindersprache (Sprach-, Sprech- und Stimmstörungen) sollen die Eltern für Auffälligkeiten sensibilisieren (siehe Tab. 13).

Bei Zweifeln, Sorgen und Beunruhigungen seitens der Eltern wird eine medizinische und logopädische Abklärung im Sinne einer Früherfassung empfohlen. Der Aspekt, dass eine Abklärung nicht zwangsläufig auch eine Therapieindikation mit sich führt, soll nicht unerwähnt bleiben. Eine Abklärung kann Unsicherheiten von Eltern in der Interaktion mit ihren Kindern vorbeugen und hat damit präventiven Charakter.

Nach dem Überblick experimentieren die Eltern mit einfachen Anregungen zur allgemeinen Förderung der Zungenmundmotorik und Sprechdeutlichkeit. Materialien mit einfachsten Blas- und Saugspielen, Lippen- und Zungenspielen können von den Eltern ausprobiert werden und geben wertvolle, selbst erlebte Impulse zur allgemeinen Förderung der Zungenmundmotorik, die eine Grundlage zur Förderung der allgemeinen Sprechdeutlichkeit darstellt.

Tab. 13: Vereinfachte Unterteilung Störungsbilder

Unterteilung möglicher sprachlicher Störungsbilder (vereinfachtes Modell)			
Sprechstörungen	**Sprachstörungen**	**Stimmstörungen**	**Myofunktionelle Störungen**
Aussprachestörungen (phonetisch/phonologisch) **Sprechablaufstörungen** (Stottern/Poltern)	**Einschränkungen in den Bereichen Semantik/Lexikon** **Grammatik** **Sprachanwendung**	**Heiserkeit** **Näseln** (offen/geschlossen)	**Hypotone Zungen- und Mundmuskulatur** **Mundatmung/Speichelfluss**

Beispiele sind:

- Nutella oder Honig auf den Lippen mit der Zunge „wegputzen“
- Soviel wie möglich mit dem Strohhalm trinken und harte Lebensmittel knabbern, wie die Rinde vom Brot, Karotten usw.
- Wer kann einen Stift oder Strohhalm mit der Oberlippe „balancieren“?
- Beim Malen oder Schauen einer kurzen TV-Sendung gleichzeitig einen Holzspatel, ein Stäbchen oder einen dünnen Keks mit den Lippen festhalten – der Keks darf am Ende gegessen werden.
- Verschiedene Gegenstände wie „Mensch-ärgere-dich-nicht“-Kegel, Nüsse oder Mandeln mit den Lippen, ohne Hilfe der Hände, aufsammeln. Wer sammelt binnen einer bestimmten Zeit die meisten Gegenstände?
- Mit den Lippen, ohne Hilfe der Hände, Salzstangen essen. Wer hat sie am schnellsten verspeist?
- Summende Bienen (Zahnreihen geschlossen halten, Lippen breit ziehen) sammeln Blütenstaub: Selbst gebastelte Papierblumen werden mit einem Strohhalm angesaugt und in ein Gefäß abgelegt.
- Wer kann eine Feder mittels Blasen in der Luft halten oder auf einem Tisch in ein bestimmtes Ziel pusten?

„Ich will euch nur sagen, dass es gefährlich ist, zu lange zu schweigen. Die Zunge verwelkt, wenn man sie nicht gebraucht.“
(aus Pippi Langstrumpf geht an Bord in Lindgren 2000)

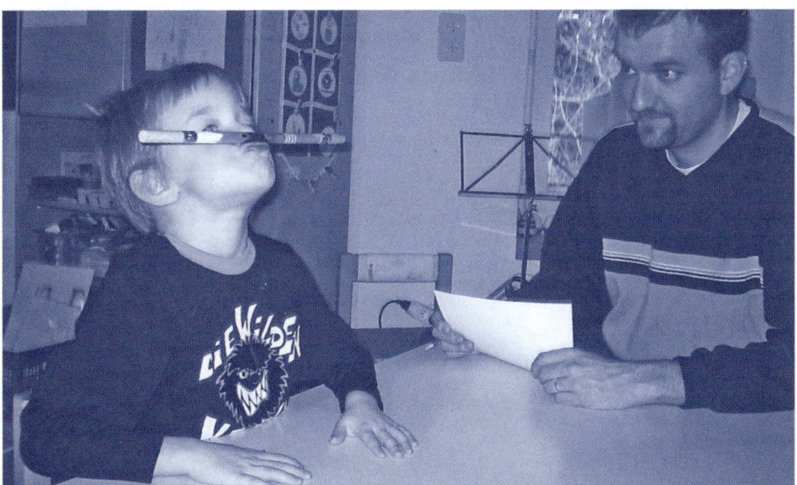

Abb. 53: Viele Übungen können auch zuhause umgesetzt werden

15.1.3 Schlussrunde mit Fragerunde

In der gemeinsamen Schlussrunde wird den Eltern die Möglichkeit gegeben, vertiefende Fragen oder Anmerkungen zu den Stationen zu äußern. Teilweise werden aber auch sehr auf ein einzelnes Kind bezogene Fragen bezüglich Symptomatik oder Verlauf gestellt. Hier empfehlen wir, vor der Gruppe nicht zu sehr auf den Einzelfall einzugehen und auf ein mögliches Gespräch im kleineren Kreis zu verweisen. Die gemeinsame Vorbereitung und Gestaltung, das gegenseitige Bereichern im Austausch von Erzieherin und Logopädin sowie das Auftreten als Team in der Förderung der anvertrauten Kinder machen einen Informationsabend in der vorgeschlagenen Weise nicht nur für Eltern zu einem erfüllenden und bereichernden Erlebnis, sondern auch für die Erzieherinnen und Logopädin.

15.2 Weitere Anregungen für Eltern

Spiele für bewusstes Hinhören

Beispiele:

- Zwei Kinder oder Kind und Erwachsener sitzen Rücken an Rücken. Der Erwachsene verabredet mit den Kindern ein Signalwort und liest eine Geschichte vor. Wenn die Kinder das Wort hören, drücken sie ihre Rücken aneinander.
- Bei Spielen, bei der Betrachtung eines Bilderbuches, beim Autofahren, beim Einkaufen wird verabredet, welche Sachen gesammelt werden, z.B. alle Sachen, die mit einem /A/ beginnen.
- Lottos oder Memories mit ähnlich klingenden Reimpaaren (Haus-Maus) oder Minimalpaaren (Saal-Schal) sowie die Sprechhexe (Ravensburger) sind fertige Materialen zur Förderung des bewussten Hinhörens.

Spiele und Materialien zur Begriffsbildung und -erweiterung

Beispiele:

- Bilderbücher und Memories, die nach semantischen Kategorien geordnet sind, z. B. ein Bilderbuch mit dem Thema Haus, das auf diversen Bildern die einzelnen Zimmer eines Hauses mit dazugehörendem Inventar enthält.
- Präpositionen können mit dem Kasper verdeutlicht werden. Wo hat er sich versteckt? Im Bett, unter dem Bett, neben dem Bett usw.
- Eine Schnur wird zwischen zwei Stühle gespannt. Reale Gegenstände oder Abbildungen aus verschiedenen semantischen Kategorien können auf dem Boden verteilt werden, z. B. Werkzeug, Obst, Spielzeug, Schreibgeräte. Das Kind bekommt den Auftrag, alle Dinge, die zu einem bestimmten Oberbegriff gehören, einzusammeln. Dazu muss es über die Schnur hin und her hüpfen.
- Bei Alltagshandlungen wie beispielsweise dem Einkaufen kann mit dem Kind vorbesprochen werden, was eingekauft werden muss und das Kind malt den Einkaufszettel.
- Was schwimmt und was geht unter? Diverse Gegenstände, die in leicht und schwer unterteilt werden können, werden neben einer mit Wasser gefüllten (Bade-)Wanne bereitgelegt. Die Kinder können ausprobieren, welche Gegenstände schwimmen oder sinken.

Spiele zur Förderung der Satzbildung (Verbzweitstellung im Hauptsatz)

Beispiele:

- Der Erwachsene massiert das Kind mit verschiedenen Gegenständen, z. B. Waschlappen, Massagehandschuh, Schwamm, Bürste, Tennisball an verschiedenen Körperteilen. Das Kind soll in ganzen Sätzen erzählen, womit es an welcher Stelle massiert wurde, z. B. „Du massierst mich mit der Bürste an meinem rechten Bein".
- Das Kind wird zwischen zwei Matratzen oder Matten gelegt und ist ein „Hamburger". Es bestellt in vollständigen Sätzen, womit der Hamburger in Einzelschritten belegt werden soll, z. B. „Ich möchte eine Scheibe Käse auf meinen Hamburger", wobei der Erwachsene die obere Matte dann einmal drückt.

- Jegliche Einkaufsspiele bieten die Möglichkeit zur vollständigen Hauptsatzbildung, sowohl in der Rolle des Käufers als auch Verkäufers, auch weitere Rollen- und/oder Handlungsspiele sind denkbar, z.B. Autowerkstatt, Taxifahrt, Friseur, Krankenhaus.
- Das Spiel „Ich packe meinen Koffer …" kann real gespielt und mit vollständigen Sätzen begleitet werden, beispielsweise das Packen der Bade- oder Turntasche oder auch des Koffers für eine Reise.
- Pantomimespiele mit der ganzen Familie machen Spaß und dienen der Sprachförderung. Eine Person stellt eine Handlung dar, die anderen müssen sie in vollständigen Sätzen erraten, z.B. „Jannis putzt sich die Zähne". Ebenso können Tiere dargestellt und erraten werden (Ideen abgewandelt nach Monschein 2007).

Rituale begleiten den Familienalltag

Die Ermutigung zu (Kommunikations-)Ritualen wie Gute Nacht-Geschichten, Vorlesen, Mittagstischgespräche, Gespräche am Abend über den Tagesablauf sowie Raum zu geben für Gesprächsimpulse des Kindes können sprachfördernde Elemente des Alltags sein.

15.3 Intervision – Transfer von Inhalten ins Team

In vielen Teams in Kindertageseinrichtungen sind die Kompetenzen verteilt, es gibt beispielsweise Fachfrauen für Rhythmik, für Bewegungserziehung, für Kunsterziehung oder für Sprachförderung. Wenn Sprachförderung konzeptionell verankert und interdisziplinär vernetzt werden soll (siehe Kap. 4), wird es erforderlich, dass alle Teammitglieder vom Kompetenz- und Wissenszuwachs einzelner Fachkräfte profitieren können, mindestens in dem Sinne, dass sie die Förderziele und -inhalte kennen (siehe Kap. 2). Möglichst werden diese in den einzelnen Gruppen aber von allen pädagogischen Fachkräften unterstützt und gemeinsam fortgesetzt. Auch wenn externe Sprachförderkräfte in die Einrichtung kommen und Sprachförderung mit einzelnen Kindern oder in Kleingruppen abhalten, ist im Sinne der Qualitätssicherung betreffend des Transfers der Inhalte und der Unterstützung der Lernprozesse der Kinder eine Transparenz und ein fachlicher Austausch wünschenswert (siehe Kap. 2).

Wir schlagen hierfür eine ähnliche Vorgehensweise wie beim Informationsabend oder -workshop mit Eltern in Kooperation mit einer Logopädin für den Bereich „Sprachauffälligkeiten" vor (siehe Kap. 15). So kann gegenseitiges Team-Teaching und Intervision spannend, anregend, motivierend sowie erfahrens- und erlebnisorientiert sein.

Empfehlenswerte Literatur

Bender-Körber/Hochlehnert (2006): Elternzentriertes Konzept zur Förderung des Spracherwerbs. Handbuch zur Durchführung von Elternworkshops.

Rotmann et al. (1999): Elternratgeber Sprachtherapie. Die häufigsten Elternfragen zu Sprachauffälligkeiten bei Kindern praxisnah, anschaulich und verständlich erklärt.

Textor (2006): Erziehungs- und Bildungspartnerschaft mit Eltern. Gemeinsam Verantwortung übernehmen.

Anhang

Literatur

Affolter, F. (1990): Wahrnehmung, Wirklichkeit und Sprache. Neckar, Villingen-Schwenningen

Agazzi, N. + Graemiger, D. (2007): Praxisbuch Sprechen und Handeln in Kindergarten und Therapie. Schubi , Schaffhausen

Apeltauer, E. (2004): Sprachliche Frühförderung von zweisprachig aufwachsenden türkischen Kindern im Vorschulbereich. Bericht über die Kieler Modellgruppe. Flensburger Papiere zur Mehrsprachigkeit und Kulturenvielfalt im Unterricht

Bender-Körber, B., Hochlehnert, H. (2006): Elternzentriertes Konzept zur Förderung des Spracherwerbs. Handbuch zur Durchführung von Elternworkshops. Borgmann Media, Dortmund

Bestle-Körfer, R., Stollenwerk, A. (2005): Sehen, hören, schmecken … Mit Kindern alle Sinne entdecken.

Biermann, I. (2003): Wir spielen Geschichten. Herder, Freiburg

Blumenstock, L. (2007): Spielerische Wege zur Schriftsprache im Kindergarten. Beltz, Weinheim

Brauer, S. (2004): Morgens früh um 6, reimt die kleine Hex. Pattloch, München

Braun, W. (2008): Gemeinsam Sprache fördern. Integriert-transdisziplinäre Sprachförderung – Erfolgsüberprüfung aus Sicht von beteiligten Kindergartenlehrpersonen. Unveröffentlichte Masterthese, Hochschule für Heilpädagogik, Zürich

–, Steiner, J. (2008): Virtuelles Kompetenzzentrum Sprachprävention. www.sprachpraevention.ch

– (2007): „und die Logopädie!?" Logopädie und Basisstufe als sinnvolle Ergänzung. SZH Dossier, Luzern, 11–17

– (2005): Aufbau eines logopädischen Kompetenzzentrums für Prävention und Beratung. Unveröffentlichte Diplomarbeit, Hochschule für Heilpädagogik, Zürich

Brunner, I., Häcker, T., Winter, F. (Hrsg.) (2006): Das Handbuch Portfolioarbeit. Konzepte, Anregungen, Erfahrungen aus Schule und Lehrerbildung. Kallmeyer, Seelze

Buchli, A., Müller, C., Schmid, K. (2008): Sprachmobile. Ein Sprachförderprojekt in der Spielgruppe. Unveröffentlichte Abschlussarbeit, Hochschule für Heilpädagogik, Zürich

Bünting, K.-D. (2005): Timo und der Tanz der Buchstaben. Eine Geschichte über die Schrift. dtv, München

Deister, M., Horn, R. (1999): Streichelwiese. Geschichten, die mit den Fingern erzählt werden. Kontakte, Lippstadt
Delamain, C., Spring, J. (2007): Praxisbuch Grundlagen der Kommunikation. Schubi, Schaffhausen
Der Minister für Bildung, Kultur und Wissenschaft (Entwurf 2004): Bildungsprogramm für saarländische Kindergärten. Handreichungen für die Praxis. Internationale Akademie, INA der freien Universität Berlin
De Saint-Exupery, A. (2000): Der kleine Prinz. Rauch, Düsseldorf
Deutscher Bundesverband für Logopädie e. V. (2007): Leistungsbeschreibung Sprachförderung

Elschenbroich, D. (2001): Weltwissen der Siebenjährigen. Wie Kinder die Welt entdecken können. Goldmann, München

Fischer, R. (Hrsg.) (2005): Sprache – Schlüssel zur Welt. Auer, Donauwörth
Friedrich, G., de Galgoczy, V. (2006): Komm mit ins Buchstabenland. Christopherus bei Herder, Freiburg
Fröhlich-Gildhoff, K., Nentwig-Gesemann, I., Schnadt, P. (2007): Neue Wege gehen – Entwicklungsfelder der Frühpädagogik. Ernst Reinhardt, München / Basel
Füssenich, I., Geisel, C. (2008): Literacy im Kindergarten. Ernst Reinhardt, München / Basel

Gloor, U., Hüsler, S. (2007): Unterrichtsmaterialien und Anregungen zum Buch „Besuch vom kleinen Wolf“. Lehrmittelverlag des Kantons Zürich
Goldbrunner, E. (2006): Phonologische Bewusstheit im Rahmen der Sprachentwicklung. Praesens, Wien
Gondolino (2004): Kinder- und Zeichenschule in Bildern und Versen. Gondolino, Bindlach
Götte, R. (2007): Sprache und Spiel im Kindergarten. Cornelsen, Berlin
Grace, C., Shores, E. (2005): Das Portfolio-Buch für Kindergarten und Grundschule. Verlag an der Ruhr, Mühlheim
Grüger, C., Weyhe, S. (2007): Kinder in Bewegung mit NaturMotorik. Ökotopia, Münster

Haarman, H. (2001): Kleines Lexikon der Sprachen. C.H. Beck, München
Haider, C. (2007): Kinder fördern leicht gemacht. Bild-Laut-Buchstabe richtig kombinieren. Öbv & hpt, Wien
Halbig, S., Lutter, M. (2007): Arbeitskarten für Erlebnislandschaften in der Turnhalle. Hofmann, Schorndorf.
Heinrichs, G. (2003): Logopädischer Interventionsbedarf im Kindergarten. Forum Logopädie Heft 3 (17), 38–40
Heitmann, P. (2005): Kindergartenkinder entdecken die Schrift. Klett, Stuttgart
Herm, S. (2006): Psychomotorische Spiele für Kinder in Krippen und Kindergärten. Beltz, Weinheim
Humboldt, W. von (1836 / 1972): Linguistic Variability and Intellectual Development. Philadelphia University of Pennsylvania Press
Hüsler, S. (2007a): Besuch vom kleinen Wolf. 2. Aufl. Lehrmittelverlag des Kantons Zürich
– (2007b): Tres tristes tigres. Drei traurige Tiger: Zaubersprüche, Geschichten,

Verse, Lieder und Spiele für die mehrsprachige Kinder(Garten)-Gruppe. Lambertus, Freiburg
– (2004): Kinderverse aus vielen Ländern. 42 Sprachen mit CD. Lambertus, Freiburg
– (2001): Sag, wie sagt man …? Sprachenposter. Lehrmittelverlag des Kantons Zürich
– (1993): Zauber Zauber Zauber-Ei. 2. Aufl. Lehrmittelverlag des Kantons Zürich
–, Mustafa, M. (2006): Prinzessin Ardita. Zweisprachig Albanisch und Deutsch. Lehrmittelverlag des Kantons Zürich
–, Privitera, S. (Hrsg.) (1990): Liederwelt. Kinderlieder aus vielen Ländern. Cass. Verlag Kindergarten Schweiz, Hölstein

Iven, C. (2006): Sprache in der Sozialpädagogik. Kapitel 3: Förderung von Sprache und Kommunikation. Bildungsverlag EINS, Troisdorf

Jampert, K. (2007): Leistungsbeschreibung Sprachförderung. In: Deutscher Bundesverband für Logopädie e. V.: Sprachentwicklung in Deutschland. Dokumentation des Symposiums Sprachförderung-Sprachtherapie vom 29.11.2006
– (2002): Schlüsselsituation Sprache. Spracherwerb im Kindergarten unter besonderer Berücksichtigung des Spracherwerbs bei mehrsprachigen Kindern. Leske + Budrich, Opladen
–, Best, P., Guadatiello, A., Holler, D., Zehnbauer, A. (2007a): Schlüsselkompetenz Sprache. Sprachliche Bildung und Förderung im Kindergarten. Konzepte-Projekte-Maßnahmen. verlag das netz, Berlin
–, Leuckefeld, K., Zehnbauer, A., Best, P. (2007b): Sprachliche Förderung in der Kita. Wie viel Sprache steckt in Musik, Bewegung, Naturwissenschaften und Medien? verlag das netz, Berlin

Katz-Bernstein, N. (1986): Aufbau der Sprach- und Kommunikationsfähigkeit bei redeflussgestörten Kindern. Ein sprachtherapeutisches Übungskonzept. Verlag der Schweizerischen Zentralstelle für Heilpädagogik, Luzern
–, Meili-Schneebeli, E., Wyler-Sidler, J. (Hrsg.): Mut zum Sprechen finden. Therapeutische Wege mit selektiv mutistischen Kindern. Ernst Reinhardt, München / Basel
Kohl, E. M. (2006): Spielzeug Sprache. Ein Werkstattbuch. 2. A. Beltz, Weinheim
Krenz, A. (2005): Der „Situations-Orientierte Ansatz“ im Kindergarten. Herder, Freiburg
Krok, G., Lindewald, M. (2007): Portfolios im Kindergarten. Verlag an der Ruhr, Mühlheim
Küspert, P., Schneider, W. (2000): Hören, lauschen, lernen. Sprachspiele für Kinder im Vorschulalter. 2. Aufl. Vandenhoeck & Ruprecht, Göttingen

Lange, U., Stadelmann, T. (2007): Am Anfang war das Feuer. Das Feuerbuch für Kindergarten, Grundschule und Hort. Verlag das netz, Berlin
Lechermeier, P., Dautrenner, R. (2008): Prinzessinnen. cbj Random House, München
LexiRom Computerprogramm
Lindgren, A. (2000): Steine auf dem Küchenbord. Gedanken, Erinnerungen, Einfälle. Oetinger, Hamburg

Luis, L. (2006): Lius Reise (mit chinesischen Schriftzeichen). Nord Süd, Zürich
Lütje-Klose, B. (2001): Möglichkeiten der integrativen Sprach- und Kommunikationsförderung in der Grundschule. Zeitschrift für Heilpädagogik 7, 266–273

Mannhard, A. (2007): Sprachförderrallye. Ein Spiel für Kindergarten, Grund- und Sonderschule und Elternhaus. Schubi, Schaffhausen
– (2006): Sprachförderung in Kindertageseinrichtungen. Ein interdisziplinärer Blick auf die Ressourcen und Grenzen. Logos interdisziplinär 14. Jg., 4, 269–278
–, Scheib, K. (2007): Was Erzieherinnen über Sprachstörungen wissen müssen. 2. Aufl. Ernst Reinhardt, München / Basel
Martschinke, S., Kammermeyer, G., King, M. (2004): Diagnose und Förderung im Schriftspracherwerb. Anlaute hören, Reime finden, Silben klatschen. Auer, Donauwörth
Mayr, U., Ulich, M. (2003): SISMIK. Sprachverhalten und Interesse an Sprachen bei Migrantenkindern in Kindertageseinrichtungen. Herder, Freiburg
Ministerium für Kultus, Jugend und Sport Baden-Württemberg (2006): Orientierungsplan für Bildung und Erziehung für die baden-württembergischen Kindergärten. Beltz, Weinheim
Monschein, M. (2007): Die 50 besten Spiele zur Sprachförderung. 2. Aufl. Don Bosco, München

Näger, S. (2005): Literacy – Kinder entdecken Buch-, Erzähl- und Schriftkultur. Herder, Freiburg
Nienkerke-Springer, A. (2003): Komm, wir spielen Sprache. Borgmann, Dortmund
Nodari, C., De Rosa, R. (2004): Mehrsprachige Kinder. Ein Ratgeber für Eltern und andere Bezugspersonen. Haupt, Bern

Preissing, C., Wagner, P. (2003): Kleine Kinder, keine Vorurteile? Interkulturelle und vorurteilsbewusste Erziehung in Kindertageseinrichtungen. Herder, Freiburg
Prekop, J., Hüther, G. (2006): Auf Schatzsuche bei unseren Kindern. Ein Entdeckungsbuch für neugierige Eltern und Erzieher. 2. Aufl. Kösel, München

Raab, D. (2005): Schlaumacher Kindergarten – Buchstaben und Formen. ars edition, München
Rau, M. L. (2007): Literacy. Vom ersten Bilderbuch zum Erzählen, Lesen und Schreiben. Haupt, Bern
Rotmann, A., Braun, W., Reisch, A., Bücklein, T. (1999): Elternratgeber Sprachtherapie. Die häufigsten Elternfragen zu Sprachauffälligkeiten bei Kindern praxisnah, anschaulich und verständlich erklärt. Trialogo, Konstanz

Schader, B. (2000): Sprachenvielfalt als Chance. Handbuch für den Unterricht in mehrsprachigen Klassen. Unterrichtsvorschläge für Kindergarten bis Sekundarstufe I. Orell Füssli, Zürich
Schäfer, C. (2005): Lernen mit Maria Montessori im Kindergarten. Herder, Freiburg
Schönrade, S., Limbach, R. (2005): Die Abenteuer der kleinen Hexe im Buchstabenland. Borgmann, Dortmund

Schulz von Thun, F. (1992): Miteinander Reden. Rowohlt, Hamburg
Solms, M., Turnbull, O. (2007): Das Gehirn und die innere Welt. Neurowissenschaft und Psychoanalyse. Patmos, Düsseldorf
Spitzer, M. (2007): Lernen. Gehirnforschung und die Schule des Lebens. Elsevier, München
Spitzer, M. (2006): Erfolgreich lernen in Kindergarten und Schule. DVD. Original-Aufzeichnung seines Vortrages vom 13.06.05, Tuttlingen. Auditorium, Müllheim
Steiner, V. (2004): Exploratives Lernen. Pendo, Zürich.
Suhr, A. (2006): Zahlen hüpfen – Buchstaben springen. Bewegungsspiele zur ganzheitlichen Schulvorbereitung. Don Bosco, München
Sträuli Arslan, B. (2005): Leseknick –Lesekick. Leseförderung in vielsprachigen Schulen (und Kindergärten). Lehrmittelverlag des Kantons Zürich

Tenta, H. (2007): Literacy in der Kita. Don Bosco, München
– (2002): Schrift- und Zeichenforscher. Was Kinder wissen wollen. Don Bosco, München
Textor, M. R. (2006): Erziehungs- und Bildungspartnerschaft mit Eltern. Gemeinsam Verantwortung übernehmen. Herder, Freiburg

Ulich, M. (2004): Wie lernt mein Kind zwei Sprachen, Deutsch und die Familiensprache? Elternbriefe zur Sprachentwicklung in 15 Sprachen. Staatsinstitut für Frühpädagogik, München
–, Oberhuemer, P., Reidelhuber, A. (Hrsg.) (1987): Der Fuchs geht um … auch anderswo. Multikulturelles Spiel- und Arbeitsbuch mit Versen, Liedern und Spielen in verschiedenen Sprachen. Beltz, Weinheim

Von Eichendorff, J. (1962): Dank den Jahreszeiten. Verlag der Nation, Berlin
Vorlesen in Deutschland 2007. Eine Forschungsinitiative der Deutschen Bahn AG, der Zeit und der Stiftung Lesen. In: www.stiftunglesen.de, 19.11.2007

Walter, M. (2007): Ergebnisse einer epidemiologischen Untersuchung zur Häufigkeit sprachlicher Förderbedürftigkeit bei Vorschulkindern in Bayern. Die Sprachheilarbeit Jg. 52 (4), 146–151
Weber, A. (1998): Werkstatt-Unterricht. Verlag an der Ruhr, Mühlheim
Weigl, I., Reddemann-Tschaikner, M. (2002): HOT – ein handlungsorientierter Therapieansatz. Thieme, Stuttgart
Weinhold, A. (2007): Wir entdecken Buchstaben (Wieso, Weshalb, Warum?). Ravensburger, Ravensburg
Weinrebe, H. (2005): ABC – wohin ich seh. Wörter, Laute und Buchstaben entdecken. 2. Aufl. Herder, Freiburg
Wiedenhorn, T. (2006): Das Portfolio-Konzept in der Sekundarstufe. Individualisiertes Lernen organisieren. Verlag an der Ruhr, Mühlheim
Wiedenmann, M. (Hrsg.) (1997): Handbuch Sprachförderung mit allen Sinnen. Beltz, Weinheim / Basel
Wilk, D. (2006): Ein Käfer schaukelt auf einem Blatt. Entspannungs- und Wohlfühlgeschichten für Kinder jeden Alters. Carl-Auer, Heidelberg
Winter, F. (2006): Portfolios in der Frühpädagogik: Ein geeignetes Instrument zur Begleitung und Entwicklung der Kinder? In: www.portfolio-schule.de, 24.6.2006

Zeberli, E. (2007): Bewegungslandschaften: Anleitung zum systematischen Aufbau von Bewegungslandschaften nach psychomotorischem Konzept. Schulverlag blmv, Bern

Zimmer, R. (2007): So fördert Bewegung die Lust am Lernen. Herder, Freiburg

Nützliche Adressen

Deutschland

Bundesvereinigung Stotterer-Selbsthilfe e. V.
Zülpicher Str. 58
50674 Köln
Tel.: 02 21 – 1 39 11 06 oder 1 39 11 07
info@bvss.de
www.bvss.de

Deutsche Gesellschaft für Sprachheilpädagogik e. V. (dgs)
Goldammerstr. 34
12351 Berlin
Tel.: 0 30 – 6 61 60 04
info@dgs-ev.de
www.dgs-ev.de

Deutscher Berufsverband der akademischen Sprachtherapeuten e. V. (dbS)
Goethestr. 16
47441 Moers
Tel.: 0 28 41 – 98 89 19
info@dbs-ev.de
www.dbs-ev.de

Deutscher Bundesverband für Logopädie e. V. (dbl)
Augustinusstr. 11a
50226 Frechen
Tel.: 0 22 34 – 3 79 53-0
info@dbl–ev.de
www.dbl-ev.de

Mannhard, Anja
Seminare anjalingua
Praxis für Logopädie & Personzentrierte Beratung
Basler Str. 78
79540 Lörrach
Tel.: 0 76 21 – 1 62 43 49
info@anjalingua.de
www.anjalingua.de
Seminare für Erzieherinnen, Qualifizierung zur „Facherzieherin für Sprachförderung“ in Zusammenarbeit mit der Pädagogischen Ideenwerkstatt BAGAGE & Fachschulen GmbH SRH-Heidelberg, Coaching für Teams aus Kindertageseinrichtungen

Pädagogische Ideenwerkstatt BAGAGE
Habsburger Str. 9
79104 Freiburg
Tel.: 07 61 – 55 57 52
info@bagage.de
www.bagage.de

Schweiz

DLV, Deutschschweizer Logopädinnen- und Logopäden-Verband
Stampfenbachstrasse 142
CH-8006 Zürich
www.logopaedie.ch
info@logopaedie.ch
Tel.: +41 (0)44 – 3 50 24 84

VERSTA
VER-einigung für ST-otternde und A-ngehörige
Geschäftsstelle
CH-3775 Lenk im Simmental BE
Tel.: +41 (0)33 – 7 33 07 31
www.versta.ch
info@versta.ch

www.sprachpraevention.ch
Informationen über Präventionsmassnahmen, Übersicht Sprachfördermaterialien sowie verschiedene Downloadangebote

www.kindersprache.ch
Informationen zum Spracherwerb von Kindern

Braun, Wolfgang G.
Breitestrasse 7 b
CH - 9436 Balgach
wolfgang_braun@bluewin.ch
Fortbildungsangebote für Kindergartenteams

Österreich

Berufsverband l o g o p ä d i e austria
Sperrgasse 8–10
A-1150 Wien
Tel.: +43 (0)1 – 8 92 93 80
office@logopaedieaustria.at
www.logopaedieaustria.at

Österreichische Gesellschaft für Sprachheilpädagogik
Landstraßer Hauptstraße 146
A-1030 Wien
+43 (0)1 – 7 18 52 13
office@sprachheilpaedagogik.at
www.sprachheilpaedagogik.at

ÖSTERREICHISCHE SELBSTHILFE-INITIATIVE STOTTERN (ÖSIS)
Brixner Straße 3
A-6020 Innsbruck,
Tel. und Fax: +43 (0)5 12 – 58 48 69
oesis@stotternetz.at
www.oesis.at

Sachregister

Leseprobe

Klaus Fröhlich-Gildhoff / Tina Dörner / Maike Rönnau
Prävention und Resilienzförderung in Kindertageseinrichtungen – PRiK
Trainingsmanual für ErzieherInnen

Einleitung

Das vorliegende Trainingsmanual zum Programm „Prävention und Resilienz in Kindertageseinrichtungen – PRiK" wurde an der Evangelischen Fachhochschule Freiburg im Rahmen eines studienbegleitenden Projekts unter Leitung von Prof. Dr. Klaus Fröhlich-Gildhoff entwickelt und in einer ersten Fassung in verschiedenen Kindertageseinrichtungen in Freiburg und Umgebung durchgeführt und evaluiert. An diesem Projekt waren folgende Studentinnen der Sozialpädagogik / Sozialarbeit beteiligt: Andrea Barwig, Melanie Becker, Katja Blumenstein, Tanja Dongus, Daniela Glaubitz, Olga Koch, Tatjana Manturova, Simone Neininger, Fee Patzer, Kathrin Schneider, Constanze Schwarz, Sandra Schweikert, Vanessa Seubert und Corinna Treffinger.

Nach einer Überarbeitung aufgrund der Erfahrungen in der Pilotphase und aufgrund der Evaluationsergebnisse wurde das Programm systematisch und regelmäßig in dem Praxisforschungsprojekt „Kinder Stärken! – Resilienzförderung in der Kindertagesstätte" des Zentrums für Kinder- und Jugendforschung an der Evangelischen Fachhochschule Freiburg von Dipl. Soz.-Päd. / Soz.-Arb. Maike Rönnau und von Dipl. Soz.-Päd. / Soz.-Arb. Tina Dörner in vier Kindertagesstätten eingesetzt. Dieses Projekt wurde von der „Aktion Mensch" gefördert (Informationen unter: www.zfkj.de). Hierdurch ergaben sich neue Verbesserungen. Das vorliegende Manual ist die dritte überarbeitete Version und basiert auf einer guten praktischen Erprobung und Validierung.

Ein besonderer Dank geht an alle Mitwirkenden und an die Fachkräfte und Eltern in den beteiligten Kindertagesstätten, die vertrauensvoll der Erprobung zugestimmt und die Durchführung tatkräftig unterstützt haben. Ebenso geht ein besonderer Dank an Dipl. Psych. Eva-Maria Engel, Dipl. Päd. Gabriele Kraus-Gruner und cand. Soz.-Päd./Soz.-Arb. Marco Peichl, die maßgeblich bei der Programmevaluation mitgewirkt haben sowie an Dipl. Soz.-Päd./Soz.-Arb. Annika Schuler, die uns bei der Erstellung der Materialien kreativ unterstützt hat.

Wir haben uns wegen der besseren Lesbarkeit entschieden, jeweils die weibliche Form zu verwenden, da überwiegend Frauen in der Frühpädagogik tätig sind. Es sind natürlich jeweils beide Geschlechter angesprochen.

Teil I: Grundlagen

1 Was ist Resilienz?

Aktuelle Forschungsergebnisse aus dem Bereich der Entwicklungspsychologie bzw. der Entwicklungspsychopathologie (Dornes 2000; Oerter/Montada 2002; Petermann et al. 2004) sowie der Bindungsforschung (z.B. Brisch 1999) und der (neurobiologischen) Lernforschung (z.B. Singer 2003; Spitzer 2002; Hüther 2001; Gebauer/Hüther 2004) weisen auf die entscheidende Bedeutung der Lebenssituation, Lernmöglichkeiten und Beziehungserfahrungen in den ersten Lebensjahren für die Persönlichkeitsentwicklung und die Ausformung kognitiver, sozialer und emotionaler Kompetenzen von Kindern hin. Dabei wurde die Aufmerksamkeit zunehmend auf die Schutz- und Risikofaktoren für die kindliche Entwicklung gerichtet. Die bisherige defizitorientierte Betrachtung – vor allem zur Erklärung der Entstehung seelischer Erkrankungen oder Verhaltensauffälligkeiten – wurde durch die gezieltere Analyse von Schutzfaktoren und Elementen ergänzt, die zur Ausbildung und Erhaltung seelischer Gesundheit wesentlich beitragen. Ein wichtiger Hintergrund hierfür waren Studien, die das Aufwachsen unter schwierigen Bedingungen auch im Langzeitverlauf untersucht haben und Grundbedingungen für risikomildernde Entwicklungsverläufe identifizieren konnten. Eine Zusammenstellung dieser Studien, der Kauai - Längsschnittsstudie (Werner 1999), der Mannheimer Risikokinderstudie (z.B. Laucht et al. 2000) oder der Bielefelder Invulnerabilitätsstudie ([Unverletzlichkeits-Studie, d. Verf.]; Bender/Lösel 1997,1998) findet sich bei Wustmann

(2004, 86ff). Hiervon ausgehend hat sich ein Paradigmenwechsel vollzogen:

- Es werden nicht nur die störungsverursachenden, sondern auch die gesundheitserhaltenden Faktoren betrachtet; ein Wechsel der Blickrichtung von der Pathogenese (Entstehung von Krankheiten) zur Salutogenese (Entstehung und Förderung von Gesundheit) hat stattgefunden.
- Nicht nur die Defizite, sondern auch die Ressourcen und Kompetenzen zur Bewältigung (von Belastungen) werden eingehend betrachtet.
- Neben den Risikofaktoren finden insbesondere die Schutzfaktoren eine besondere Beachtung.

1.1 Definition und Entwicklung von Resilienz

Die Fähigkeit von Individuen, erfolgreich mit belastenden Lebensereignissen umzugehen, wird als Resilienz bezeichnet: „Resilienz meint eine psychische Widerstandsfähigkeit von Kindern gegenüber biologischen, psychologischen und psychosozialen Entwicklungsrisiken" (Wustmann 2004, 18). Resilienz umfasst damit „nicht nur die Abwesenheit psychischer Störungen, sondern den Erwerb altersangemessener Fähigkeiten (Kompetenzen) vor dem Hintergrund der normalen kindlichen Entwicklung, zum Beispiel die Bewältigung altersrelevanter Entwicklungsaufgaben trotz aversiver Umstände" (Petermann et al. 2004, 344). Die Resilienzforschung betrachtet im Wesentlichen drei zentrale Aspekte (Wustmann 2004, 19):

- die positive gesunde Entwicklung trotz andauerndem hohen Risikostatus
- die beständige Kompetenz unter akuten Stressbedingungen
- die positive bzw. schnelle Erholung von traumatischen Erlebnissen

Es geht also darum, dass es Kindern (und später Erwachsenen) gelingt, mit konkreten belastenden Ereignissen umzugehen, aber auch die Entwicklungsaufgaben in verschiedenen Lebensabschnitten (z.B. Schmidtchen 2001; Havighurst 1982; Fröhlich-Gildhoff 2007) angemessen zu bewältigen.

Die positive Bewältigung von Krisen, Belastungen und Entwicklungsaufgaben – eine besondere Bedeutung haben hier Übergänge, zum Beispiel von der Familie in den Kindergarten oder vom Kindergarten in die Schule – wirkt sich positiv auf die weitere Entwicklung aus:

„Die Bewältigung einer Entwicklungsaufgabe stellt eine entscheidende Basis dar, wie nachfolgende, spätere Aufgaben gemeistert werden. Im Verlauf dieses Prozesses erwirbt das Kind Fähigkeiten und Kompetenzen, die es für eine positive Entwicklung benötigt. Eine erfolgreiche Bewältigung impliziert eine Weiterentwicklung bzw. persönliches Wachstum und beeinflusst damit die Kontinuität von Anpassung bzw. Fehlanpassung im Entwicklungsverlauf. Das heißt: Wird eine altersspezifische Entwicklungsaufgabe erfolgreich bewältigt, stabilisiert sich die Persönlichkeit des Kindes und es lernt, Veränderungen und Stresssituationen als Herausforderung zu begreifen. Ist dies nicht der Fall, ist mit einer Stagnation, mit Entwicklungsdefiziten oder gar psychischen Fehlentwicklungen oder somatischen Erkrankungen zu rechnen" (Wustmann 2004, 20; vgl. auch Petermann et al. 2004, 339ff).

Resilienz ist keine angeborene Persönlichkeitseigenschaft, sondern wird im Verlauf des Lebens entwickelt. Von besonderer Bedeutung sind dabei die frühen Lebensjahre. Die Resilienzforschung zeigt, dass es sich um eine dynamische Eigenschaft handelt. Das Kind wird als aktiver „Bewältiger" und (Mit-)Gestalter seines Lebens gesehen. Die Fähigkeit der seelischen Widerstandskraft entwickelt sich aus der Interaktion mit den Bezugspersonen und realen positiven Bewältigungserfahrungen. Es handelt sich bei „Resilienz um eine dynamische Kapazität (...), die sich über die Zeit im Kontext der Mensch- und Umweltinteraktion entwickelt" (Petermann et al. 2004, 345).
Dem Resilienzkonzept liegt also das Bild von einem (selbst-)aktiven Kinde zugrunde. Dieses Bild deckt sich mit den Ergebnissen der empirischen Säuglingsforschung (Dornes 1995, 1997) und Entwicklungswissenschaften (Petermann et al. 2004). Dabei ist zu beachten, dass Resilienz eine „variable Größe" darstellt; es gibt keine „absolute Unverwundbarkeit gegenüber negativen Lebensereignissen und psychischen Störungen" (Wustmann 2004, 30), sondern diese muss je nach Belastung und Lebenssituation neu aktualisiert und weiterentwickelt werden. Weiterhin zeigen Untersuchungsergebnisse, dass

Leseprobe

„Resilienz in einem spezifischen Lebensbereich (...) nicht automatisch auf alle anderen Lebens- oder Kompetenzbereiche übertragen werden [kann] (Luthar et al. 2000). So können Kinder, die chronischen elterlichen Konflikten ausgesetzt sind, zum Beispiel hinsichtlich ihrer schulischen Leistungen resilient, hinsichtlich sozialer Kontakte und Beziehungen dagegen nicht resilient sein" (Wustmann 2004, 32).

Für die Entwicklung der Resilienz ist es offensichtlich wichtig, dass Kinder immer wieder die Erfahrungen machen, dass sie Aufgaben und Anforderungen erfolgreich bewältigen müssen. Das Ausmaß der Belastungen bzw. Stressoren muss dabei moderat sein, damit entsprechende Bewältigungsfähigkeiten und -strategien entwickelt werden können. Zu geringer Stress bzw. fehlende Anforderungen führen andererseits dazu, dass die Resilienzfähigkeit nur unzureichend entwickelt wird.

Auszug aus (S. 4-9):

Klaus Fröhlich-Gildhoff / Tina Dörner / Maike Rönnau
Prävention und Resilienzförderung in Kindertageseinrichtungen – PRiK

Trainingsmanual für ErzieherInnen
2007. 113 Seiten. 27 Abb. DIN A4, Mit zahlr. Kopiervorlagen
(978-3-497-01938-0) kt